车载大功率电力电子变压器
鲁棒容错控制

马　磊　黄德青　程少昆　彭　林　刘浩然　著

科学出版社

北　京

内 容 简 介

车载大功率电力电子变压器结构复杂，部件数量庞大，故障频发且后果严重，对其故障诊断和容错能力提出了极高的要求。一方面，列车实际运行往往要求在故障条件下保持对强干扰的鲁棒性，并发挥冗余容量，保证一定的牵引力和性能。另一方面，鲁棒与优化控制、故障诊断等领域的先进理论与方法，由于涉及较多的数学基础和物理概念，难以被一线工程技术人员广泛理解和接受，因此其在实际工程中的应用受到一定限制。本书力图架设起理论和实际间的桥梁，使控制这一"使能技术"更好地服务于工程应用，推动学术研究与工程技术进步的相互促进和协调发展。

本书可作为高等院校电气、自动化类研究生和高年级本科生学习电力电子、控制工程相关内容的参考书，也可以作为工程技术人员的工具书。

图书在版编目（CIP）数据

车载大功率电力电子变压器鲁棒容错控制 / 马磊等著. -- 北京：科学出版社，2025.3. -- ISBN 978-7-03-080589-8

Ⅰ.U463.6

中国国家版本馆 CIP 数据核字第 2024MM3492 号

责任编辑：华宗琪　贺江艳 / 责任校对：彭　映
责任印制：罗　科 / 封面设计：义和文创

科学出版社 出版

北京东黄城根北街 16 号
邮政编码：100717
http://www.sciencep.com

四川煤田地质制图印务有限责任公司印刷
科学出版社发行　各地新华书店经销

*

2025 年 3 月第 一 版　　开本：787×1092　1/16
2025 年 3 月第一次印刷　　印张：15 1/4
字数：361 000

定价：169.00 元
（如有印装质量问题，我社负责调换）

前　言

电力牵引系统主要由牵引供电网和牵引传动系统组成。采用车载大功率电力电子变压器（PET），可以替代传统牵引变压器，大大降低牵引传动系统的质量和体积，是实现高速列车轻量化的必然选择。

车载大功率电力电子变压器结构复杂，部件数量庞大，故障频发且后果严重，对其故障诊断和容错能力提出了极高的要求。列车实际运行往往要求在故障条件下，保持对强干扰的鲁棒性，并发挥冗余容量，保证一定的牵引力和性能，因此需要研究和应用同时满足这些要求的新方法和新技术。本书作者团队全面参与了车载大功率电力电子变压器样机研制、故障诊断、容错控制和性能优化控制的研究，并取得了丰硕的学术和技术成果，培养了一批优秀人才。本书正是对前期成果的阶段性总结。

本书内容着力以鲁棒控制的理论方法实现车载大功率电力电子变压器的容错控制，将克服传统鲁棒控制的保守性、现有故障诊断方法过于依赖系统特征外在表达，以及闭环系统中故障难以检测和估计等困难，从而大大提高电力牵引系统的安全性、提升其故障条件下的运行能力，为电力电子变压器在下一代高速列车上的应用提供方法和技术支撑。本书从鲁棒容错角度阐述列车牵引传动系统控制和故障诊断，弥补了此方向图书的空白。

鲁棒与优化控制、故障诊断等领域的先进理论与方法，由于涉及较多控制与信息处理的理论，难以被一线工程技术人员广泛理解和接受，学习者往往面对较高的数学基础和物理概念门槛望而却步，因此其在实际工程中的应用受到一定限制。作者在撰写本书时，尽可能避免引用控制理论中较为艰深的数学推导，仅保留必要的概念表达和方法阐述，引导感兴趣的读者进一步学习相关理论；同时也保持与电力电子和牵引传动控制领域教材的区分度，以问题为导向，从面向控制的建模、分析与设计入手展开论述，以期为读者提供兼顾理论方法与实际应用的参考；全书力图架设起理论和实际间的桥梁，使控制这一"使能技术"更好地服务于工程应用。

本书为西南交通大学系统科学与技术研究所电力电子小组的成果总结，由马磊和黄德青负责统稿及第 1 章的撰写，彭林对第 2、3 章，贡子峰和王天甦对第 4 章，程少昆对第 5 章、刘浩然对第 3、6 章的内容分别作出了重要贡献。仵丹怡、贡子峰、熊康龙、任皓妍、薄天赐、何为一、陈妍、廖庸邑等对各部分实验的设计和实施做了很多工作，王天甦、王杰、黄哲洋和丁彦炜对书稿的整理做了很多工作。

本书在研究和成书的过程中得到了周克敏、陈杰、冯晓云、文成林、宋执环、胡绍林、方华京、葛兴来和宋文胜等教授的悉心指导和大力支持，在此表示衷心的感谢和崇高的敬意。相关研究受到国家自然科学基金、四川省重点研发计划等项目的支持，在此表示诚挚的谢意。本书同时受到西南交通大学研究生教材（专著）经费建设项目专项资助，在此致谢。

限于作者水平，书中难免存在疏漏和不足之处，恳请读者批评指正。

目　　录

缩略词列表

缩略词	英文全称	中文全称
APF	active power filter	电力有源滤波器
AT	auto transformer	自耦变压器
BPF	band-pass filter	带通滤波器
CCS-MPC	continuous control set MPC	连续控制集模型预测控制
CEEMD	complementary ensemble empirical mode decomposition	互补集合经验模态分解
CRNN	convolutional recurrent neural network	循环卷积神经网络
DB-ICC	deadbeat instantaneous current control	无差拍瞬态电流控制
DCC	direct current control	直接电流控制
DPC	direct power control	直接功率控制
dq	direct-axis quadrature-axis	直轴交轴
DSP	digital signal processing	数字信号处理器
EEMD	ensemble empirical mode decomposition	集合经验模态分解
EMD	empirical mode decomposition	经验模态分解
EMPC	explicit MPC	显式模型预测控制
FAE	fictive-axis emulation	虚拟轴仿真
FCS-MPC	finite control set MPC	有限控制集模型预测控制
FFT	fast Fourier transform	快速傅里叶变换
GIMC	generalized internal model control	广义内模控制
GPC	generalized predictive control	广义预测控制
HIL	hardware-in-the-loop	硬件在环
H_∞-LS RDC	H_∞ loop shaping robust direct current	H_∞回路成型鲁棒直接电流
H_∞-MDP	H_∞ modified direct power	H_∞改进型直接功率
IAC	input admittance criterion	输入导纳判据
IMC	internal model control	内模控制
IMF	intrinsic modal functions	内涵模态分量
IGBT	insulated gate bipolar transistor	绝缘栅双极型晶体管
LMI	linear matrix inequality	线性矩阵不等式
LPF	low-pass filter	低通滤波器
LSTM	long short-term memory	长短时记忆网络
MP-DCC	model predictive direct current control	模型预测直接电流控制
MP-ICC	model predictive instantaneous current control	模型预测瞬态电流控制

缩略词	英文全称	中文全称
MPC	model predictive control	模型预测控制
MIMO	multi-input multi-output	多输入多输出
PCC	point of common coupling	公共连接点
PET	power electronic transformer	电力电子变压器
PI	proportional integral	比例积分
PI-based ICC	PI-based instantaneous current control	基于 PI 瞬态电流控制
PI-MDP	PI-modified direct power	比例积分改进型直接功率
PLL	phase-locked loop	锁相环
PR	proportional resonant	比例谐振
PWM	pulse width modulation	脉冲宽度调制
RI-based IACE	reference-input-based imaginary axis current estimation	基于参考输入的虚轴电流估计
SHE-PWM	selective harmonic elimination PWM	特定谐波消除脉宽调制
SISO	single-input single-output	单输入单输出
SOGI	second-order generalized integrator	二阶广义积分
SPWM	sinusoidal pulse width modulation	正弦波脉宽调制
SRU	simple recurrent unit	简单循环单元
SSV	structured singular value	结构奇异值
STATCOM	static synchronous compensator	静止同步补偿器
SVPWM	space vector pulse width modulation	空间矢量脉宽调制
THD	total harmonic distortion	总谐波失真
VMD	variational mode decomposition	变分模态分解
VO-DPC	voltage oriented direct power control	电压定向直接功率控制
ZOH	zero-order hold	零阶保持器

第1章 绪 论

1.1 高速铁路系统概述

高速铁路是铁路现代化的重要标志，具有安全、快速、正点、舒适、环保等诸多优点，是集多种高新技术于一体的复杂巨系统，在世界各国受到了广泛关注与重视[1]。作为最早将高铁投入实际运营中的国家，日本在 1964 年建成了东京至大阪的东海道新干线；法国则在 1981 年建成高速度列车（train à grande vitesse，TGV）东南线之后，又修建了大西洋线、北方线等[2]；德国从 1971 年开始修建汉诺威到维尔茨堡的高铁，并在 1991 年全线投入运营；意大利于 1977 年建成罗马到佛罗伦萨的高铁。截至 20 世纪 90 年代初，作为世界高铁行业发展的领头羊，日本建成高铁里程 1804km。法国、德国和意大利分别拥有 839km、426km、238km，全世界高铁建成总里程达到了 3778km。此时，我国铁路技术与世界先进水平存在巨大差距，在 1990 年铁路未实施第一次全面大提速时，我国客运列车的平均速度仅为 43.6km/h，旅客列车的最高速度也不超过 120km/h[3]。二十余年来，以国务院讨论形成的《研究铁路机车车辆装备有关问题的会议纪要》为指导思想，我国高铁按照"引进先进技术、联合设计生产、打造中国品牌"的基本方针，在技术层面不断攻克运行速度 250km/h、300km/h、350km/h 的难关，拥有了具有完全自主知识产权的"复兴号"动车组；在运营层面，大规模开行速度为 300km/h 的高速动车组列车，并建设了武广、京沪、京广等多条高标准、长里程的线路[4]。截至 2021 年 12 月 30 日，中国铁路营运总里程达 15 万公里，其中高铁运营里程超过 4 万公里，是"十二五"末 1.98 万公里的 2 倍多；在线高速动车组 4194 标准组，高铁营运里程及高速动车组保有量均占世界三分之二以上，稳居世界第一。2021 年 2 月发布的《国家综合立体交通网规划纲要》中提出，到 2035 年，中国铁路网总规模将达到 20 万公里，其中高铁将达到 7 万公里（含部分城际铁路），构建成"八纵八横"高铁主通道以及区域性高铁，形成高效的现代化高铁网[5]。作为中国装备制造的一张亮丽"名片"，中国高铁现已站在了全球高铁市场的最前沿，并逐步引领全球高铁市场的发展[6]。要维持和进一步巩固我国高铁技术的领先优势，应以国家战略为指引，以技术创新为支撑，在高铁新兴技术的前沿研究和技术应用方面持续加强。高速列车是高铁的标志性装备，而电力牵引传动系统是高速列车的动力源泉，直接决定了列车的运行性能，是整个列车的核心所在，对其控制技术进行研究和创新具有重要意义。

现役电力机车牵引传动系统大都采用如图 1-1 所示的交流传动结构，主要由受电弓、工频牵引变压器、脉冲整流器、三相牵引逆变器、异步牵引电机等组成[7]。对于单相供电结构的电力机车牵引变流系统而言，脉冲整流器是其实现交流到直流能量转换单元不可或缺的组成部分。双重化脉冲整流器具有结构简单，控制技术相对成熟，运用经验丰富等优势,已广泛应用于我国高速列车牵引交流传动系统,如 CRH1、CRH3、CRH5、CRH6、CR300、CR400 等系列动车组。双重化脉冲整流器主要任务是确保在为后级牵引系统提供恒定输出直流电压的同时,实现单位功率因数,并最大限度地减小网侧电流谐波。双重化脉冲整流器由两个单相脉冲宽度调制(pulse width modulation,PWM)整流器并联而成。动车组发生牵引封锁前,可将电力机车牵引传动系统的逆变器、电机简化等效为负载电阻,将牵引网上的供电变压器阻抗、供电变压器至动车组输入端线路阻抗折算至动车组车载变压器副边,因此在研究控制策略时,通常可将其等效为一个单相脉冲整流器[8]。

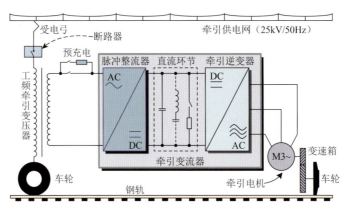

图 1-1　传统电力牵引交流传动系统结构图

AC:交流;DC:直流

图 1-2 给出了 CRH3 型高速动车组的两电平单相脉冲整流器电路拓扑结构,采用两重化级联模式提升系统的牵引功率。在大功率应用中,两电平拓扑结构的单相脉冲整流器输出电压脉动大,常在中间直流环节增加 LC 串联谐振网络以消除输出直流电压中存在的 2 倍电网基波频率的谐波分量[8]。

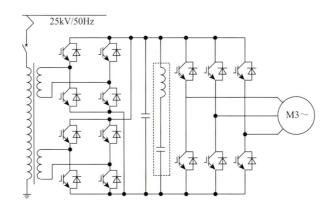

图 1-2　CRH3 型动车组的两电平单相脉冲整流器电路拓扑结构

高速列车电力牵引系统除了运行于跨区域温差、湿热、雷暴、冰霜雨雪等恶劣气候环境,还面临着过分相、弓网分离、列车与轨道间偶发性的接触不良等特有工况,并且运行工况复杂多变，如牵引、制动、启停、加减速频繁等；此外，功率器件老化、损耗等情况时常发生，器件测量误差难以避免等因素，都将造成脉冲整流器电路参数摄动，使系统模型存在不确定性，从而导致高速列车电力牵引系统的控制性能变差。其中，网侧等效电感参数摄动对系统控制性能影响较大，具体表现在：网侧电流波动幅度增大，直轴交轴（direct-axis quadrature-axis，dq）坐标系下有功电流、无功电流波动明显，调制信号失真，网侧电压与网侧电流相位差增加，功率因数下降，鲁棒性较低。随着交-直-交型牵引传动系统的大量使用，车-网参数不匹配所导致的牵引供电系统低频振荡现象也频繁发生。通过上述分析，牵引变流器的单相脉冲整流器控制系统须具备优良的动态和稳态性能以及强鲁棒性，才能应对复杂多变的运行工况，而现有的控制算法并不能很好地适应脉冲整流器所面临的恶劣工况。因此，在现有控制算法的基础上提出强鲁棒性的单相脉冲整流器控制算法具有重要的研究意义。

1.2 单相脉冲整流器的控制

电压源型脉冲整流器控制广泛采用经典的双闭环结构，通常包括电压外环、电流/功率内环、锁相环（phase-locked loop，PLL）、PWM 模块等。其中，电压外环常使用比例积分（proportional integral，PI）控制器，确保直流侧输出稳定的直流电压，同时为内环参考信号提供幅值信息。其中，直流电压的纹波抑制主要通过直流环节进行抑制；PLL 从网侧电压提取内环参考信号所需的相角信息；电流/功率内环根据参考信号控制网侧电流的幅值和相位，并生成控制信号；PWM 模块可将内环控制信号转化为恒定开关频率的功率器件控制信号，然后通过驱动电路控制功率开关器件的开通与关断。

电流/功率内环快于电压外环，是实现脉冲整流器单位功率因数运行、网侧电流低谐波控制目标的关键因素，其尽可能短的瞬态过程是应对网压、负荷波动频繁的重要保障。根据控制对象不同，内环控制策略主要可划分为直接电流控制（direct current control，DCC）和直接功率控制（direct power control，DPC）[9, 10]两大类。此外，滑模控制[11]、非线性状态反馈控制[12]、基于李雅普诺夫（Lyapunov）方法[13]等先进控制技术在三相脉冲整流器控制中都有一定的研究，但由于所设计的控制器结构相对复杂，限制了其工程应用前景。

1.2.1 基于直接电流控制的内环控制器设计

脉冲整流器 DCC 算法主要包括间接电流控制[14]、滞环电流控制[15]、瞬态直接电流控制[7]、比例谐振（proportional resonant，PR）控制[16]、dq 电流解耦控制[17]、无差拍控制[18]、模型预测控制（model predictive control，MPC）等[19]。

1. 传统控制算法

1）间接电流控制

间接电流控制也称为幅相控制，根据整流器网侧电压与网侧电流之间的相量关系，通过调节整流器网侧电压的相位和幅值来间接控制输入电流的相位和幅值，而非直接利用双闭环反馈来实现对输入电流的控制。间接电流控制需要网侧等效电阻和等效电感参数来获得调制信号，内环控制无积分环节，因此对整流器的电路参数依赖性较大，抗干扰性较差[14]；此外，间接电流控制由于未采用网侧电流闭环控制，导致其电流环动态响应较慢。因此，间接电流控制对于网侧电流的控制效果有待提升。但间接电流控制操作简单，仅需对电压环 PI 参数进行设计，无须对网侧电流采样，仍可应用于对控制性能要求不高与成本较少的场合。

2）滞环电流控制

滞环电流控制属于一种砰砰（bang-bang）控制，源于模拟电路控制方法，是将电流误差与滞环环宽进行比较后计算得出调制信号的一种非线性控制算法，具有易于实现、动态响应快、鲁棒性强的优点[15]。但滞环电流控制存在开关频率不固定的问题，导致网侧电流谐波分布不均，造成滤波器设计困难，因而需要配有体积庞大且价格不菲的滤波器[20]。此外，滞环电流的控制精度需要较高采样频率[21]，对数字处理器的性能要求高，导致工程应用较少。

3）瞬态直接电流控制

瞬态直接电流控制在间接电流控制的基础上引入了网侧电流反馈[7]。此外，在内环电流参考信号上叠加了直流侧负载电流，在一定程度上减轻了电压环 PI 控制器的运算负担，并提高了系统内环动态性能。然而，在静态坐标下，由于瞬态直接电流控制内环采用比例控制器或 PI 控制器，在跟踪 50Hz/60Hz 交流信号时会出现稳态误差[22]。

4）比例谐振控制

PR 控制器通过增加网侧电压基波频率处的增益，可实现对基波频率参考电流的无稳态误差跟踪，但当网压频率发生偏移时，PR 控制器在实际频率处的增益会急剧下降，严重影响电流环的跟踪控制效果。通过采用准 PR 控制器，既保留了 PR 控制器对 50Hz/60Hz 交流量较好的跟踪效果，又可急剧降低电网电压频率波动带来的影响，但动态性能需要进一步提升[23]。此外，可通过多个 PR 控制策略来实现特定次谐波抑制或重复电流控制，以提高控制精度[16]。

5）直轴交轴电流解耦控制

瞬态直接电流控制与 PR 控制均在静态坐标系下实现。与此不同，dq 电流解耦控制（也称电压定向电流控制）通过坐标变换将控制器设计从静态 $\alpha\beta$ 坐标系下转化到旋转 dq 坐标系下，然后利用前馈解耦控制结构分别对 d 轴、q 轴电流实现独立控制。两个同频正交的交流信号通过坐标变化处理转化成为直流信号。根据经典控制理论，dq 电流解耦控制通过 PI 控制器就可以实现对直流信号的零稳态误差跟踪。但 dq 电流解耦控制内环动态响应速度较慢。

6）无差拍控制

无差拍控制起源于 20 世纪 60 年代，在 80 年代中期逐渐在电力电子变流器中得到应用。无差拍控制的核心思想是根据被控对象的状态方程和实时采样数据，在一个 PWM 周期内计算出下一开关作用时刻的脉冲信号时间，使控制系统在一拍内跟踪参考电流。该方法具有良好的动态性能和控制精度，但该方法在数字控制中存在时延，并且依赖系统数学模型的精确性。当被控对象参数准确性下降时，系统性能会恶化[18]。为了减小控制时延对系统控制效果的影响，可通过两个相邻时刻的电流偏差近似计算 $k+1$ 时刻的电流值，此举削弱了控制时延对电流控制精度的影响，同时能有效降低网侧电流谐波含量，但仍未解决参数敏感的问题[24]。

2. 模型预测控制

MPC 于 20 世纪 70 年代在工业过程控制领域受到关注与应用。20 世纪 80 年代，在低开关频率的大功率电力电子变换设备中首先得到了应用。区别于传统控制策略，MPC 是一类原理简单的非线性控制策略，利用系统模型预测被控变量在预定时间段内的未来行为，然后选择一个最优操作实现代价函数的最小化，具备快速的动态响应性能。应用于脉冲变流器的 MPC 算法主要可分为有限控制集模型预测控制（finite control set MPC，FCS-MPC）和连续控制集模型预测控制（continuous control set MPC，CCS-MPC）两类[25]。

1）有限控制集模型预测控制

FCS-MPC 是利用脉冲变流器的离散特性和功率开关状态的有限性去预测系统的行为，直接选择最优的开关状态，从而可以取消 PWM 模块。首先，通过控制目标来确定代价函数，然后采用单步或多步预测来枚举下一个控制周期内开关状态下的代价函数值，最后依据最小代价函数选择最优的开关状态作用于下一个控制周期。FCS-MPC 的控制目标可以是一个或多个物理量，相比于滞环电流控制，FCS-MPC 算法控制目标的设定更为灵活，具有更优的控制性能，但仍存在控制频率要求高，开关频率不恒定等缺陷。同时，基于枚举法的在线滚动寻优策略会导致计算量增加，优化目标的增加会进一步导致计算量呈几何倍数增加。在多电平或级联拓扑结构的脉冲变流器控制中，随着开关状态的增加，FCS-MPC 的计算工作量更会呈指数级增加，这些情况对处理器性能提出了更高的要求，从而影响了传统 FCS-MPC 策略的工程应用。为了解决传统 FCS-MPC 存在的问题，可从引入空间矢量脉宽调制（space vector pulse width modulation，SVPWM）[26]、采用占空比控制方式[27]、利用离散电压矢量组合等[28]角度实现恒定开关频率，但此举增加了算法的复杂度和系统的运算负担；也可通过减少控制集数量、预测或寻优次数等降低算法的复杂度，但运算量仍然较大[29]。

2）连续控制集模型预测控制

CCS-MPC 是基于脉冲变流器的平均模型进行预测及优化，得到的连续指令信号，经过 PWM 模块后产生应用于功率开关器件的控制信号，其相较于 FCS-MPC 的主要优点是可方便地实现恒定开关频率。常见的 CCS-MPC 算法包括广义预测控制（generalized predictive control，GPC）[30]、显式模型预测控制（explicit MPC，EMPC）[31]等。其中，GPC 对线性和无约束优化问题很有用，EMPC 主要用于解决非线性和约束优化问题。然而，采用在线优化方式的 CCS-MPC 算法仍存在求解过程复杂，计算量大等问题。针对单相脉冲整流器的 CCS-MPC 算法基本上是基于 dq 坐标系实现的，β 轴电流估计误差会影响系统控制性能。

MPC 依赖于系统模型，对系统参数敏感，控制器鲁棒性差是 MPC 的固有缺陷。

1.3　单相级联 H 桥整流器概述

现役牵引传动系统前级需接入大容量工频牵引变压器以降低输入交流电压等级。工频牵引变压器的工作频率不高，整机功率密度一般为 0.25～0.5kV·A/kg（功率密度低），效率有待提升。再者，工频牵引变压器的质量约占整个牵引传动系统电气设备总质量的 33%，这一质量占比与高速铁路的发展不相适应。随着速度的提高，势必需要更大的牵引力，然而牵引传动系统的安装空间十分有限，这将使得更大安装容量需求和有限安装空间之间的矛盾更为凸显。此外，磁性材料的饱和特性易导致网侧电流、网侧电压畸变，产生谐波污染，在投入电网时还会造成较大的励磁涌流[44]。因此，轻量化俨然成为下一代高速列车的发展方向和必然趋势。

1.3.1　电力电子变压器概述

20 世纪 70 年代，电力电子变压器（power electronic transformer，PET）技术便得到了部分学者的关注和研究。PET 技术是融合了电力电子技术以及电磁感应原理的高频电能变换技术，它可以实现电能变换，达到替代笨重的工频变压器的目的[44]。PET 采用了高频变压器来实现电气隔离功能，因此，相较于工频牵引变压器所需铁心材料更少，具有体积小、质量轻、功率密度高等优点。虽然 PET 的出现，为增加电气系统功率密度、降低成本提供了一种较好的解决方案，但彼时电力电子功率半导体器件制造水平有限，严重阻碍了 PET 的发展进程。PET 的研究仅在一些对安装空间限制较高的应用对象上得到了关注，如欧洲部分铁路机车牵引系统尝试采用 PET 技术取代传统的工频牵引变压器。这是由于欧洲部分铁路供电频率为 $16\frac{2}{3}$Hz，致使传动系统牵引变压器存在体积大、质量重的缺点。自 20 世纪 90 年代起，瑞士 ABB、德国西门子（Siemens）、加拿大庞巴迪（Bombardier）等单位先后研制了一系列基于 PET 技术的机车样机。2011 年，美国通用电气（GE）、Cree 以及 Powerex 等公司联合研制的基于 10kV/120A 碳化硅（SiC）功率器件的 PET（1MV·A），部分 SiC 器件的开关频率达到了 20kHz，相比于传统工频牵引变压器，该系统质量减轻 75%，体积减小 50%，效率可达 97%[45]。2012 年 2 月，ABB 公司将研制的 1.2MW 容量 PET 成功应用于电力机车牵引系统，相较于传统牵引传动系统，其效率提升了 2%～4%，功率密度从 0.2～0.35kV·A/kg 提升至 0.5～0.75kV·A/kg[46]。2020 年 10 月，中车株洲电力机车研究所牵头设计完成了世界首台适用于 25kV 牵引电网制式的 PET 原理样机，基于高频化技术的电力电子变压器技术使得该样机相对既有牵引系统质量降低 15%、体积减小 20%、效率提高 2%。上述研究成果表明，无工频牵引变压器将成为高速列车牵引系统发展的主流方向，并且采用 PET 技术代替传统的工频牵引变压器是实现高速列车轻量化的重要途径。

相较于单级型与双极型拓扑，三级型 PET 拓扑应用范围更广。该拓扑由 AC/DC 变换器、高频 DC/DC 变换器、DC/AC 逆变器组成。三级型 PET 拓扑结构能量变换次数较多，结构相对复杂，但其良好的可控性使 PET 实现的功能更多。同时，与单级型结构相比，三级型 PET 含有的低压直流模块能够整合能量存储设备，可以提升 PET 的穿越能力。三级型 PET 中脉冲整流器拓扑主要包括二极管箝位型、飞跨电容型以及级联 H 桥型。在直流侧输出电平数增加的情况下，箝位二极管用量明显增多，使得系统复杂度加剧、成本增加，且安装困难。此外，不同器件之间开关次数与导通时间不同，以及负载不平衡情况下器件之间功率损耗分布不对称，均会导致该拓扑电容电压不平衡。20 世纪 90 年代，一种与二极管箝位型拓扑结构、原理均类似的飞跨电容型拓扑被提出[47]。但该拓扑存在电容体积大、造价昂贵、寿命不长的缺点[48]。1990 年，级联 H 桥变流器拓扑被提出，相比于飞跨电容型拓扑以及二极管箝位型拓扑，级联 H 桥变流器模块化程度更高，灵活性、容错性更强，输入、输出功率的范围更宽，在输出相同数量电平情况下所需元器件最少[49]。此外，由于不需要箝位二极管以及飞跨电容，级联 H 桥变流器拓扑不仅降低了电路系统的复杂程度与制造成本，同时也使得电容电压平衡控制与 PWM 调制更为简便。凭借其具备的种种优点，在面向高压应用领域的电力牵引传动系统中，基于单相级联 H 桥的 PET 拓扑结构获得了最为广泛的关注与研究。

1.3.2 电容电压平衡问题

单相级联 H 桥整流器作为车载电力电子变压器系统的变流装备，是该系统实现牵引供电网到 DC/DC 变换器连接的纽带。其拓扑结构如图 1-3 所示。对于单相级联 H 桥整流器而言，各 H 桥模块直流侧支撑电容彼此悬浮独立。由于直流侧电容容量误差、负载不平衡以及各 H 桥模块线路损耗差别等因素，级联 H 桥整流器直流侧电容电压存在不平衡现象。若不采取任何控制措施，整流器系统个别器件所承受电压将急剧升高，从而引起过压、过流以及电容击穿等问题，甚至造成整个 PET 系统失控。由此可知，直流侧电容

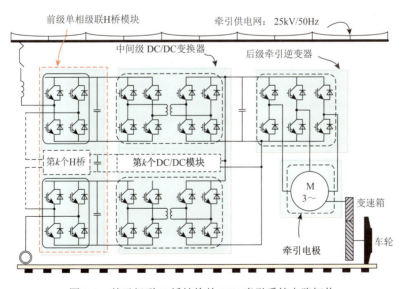

图 1-3 基于级联 H 桥结构的 PET 牵引系统电路拓扑

电压不平衡问题亟待解决。再者，直流侧电压处于不平衡状态时间越长，对级联系统潜在的危害就越大。因此，电压平衡动态性能是评价电压平衡控制算法优劣的一项重要指标。从上述分析可知，对于级联 H 桥整流器电容电压平衡问题的研究及其动态性能的提升，具有重要的理论意义与实践价值。

1.3.3　直流侧电容电压平衡控制

级联 H 桥整流器电容电压不平衡会增加开关器件电压应力、影响网侧电流质量、造成电容击穿等问题。由此可知，在电容电压不平衡的情况下，级联 H 桥整流器控制系统除了需要双闭环控制策略外，还需要电压平衡控制策略来实现直流侧电容电压平衡。对此，各种电压平衡策略被不断提出。根据实现电容电压平衡控制方式的不同，可将现有控制方法分为三大类：电压排序法[50]、载波调制法[51]以及占空比补偿法[52]。

1）电压排序法

电压排序平衡控制策略需将所有的直流侧电容电压参与到排序运算之中，根据各级电容的充放电状态确定对应的开关器件的通断状态，这种策略动态性能较好，且具有良好鲁棒性[50]。但各 H 桥模块开关状态切换频繁，将带来较大的开关损耗问题。

2）载波调制法

从调制的角度来实现直流侧电容电压平衡。可通过特定谐波消除脉宽调制（selective harmonic elimination PWM，SHE-PWM）方法实现电容电压平衡[51]。该方法具备兼顾优良的电容电压平衡效果以及较低谐波输出电压的优点，然而对于表征谐波多项式的求解较为困难。

3）占空比补偿法

随着 H 桥模块的增多，电压排序法与载波调制法实现难度也增加，不利于实际工程应用[53]。相比之下，占空比补偿方法更容易扩展到多模块级联 H 桥系统。该方法在双闭环输出调制信号的基础上，增加了独立的电压平衡环节。可采用 N 个电容电压 PI 控制器来平衡各 H 桥模块直流侧电容电压，其补偿占空比由网压基波信号正弦量乘以电压平衡 PI 控制器生成[54]。或可利用占空比分量将网压基波信号正弦量替代为调制信号[55]。此外，可利用 PI 控制器调节前 $N-1$ 个 H 桥占空比，而第 N 个 H 桥的占空比分量则由前 $N-1$ 个占空比补偿分量计算得出[56]。然而，这些方法未考虑级联 H 桥双闭环控制与电压平衡控制这两个子系统之间的耦合效应[57]，并且该效应对于双闭环系统的影响无法预知，不利于两个子系统之间控制器参数独立设计。为了消除耦合效应，有研究在 dq 坐标系下提出了一种新的电压平衡解决方案[53]。

由于上述基于 PI 控制器的电压平衡方法易于扩展、容易实现，在级联 H 桥系统中应用较为普遍。但是这些方法的电压平衡控制机理似乎很少被研究，具体地说，虽然这些方法可以实现电压平衡，但是在上述文献中对于补偿占空比的数学推导却未曾提及。为了揭示电压平衡系统控制机理，有研究对直流侧输出电压误差与补偿占空比的关系进行了分析[58]。当网侧电流较小时，总的输出占空比将超过 1，则级联 H 桥系统会出现过调制现象。此外，上述基于 PI 控制的电压平衡方法动态性能一般。对于高压大功率电力牵引传动系统来说，在直流侧负载处于不平衡情况下，动态响应时间越长对系统造成的潜在危害越大，因此，动态性能是一项评判电压平衡控制方法优劣的重要指标。

1.4　车-网耦合系统低频振荡问题概述

随着电力电子技术的迅速发展，交-直-交型列车（CRH 系列、HXD 系列等）因其启动牵引力大、恒功率范围宽、功率因数高等诸多优势逐步取代传统交-直型列车。牵引供电系统及交-直-交型牵引传动系统结构图如图 1-1 所示。铁路规模的逐步扩大，列车运行数量、功率不断增加，新型列车的投入也为牵引供电系统的安全、稳定运行带来了新的挑战。新型列车与牵引供电系统相互作用，组成的复杂系统面临谐波谐振现象、低频振荡现象、谐波不稳定现象等诸多挑战[59]。其中低频振荡现象近些年来频繁发生，振荡的电压会触发牵引供电系统过电压保护，造成列车无法启动、设备损坏等后果，严重威胁了列车的安全运行。

我国首例低频振荡现象发生于 2007 年 12 月 26 日的大秦线（HXD1 型列车，振荡频率 2~4Hz），随后我国北京、沈阳、青岛多地发生了多起低频振荡现象，频繁触发牵引封锁，致使多车无法启动，导致动车组晚点[60]。在国外，2004 年 7 月瑞士苏黎世（Re450 型列车，振荡频率 5Hz）、2008 年年底法国蒂翁维尔等电气化铁路中也相继发生低频振荡现象[59]。这类低频振荡现象由电力电子变流器的控制器参与，多变流器与供电系统相互作用，呈现振荡频率不固定、振荡机理复杂等特点。

1.4.1　车-网系统低频振荡分析

针对低频振荡机理的研究，主要从振荡波形检测分析与仿真复现，牵引传动系统和牵引供电系统的建模与等效，车-网系统的稳定性分析，参数影响等方面展开。

1. 测试试验与时域仿真分析

为研究车-网系统低频振荡的产生机理，更加清晰地认识低频振荡现象，通过复现低频振荡的产生条件，不断投入动车组的方式，国内外进行了多次试验测试。

2004 年 9 月，在瑞士 Bonstetten-Wettswil 车站对 Re450 型列车进行了测试试验，复现了同年 7 月时产生的 5Hz 低频振荡波形（基准频率 $16^2/_3$Hz）[61]。西门子 Wegberg-Wildenrath 测试中心也同样复现了 7Hz（基准频率 50Hz）的低频振荡现象，同时通过对控制器参数进行微小的调整消除了该现象[62]。在法国，针对 2008 年发生在车库中的低频振荡现象，在蒂翁维尔、阿维尼翁等地进行了试验测试，发现随着牵引供电系统等效阻抗的增加，诱发振荡所需的列车数量逐渐降低[63]。

在国内，自 2007 年大秦线出现低频振荡现象以来，我国在不同地区也组织进行了多次低频振荡的测试试验，部分测试结果如表 1-1 所示[59]。

表 1-1 国内低频振荡测试结果

测试地点	振荡频率/Hz	振荡时车辆数/列	车型	时间
大秦线湖东机务段	3~4	6	HXD1	2008 年
上海动车所	5	约 11	CRH1	2010 年
青岛动车所	5	6	CRH5	2010 年
山海关铁路枢纽	6~7	9	HXD3B	2011 年
徐州北铁路枢纽	0.7，2	8	HXD2B	2014 年

通过试验测试初步总结了低频振荡的产生规律，然而该方法所需成本十分高昂，同时对于系统参数不能灵活调整。

通过搭建仿真模型可以较为灵活地分析车-网系统参数对于低频振荡产生的影响。利用 Matlab/Simulink、PSCAD/EMTDC 仿真软件搭建详细的车-网仿真模型，可分析多种车型接入牵引供电系统时的低频振荡现象。研究人员通过对车-网系统中不同参数进行调节，分析总结了低频振荡的产生规律，然而这种时域仿真的分析方式耗时过长，同时无法得到低频振荡产生的深层机理。为揭示低频振荡的产生的一般规律，需要对牵引供电系统及牵引传动系统进行详细的建模和分析。

2. 车-网耦合系统的建模

我国《高速铁路设计规范》（TB 10621—2014）中明确我国高速铁路牵引供电系统采用 2×25kV 的自耦变压器（auto transformer，AT）供电方式。由于牵引供电系统导线众多，结构复杂，对其建模造成了一定的困难。车-网系统低频振荡的分析常需要获取牵引供电系统在车-网公共连接点（point of common coupling，PCC）处的输入阻抗特性。

单相脉冲整流器是我国的交-直-交型牵引传动系统的前级，是车-网系统分析中的主要对象。车-网系统低频振荡的产生主要由控制器参与，即列车的输入导纳特性受控制回路的影响，因而需要对单相脉冲整流器的主电路及控制回路详细地进行建模分析。对脉冲整流器输入导纳的建模主要需要考虑其非线性和周期时变性（受开关器件与网侧交流电气量的影响）的特点。因而常采用小信号建模、谐波线性化建模、谐波状态空间建模、广义平均法建模等方法。

由于实际工作时单相脉冲整流器在 4 种等效电路中来回切换，系统状态呈周期性变化。常采用状态空间平均的方法进行建模，即系统状态变量采用在一个开关周期内实际值的平均值进行建模[64]。因而，根据采样定理可知，该模型最多仅能够描述 1/2 开关频率以下的系统动态。而车-网系统低频振荡发生在低频段，远小于我国动车组脉冲整流器开关频率的一半，因而该方法适用于车-网低频振荡分析时单相脉冲整流器的建模分析。

小信号线性化是将状态变量表示为稳态量加小信号扰动的形式，通过忽略二阶项，即可获得在系统平衡点附近的线性状态空间模型[64]。该建模方法早期用于 DC/DC 变换器的建模与分析当中，而后被引入 AC/DC 变换器输入导纳的建模分析中，用以分析受控电力电子变换器与电力系统交互时可能产生的不稳定现象。但是由于单相脉冲整流器的交流侧电压电流为时变信号，因而难以直接通过主电路状态方程直接求取系统的稳态平衡点。对于采用 *dq* 电流解耦控制和瞬态直接电流控制的单相脉冲整流器常采用不同的处理办法。

针对采用 *dq* 电流解耦控制的脉冲整流器，其交流电气量，通过定义在 *dq* 旋转坐标系下，可以转化为两个直流分量，因而常通过建立 *dq* 坐标系下的阻抗模型来解决[65]。对于采用瞬态直接电流控制的脉冲整流器，可通过对主回路方程的时变部分进行分离整理，而后利用一阶泰勒级数近似的方式来解决[66]。

3. 车-网系统的稳定性分析

牵引供电系统与列车独立设计建造时均能保证自身良好的稳定性，因而低频振荡的产生是由于车和网的电气耦合造成的，受车和网的共同影响。

1）输入导纳分析

针对 1995 年发生在瑞士的谐波不稳定现象，在 1998～2000 年间开展的欧洲研究项目提出了输入导纳判据（input admittance criterion，IAC），即当列车的输入导纳 Y_t 在给定频段 ω 下需满足：

$$\mathrm{Re}\big[Y_t(\omega)\big] > 0, \quad 当\ \mathrm{Im}\big[Y_t(\omega)\big] = 0 \tag{1-1}$$

式中，$\mathrm{Re}[\cdot]$ 和 $\mathrm{Im}[\cdot]$ 分别为求取实部和虚部的运算。该判据可以理解为 RLC 串联谐振电路在谐振频率处电阻需大于 0，而后，欧洲电工标准化委员会（CENELEC）发布的铁路应用标准 EN 50388 中，要求在给定频率范围内保证牵引传动系统的等效导纳实部大于 0，即 $\mathrm{Re}[Y_t(\omega)] > 0$[67]。

2）阻抗稳定判据

基于系统源-荷阻的分析方法最早在分析 DC/DC 变换器时提出。而后被引入 AC/DC 变换器的稳定性分析当中。车-网系统可以表示成简单的电路，如图 1-4（a）所示。

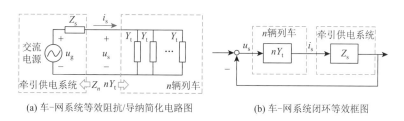

(a) 车-网系统等效阻抗/导纳简化电路图　　　　(b) 车-网系统闭环等效框图

图 1-4　车-网系统阻抗判据示意图

图 1-4 中，u_g、i_s、u_s 和 Z_s 分别表示等效电源的电压、车-网 PCC 处的电流、车-网 PCC 处的电压和牵引供电系统的等效阻抗。通过对电路方程分析可将图 1-4（a）所示电路转化为闭环系统形式，如图 1-4（b）[68]，进而可通过闭环系统稳定性判别方法分析系统稳定性。由图 1-4（b）可知系统的稳定性取决于车和网的阻抗比，即 nY_tZ_s，这种方法在车-网稳定性分析中取得了十分广泛的应用。

对于采用 *dq* 电流解耦控制的单相脉冲整流器，建立 *dq* 阻抗或镜像频率阻抗模型均为多输入多输出（multi-input multi-output，MIMO）系统，因而常采用广义奈奎斯特（Nyquist）稳定判据对车-网的阻抗比矩阵（即回比矩阵）进行稳定性分析。

1.4.2 车-网系统低频振荡的抑制

从阻抗稳定判据的角度分析可知，系统的稳定性受车和网的等效阻抗影响，因而车-网系统低频振荡的抑制可以从车侧和网侧两个角度展开，即通过改变车或网的等效阻抗达到低频振荡抑制的目的。

1. 牵引供电系统侧低频振荡抑制

低频振荡的产生与弱电网有关，因此增强牵引供电系统的供电容量，可以提升同一供电段内可同时启动的最大车辆数。2017 年徐州北牵引变电所通过将牵引变压器容量从 31.5MV·A 提升到 50MV·A 使得同一供电段内的机车容纳量从 6 辆车提升到了 13 辆车，然而这种方法造价十分高昂（800 万元），不利于其更好地推广[65]。此外，也可通过在牵引供电系统接入不同类型补偿装置，如静止同步补偿器（static synchronous compensator，STATCOM）、电力有源滤波器（active power filter，APF）等[69]来抑制低频振荡，这些方法均能实现低频振荡的抑制且应用较为灵活，然而造价同样十分高昂。

2. 列车侧低频振荡抑制

列车侧可以通过控制器参数调节、阻尼补偿、先进控制算法等实现低频振荡的抑制。

1）控制器参数调节

通过改变牵引传动系统的控制方式抑制低频振荡较之网侧抑制是一种更为经济且有效的办法，因而受到了广泛的关注。早期西门子测试中心的测试试验[62]及发生在大秦线的低频振荡均通过微调单相脉冲整流器控制器的 PI 参数得到了抑制[65]。控制器参数调节不可避免地会影响单相脉冲整流器正常运行时的控制性能，因而需要在控制性能与低频振荡抑制之间折衷。传统的单相脉冲整流器采用 PI 控制调节范围往往十分有限。

2）阻尼补偿

由输入导纳判据可知，车-网系统低频振荡的产生，主要由于受控的电力电子装置在某些频段内存在负电阻，随着列车数量的增多，车-网系统的阻尼不断下降。因此，限制列车的负电阻可以实现增强系统稳定性的目的，如铁路应用标准 EN 50388 所示。采用虚拟阻抗、保证无源性等方法可实现对车-网系统负电阻的补偿[65]。然而，该方法需要在控制回路中引入额外的环节，因而不可避免地会对本身的控制性能造成影响，同时对该影响缺乏有效的分析。

3）先进控制算法

近年来，通过采用更加先进的控制算法替换传统的 PI 控制器，使控制器调节更加灵活，从而实现低频振荡的抑制受到了广泛的关注。多篇文献从扰动补偿或抗干扰的角度出发，结合观测器（扩张状态观测器、滑模观测器、模糊观测器等）检测采用新的控制算法替换原有的 PI 控制器实现低频振荡的抑制，如自抗扰控制、自适应自抗扰 PI 控制、滑模控制、模型预测控制等[70]。这些方法可以很好地调整控制器的控制性能，然而对低频振荡抑制缺乏解析的分析，致使无法在理论上说明低频振荡的抑制、量化抑制范围，对控制器的设计和参数的选取往往需要经过反复试错的过程。

1.5 故障诊断与故障容错概述

故障是指由于动态系统相关参变量偏离正常水平，或者系统元件功能失效，导致动态系统性能恶化的事件或特征[71]。故障诊断（fault diagnosis）是指在控制系统运行过程中基于硬件或者软件设计策略，评估系统运行状态监测结果，判断系统是否发生故障，并精确定位故障时间和部位等信息。故障容错（fault-tolerant）是指当动态系统发生故障时，依然能维持其正常或者较小性能损失的系统特性。故障容错控制包含故障检测、故障隔离和故障重构。其中故障检测与隔离（fault detection and isolation）又合称为故障诊断，可见故障诊断是故障容错控制的前提。

典型的整流器装置基本结构主要由控制电路、功率电路和传感器组成。其中控制电路部分主要为电子器件组成的集成电路，其可靠性较高。而功率电路作为整流器装置实现电能变换的主体，在运行过程中承受主要的电热应力，且应用场合大多处于电、磁、热、机械等多场域耦合，故障率较高。传感器由于机械振动、电磁干扰等，易导致输出信号与实际信号发生偏差，严重时更导致输出信号失真或者错误，影响控制系统正常运行。因此，目前针对整流器装置的故障诊断与容错控制技术研究主要集中在功率器件和传感器两部分。

功率器件的开路和短路故障是整流器最常见的两种故障。功率器件短路故障机理为集电极过电流导致器件退饱和，同时导致承受高压、大电流，功耗急剧增加，导致结温快速增加，在极短时间内因热击穿而导致功率器件失效。驱动信号错误、过压过流击穿、雪崩击穿等都会造成功率器件的短路故障。短路故障存在时间极短（通常在 10μs 以内），但影响严重，极易引发系统其余部件故障，直接导致系统崩溃，因此短路故障是整流器最致命的故障之一。目前，整流器驱动电路集成短路故障监测和过流过压保护功能已经成为标准配置[72]。而功率器件开路故障与短路故障相比，其对变流系统的故障影响相对较小，系统故障响应较慢，往往受到忽视。电热效应引起的铝键合线断裂、焊接脱落以及驱动信号丢失等都可能引起功率器件开路故障[73]。

整流器功率器件开路故障将导致网侧电流畸变、功率因数下降、直流侧电压幅值降低和脉动增大。这类故障会降低牵引传动系统性能，但不会导致系统立即崩溃，在较短时间内具有一定的潜伏性，极易导致系统其他部件的二次故障，从而导致系统更大的损失，因此需要及时针对整流器功率器件开路故障进行诊断。

1.5.1 脉冲整流器故障诊断研究现状

1. 基于模型的故障诊断

解析模型故障诊断方法的主要思想是将数学模型作为基础进行故障残差计算，利用分析残差的方法进行变流器装置的故障识别。参考模型法是在以模型为基础的故障识别中较为常见的一类，以该方法为基础，通过计算两个系统间输出值的差异程度实现电力电子电路的实时故障定位工作[74]。依靠真实系统建立正常工况下的模型，依靠实际系统获得真实输出结果，对比两模型结果得到残差，不同的故障类型对应不同的残差结果。通过对残差特征进行区分，利用已建立的相关故障判据就可实现故障属性识别和故障器件确定。从解析模型的角度出发，建立一个包含脉冲整流器结构和功能的双层表示模型，以电压和电流为观察对象，利用测量点的固定性对脉冲整流器做故障分析[75]。

以解析模型为主要出发点的故障诊断方法，适用于系统的相关参数可以通过数学模型准确表达的情况。诊断速度快是该方法的优势所在，然而对系统残差的依赖、阈值判断机制的建立等因素会对系统参数造成影响；此外，开关器件的非线性和离散性等特性也会限制解析模型在实际工程应用中的诊断精度。

2. 基于信号处理的故障诊断

基于信号处理的故障诊断技术，其实质是从时序信号出发，提取时频域特征，进行信号分析和故障诊断。可根据不同导通条件下开关频率附近的谐波含量不同的特点，从频域的角度出发，通过对比开关频率附近的谐波含量来实现绝缘栅双极型晶体管（insulated gate bipolar transistor，IGBT）开路识别[76]。小波变化可以应用于传感器突发故障的检测和识别中[77]。利用信号在多尺度上的不同表现来判断输出信号出现异常的时间，根据信号的能量变化在多个分解小波尺度上的分布差异对传感器的故障部位和故障类别进行识别。

基于信号处理的故障诊断理论研究均是采用时频分析的方法对信号数据进行特征选择和特征提取，根据提取的故障特征判断信号变化是否超出阈值，最后确定故障种类与故障区域。该方法对于特征选择的准确度要求较高，并且受限于系统噪声、负载波动等未知变化条件的影响，导致诊断策略的泛化性不强。

3. 基于深度学习的故障诊断

深度学习的实质就是集特征提取、特征降维和决策分类于一体来实现故障诊断。由于计算机计算能力和深度学习的独特优势，深度学习现如今已经被广泛地应用到航空发动机、滚动轴承、汽车逆变器、电力电子变压器等的故障诊断方法研究领域中。

深度学习的研究算法主要借助神经元自适应特征挖掘能力，利用隐含层提取数据中潜在的信号的多尺度间的基本特征，构建故障数据到故障模态两者的映射关系。该方法不需要获得研究对象的准确系统表示模型、不需要进行人工的故障特征选择，具有智能化特征提取优势。且与其他机器学习算法相比，深度学习能够学到的特征更加丰富，且泛化性和鲁棒性较好。

1.5.2　脉冲整流器故障容错研究现状

近年来，国内外学者就整流器的容错控制问题开展了广泛的研究，尤其是整流器模块开关器件故障的容错控制方法[78]。而相比于开关器件，针对传感器故障的整流器容错控制方法的研究成果相对滞后，其中大多数方法还并不能很好地达到系统容错控制后的高性能要求。具体来说，Ben Youssef 等[79]首次提出了电力牵引整流器传感器故障的容错控制的方法，使用了传统的龙伯格观测器来估计系统的直流电压与网侧电流，进而通过该估计值与传感器实际测量值作差以获得残差，并对其进行分析来判断整流器中是否已经发生了传感器故障并对其进行定位。在成功定位后，该方法使用重构的状态输出代替整流器原有的测量输出作为控制输入以达成"容错"的目标。苟斌等[80]同样使用了观测器的零极点配置方法进行龙伯格观测器的设计，并使用残差判断传感器的故障，进而实现故障的隔离。Xia 等[81]通过构建滑模观测器（sliding mode observer）产生残差并系统地分析了所提方法的鲁棒性，其同样是使用观测器的重构值替代测量输出作为控制输入达成"容错"。

上述方法在故障诊断层面上是系统且全面的，其通过对观测器的特征值进行配置可以使观测误差迅速收敛，但是上述方法在容错控制方面还有不足之处。这是因为观测器是闭环结构，故其输出将不可避免地受到系统输出的影响，因为观测器设计的初衷即为跟踪系统输出，所以在传感器测量值出现偏差后，观测器输出会被故障影响，这时若将重构的变量接入到控制器的输入端，则必定会导致控制性能降低。在此分析的基础上不难得知，使用传统的龙伯格观测器作为容错控制的核心并不能很好地达到对系统处于容错控制模式下的高性能要求，故使用更先进的控制理论手段解决整流器传感器的故障问题是亟待突破的关键技术。

1.6 鲁棒控制概述

现代控制系统的设计基本上是基于物理系统的数学模型，在实际工程应用中受系统参数摄动或外界不确定性干扰的影响，数学模型与实际系统之间存在差距，这种差距称为模型不确定性。从实际应用角度出发，当然希望在满足一定设计目标的情况下，系统不确定性对系统控制效果的影响越小越好，即系统具有较强的鲁棒性。所谓鲁棒性是指该控制系统在某种不确定条件下具有使稳定性、渐近调节和动态特性保持不变的特性[82]。基于 PI 的控制算法主要利用积分环节确保系统具备一定的鲁棒性，准 PR 控制通过改善控制器带宽增强系统稳定性，但这些控制算法的参数选择主要依赖工程师对被控对象的深入认识和丰富的工程经验；模型预测控制通常需要加入电感参数辨识算法确保系统具备鲁棒性。鲁棒控制是预先提炼出系统模型不确定性的特征性质，然后将该信息充分运用到控制系统的设计过程中，以期设计出能够在保证系统稳定性的同时满足系统性能指标的控制器。对于电力机车整流器而言，在系统工作过程中，由于测量误差、外界环境、运行工况、元器件老化以及损耗等因素，不可避免地存在网侧电路参数摄动，其中网侧等效电感参数变化是系统不确定性的显著表征，这一现象将影响电流瞬时变化率，从而导致网侧电压与网侧电流相位差增大，功率因数下降，鲁棒性较低。鲁棒控制作为一种处理不确定性的有效手段，可以应用到多输入多输出场合，并且能够提供性能更好、鲁棒性更强的反馈控制系统。

1.6.1 鲁棒控制的发展

鲁棒控制的诞生以 Zames 于 1981 年提出的 H_∞ 优化控制为标志[83]，该理论利用 H_∞ 范数作为目标函数的度量进行优化设计的控制，为解决鲁棒控制问题带来了极大的便利。H_∞ 控制理论结合系统模型不确定性以及外部扰动不确定性，研究系统的性能分析与综合问题[31]，属于频域内的最优控制理论，能在预先确定被控对象的控制性能和鲁棒性的基础上，系统地在频域内进行控制器设计，通过求解里卡蒂（Riccati）方程或线性矩阵不等式（linear matrix inequality，LMI）获得控制器的解析解，充分考虑了系统不确定性带来的影响，不仅能确保系统鲁棒稳定，还能优化一些性能指标[84]。

20 世纪 90 年代，McFarlane 和 Glover[85]提出了 H_∞ 回路成型法，该方法不要求被控对象为精确模型，并将经典的回路成型法及带宽概念与 H_∞ 理论下的鲁棒稳定性相结合，将对应频率响应特性曲线的传统参数空间法，拓展为一个能够在固定控制结构中通过直接选择增益来满足 H_∞ 鲁棒性和性能标准的状态空间法。H_∞ 控制方法在处理结构不确定性系统模型时，存在设计上的保守性。对此，利用结构奇异值 μ 作为控制设计度量的 μ 综合方法，将鲁棒稳定与鲁棒性统一为鲁棒稳定设计问题，可使控制器设计更具普遍性，进一步提升系统控制性能。

1.6.2 ν-间隙度量

间隙度量（gap metric）的概念最早源于数学中计算两个集合之间的距离，而后被用于量化两个算子之间的接近程度[86]。1980 年 Zames 和 El-Sakkary 首次将间隙度量的概念引入控制系统中，用来研究稳定或不稳定系统中不同类型的不确定性对其闭环状态下稳定性的影响[87]。间隙度量较之利用范数来获得的距离具有更显著的优势。间隙度量的求解可以转化为标准的 2 块（2-block）H_∞ 优化问题[88]。同时间隙度量计算得到的不确定性界与正规化右互质因子给出的不确定性界是等价的[89]。由于间隙度量的计算十分复杂且不够直观，因此在间隙度量的基础上发展出来的 ν-间隙度量的概念，在继承了间隙度量特性的同时，具有计算简单、保守性低以及清晰的频域特性的优点，使其得到了最广泛的应用[90]。而后，通过放宽了互质分解正规化条件，可进一步得到应用范围更广、保守性更低的通用框架下的一般距离（generic distance）[91]。

1.6.3 广义内模控制

广义内模控制（generalized internal model control，GIMC）结构是一种新型的二自由度控制器设计方法，其突出优点是通过设计两个独立的控制器（标称控制器和鲁棒控制器）来分别满足系统控制性能和鲁棒性的要求，从而可以很好地避免传统鲁棒控制器设计保守性强的缺陷[92]。基于左互质分解的 GIMC 结构框图，如图 1-5 所示。图中，P 表示系统实际模型；$\tilde{M}^{-1}\tilde{N}$ 和 $\tilde{V}^{-1}\tilde{U}$ 分别是系统标称模型 P_0 和根据 P_0 设计的标称控制器 G_0

的左互质分解；Q 为鲁棒控制器；f 表示残差信号；q 表示 Q 输出的补偿信号。GIMC 结构中的标称控制器 G_0 和鲁棒控制器 Q 可基于任意控制理论进行设计。其中，G_0 用于确保系统的闭环控制性能，Q 用于增强系统的鲁棒性。在系统模型精确及扰动可以忽略的条件下，残差信号 f 为零，Q 并不起作用，不会影响系统的控制性能。反之，f 不为零，通过 Q 输出补偿信号 q 以确保系统控制性能不下降，从而增强了系统的鲁棒性。

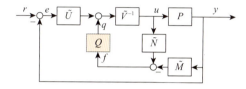

图 1-5　基于左互质分解的 GIMC 结构框图

经过数十年发展，鲁棒控制方法已成功应用于多个工程领域。在单相脉冲整流器中，基于 H_∞ 控制理论的控制器设计方法的研究鲜有报道，有必要在分析脉冲整流器参数不确定性问题的基础上，研究综合考虑脉冲整流器的控制性能和鲁棒性的控制器设计方法，以期提高系统的控制性能，增强系统的鲁棒性。

参 考 文 献

[1]　熊嘉阳，沈志云. 中国高速铁路的崛起和今后的发展[J]. 交通运输工程学报，2021，21（5）：6-29.

[2]　宋文胜. 电力牵引变流器控制与调制算法研究[D]. 成都：西南交通大学，2011.

[3]　卿三惠，李雪梅，卿光辉. 中国高速铁路的发展与技术创新[J]. 高速铁路技术，2014，5（1）：1-7.

[4]　郑拓. 我国高速铁路与经济发展研究[J]. 铁道学报，2020，42（7）：34-41.

[5]　中共中央国务院印发《国家综合立体交通网规划纲要》. https://www.gov.cn/gongbao/content/2021/content_5593440.htm[2025-1-6].

[6]　郑健龙. 在"中国梦"的伟大进程中探究现代化交通强国之路：评《"中国梦"进程中的交通强国战略研究》[J]. 中国公路学报，2020，33（11）：285.

[7]　冯晓云. 电力牵引交流传动及其控制系统[M]. 北京：高等教育出版社，2009.

[8]　宋文胜，冯晓云. 电力牵引交流传动控制与调制技术[M]. 北京：科学出版社，2014.

[9]　Akagi H，Kanazawa Y，Nabae A. Instantaneous reactive power compensators comprising switching devices without energy storage components[J]. IEEE Transactions on Industry Applications，1984，IA-20（3）：625-630.

[10]　Noguchi T，Tomiki H，Kondo S，et al. Direct power control of PWM converter without power-source voltage sensors[J]. IEEE Transactions on Industry Applications，1998，34（3）：473-479.

[11]　Kim S K. Robust output voltage tracking algorithm for three-phase rectifier with variable sliding surface[J]. IET Power Electronics，2018，11（6）：1119-1127.

[12]　Lee T S. Nonlinear state feedback control design for three-phase PWM boost rectifiers using extended linearisation[J]. IEE Proceedings-Electric Power Applications，2003，150（5）：546-554.

[13]　Komurcugil H，Kukrer O. Lyapunov-based control for three-phase PWM AC/DC voltage-source converters[J]. IEEE Transactions on Power Electronics，1998，13（5）：801-813.

[14]　Kukrer O，Komurcugil H. Control strategy for single-phase PWM rectifiers[J]. Electronics Letters，1997，33（21）：1745-1746.

[15]　He L Q，Xiong J，Ouyang H，et al. High-performance indirect current control scheme for railway traction four-quadrant converters[J]. IEEE Transactions on Industrial Electronics，2014，61（12）：6645-6654.

[16] Yang Y H，Zhou K L，Blaabjerg F. Enhancing the frequency adaptability of periodic current controllers with a fixed sampling rate for grid-connected power converters[J]. IEEE Transactions on Power Electronics，2016，31（10）：7273-7285.

[17] Bahrani B，Rufer A，Kenzelmann S，et al. Vector control of single-phase voltage-source converters based on fictive-axis emulation[J]. IEEE Transactions on Industry Applications，2011，47（2）：831-840.

[18] Fischer J R，González S A，Herrán M A，et al. Calculation-delay tolerant predictive current controller for three-phase inverters[J]. IEEE Transactions on Industrial Informatics，2014，10（1）：233-242.

[19] Geyer T，Quevedo D E. Performance of multistep finite control set model predictive control for power electronics[J]. IEEE Transactions on Power Electronics，2015，30（3）：1633-1644.

[20] 殷进军. LCL 滤波并网逆变器的数字单环控制技术研究[D]. 武汉：华中科技大学，2012.

[21] 杨水涛，张帆，钱照明. 基于 DSP 的有效消除数字控制延时的 UPS 逆变器多环控制策略[J]. 电工技术学报，2008，23（12）：84-91.

[22] Zhang C X，Yu S R，Ge X L. A stationary-frame current vector control strategy for single-phase PWM rectifier[J]. IEEE Transactions on Vehicular Technology，2019，68（3）：2640-2651.

[23] 袁义生，毛凯翔. 单相 PWM 整流器控制器设计与动态特性的改善[J]. 电机与控制学报，2020，24（5）：34-42.

[24] 杨立永，杨烁，张卫平，等. 单相 PWM 整流器改进无差拍电流预测控制方法[J]. 中国电机工程学报，2015，35（22）：5842-5850.

[25] Vazquez S，Rodriguez J，Rivera M，et al. Model predictive control for power converters and drives：Advances and trends[J]. IEEE Transactions on Industrial Electronics，2017，64（2）：935-947.

[26] Gregor R，Barrero F，Toral S L，et al. Predictive-space vector PWM current control method for asymmetrical dual three-phase induction motor drives[J]. IET Electric Power Applications，2010，4（1）：26-34.

[27] Zhang Y C，Xie W，Li Z X，et al. Model predictive direct power control of a PWM rectifier with duty cycle optimization[J]. IEEE Transactions on Power Electronics，2013，28（11）：5343-5351.

[28] Xue C，Song W S，Wu X S，et al. A constant switching frequency finite-control-set predictive current control scheme of a five-phase inverter with duty-ratio optimization[J]. IEEE Transactions on Power Electronics，2018，33（4）：3583-3594.

[29] Baidya R，Aguilera R P，Acuña P，et al. Multistep model predictive control for cascaded H-bridge inverters：Formulation and analysis[J]. IEEE Transactions on Power Electronics，2018，33（1）：876-886.

[30] Judewicz M G，González S A，Echeverría N I，et al. Generalized predictive current control（GPCC）for grid-tie three-phase inverters[J]. IEEE Transactions on Industrial Electronics，2016，63（7）：4475-4484.

[31] Chen H X，Wang D M，Tang S，et al. Continuous control set model predictive control for three-level flying capacitor boost converter with constant switching frequency[J]. IEEE Journal of Emerging and Selected Topics in Power Electronics，2021，9（5）：5996-6007.

[32] Xia C L，Wang M，Song Z F，et al. Robust model predictive current control of three-phase voltage source PWM rectifier with online disturbance observation[J]. IEEE Transactions on Industrial Informatics，2012，8（3）：459-471.

[33] Kwak S，Moon U C，Park J C. Predictive-control-based direct power control with an adaptive parameter identification technique for improved AFE performance[J]. IEEE Transactions on Power Electronics，2014，29（11）：6178-6187.

[34] Norniella J G，Cano J M，Orcajo G A，et al. Multiple switching tables direct power control of active front-end rectifiers[J]. IET Power Electronics，2014，7（6）：1578-1589.

[35] Malinowski M，Jasinski M，Kazmierkowski M P. Simple direct power control of three-phase PWM rectifier using space-vector modulation（DPC-SVM）[J]. IEEE Transactions on Industrial Electronics，2004，51（2）：447-454.

[36] Azab M. A new direct power control of single phase PWM boost converter[C]//2003 46th Midwest Symposium on Circuits and Systems. Cairo，Egypt：IEEE. 2003：1081-1084.

[37] 马俊鹏，宋文胜，冯晓云. 基于瞬时功率观测器的单相三电平脉冲整流器直接功率控制[J]. 电工技术学报，2018，33（4）：837-844.

[38] Song W S，Deng Z X，Wang S L，et al. A simple model predictive power control strategy for single-phase PWM converters

with modulation function optimization[J]. IEEE Transactions on Power Electronics，2016，31（7）：5279-5289.

[39] Golestan S，Guerrero J M，Vasquez J C. Single-phase PLLs：A review of recent advances[J]. IEEE Transactions on Power Electronics，2017，32（12）：9013-9030.

[40] Rojas S，Gensior A. Instantaneous average prediction of the currents in a PWM-controlled two-level converter[J]. IEEE Transactions on Industrial Electronics，2019，66（1）：397-406.

[41] Yang D S，Ruan X B，Wu H. A real-time computation method with dual sampling mode to improve the current control performance of the LCL-type grid-connected inverter[J]. IEEE Transactions on Industrial Electronics，2015，62（7）：4563-4572.

[42] Buso S，Mattavelli P. Digital Control In Power Electronics[M].2nd ed. Cham：Springer Internation Publishing，2015.

[43] Ma J P，Wang X F，Blaabjerg F，et al. Multisampling method for single-phase grid-connected cascaded H-bridge inverters[J]. IEEE Transactions on Industrial Electronics，2020，67（10）：8322-8334.

[44] 李响. 机车电力电子变压器控制策略研究[D]. 北京：北京交通大学，2018.

[45] Das M K，Capell C，Grider D E，et al. 10 kV，120 A SiC half H-bridge power MOSFET modules suitable for high frequency，medium voltage applications[C]//2011 IEEE Energy Conversion Congress and Exposition. AZ，USA：IEEE. 2011：2689-2692.

[46] Zhao C H，Dujic D，Mester A，et al. Power electronic traction transformer—Medium voltage prototype[J]. IEEE Transactions on Industrial Electronics，2014，61（7）：3257-3268.

[47] Meynard T A，Foch H. Multi-level conversion：High voltage choppers and voltage-source inverters[C]//PESC '92 Record. 23rd Annual IEEE Power Electronics Specialists Conference. Toledo，Spain：IEEE. 1992：397-403.

[48] 王奎，郑泽东，李永东. 基于零序电压注入的五电平有源中点钳位型逆变器多目标优化控制策略[J]. 电工技术学报，2014，29（6）：129-135.

[49] Marchesoni M，Mazzucchelli M，Tenconi S. A nonconventional power converter for plasma stabilization[J]. IEEE Transactions on Power Electronics，1990，5（2）：212-219.

[50] Iman-Eini H，Schanen J L，Farhangi S，et al. A modular strategy for control and voltage balancing of cascaded H-bridge rectifiers[J]. IEEE Transactions on Power Electronics，2008，23（5）：2428-2442.

[51] Dahidah M S A，Agelidis V G. Selective harmonic elimination PWM control for cascaded multilevel voltage source converters：A generalized formula[J]. IEEE Transactions on Power Electronics，2008，23（4）：1620-1630.

[52] Yang D L，Wu N，Yin L，et al. Natural frame control of single-phase cascaded H-bridge multilevel converter based on fictive-phases construction[J]. IEEE Transactions on Industrial Electronics，2018，65（5）：3848-3857.

[53] She X，Huang A Q，Zhao T F，et al. Coupling effect reduction of a voltage-balancing controller in single-phase cascaded multilevel converters[J]. IEEE Transactions on Power Electronics，2012，27（8）：3530-3543.

[54] Su Y L，Ge X L，Xie D，et al. An active disturbance rejection control-based voltage control strategy of single-phase cascaded H-bridge rectifiers[J]. IEEE Transactions on Industry Applications，2020，56（5）：5182-5193.

[55] Wang C，Zhuang Y，Jiao J，et al. Topologies and control strategies of cascaded bridgeless multilevel rectifiers[J]. IEEE Journal of Emerging and Selected Topics in Power Electronics，2017，5（1）：432-444.

[56] Zhao T F，Wang G Y，Bhattacharya S，et al. Voltage and power balance control for a cascaded H-bridge converter-based solid-state transformer[J]. IEEE Transactions on Power Electronics，2013，28（4）：1523-1532.

[57] Liu B，Song W S，Li Y W，et al. Performance improvement of DC capacitor voltage balancing control for cascaded H-bridge multilevel converters[J]. IEEE Transactions on Power Electronics，2021，36（3）：3354-3366.

[58] 陶兴华，李永东，孙敏. 一种 H 桥级联型 PWM 整流器的直流母线电压平衡控制新方法[J]. 电工技术学报，2011，26（8）：85-90.

[59] Hu H T，Tao H D，Blaabjerg F，et al. Train–network interactions and stability evaluation in high-speed railways–part I：Phenomena and modeling[J]. IEEE Transactions on Power Electronics，2018，33（6）：4627-4642.

[60] 王晖. 电气化铁路车网电气低频振荡研究[D]. 北京：北京交通大学，2015.

[61] Menth S，Meyer M. Low frequency power oscillations in electric railway systems [J]. Elektrische Bahnen，2006，104（4）：216-221.

[62] Pröls M，Strobl B. Stabiltätskriterien für wechselwirkungen mit umrichteranlagen in bahnsystemen [J]. Elektrische Bahnen，2006，104（11）：542-552.

[63] Suarez D. Étude et Modélisation des Interactions éLectriques entre les Engins et les Installations Fixes de Traction éLectrique 25kV/50Hz [D]. France：University of Toulouse，2014.

[64] 周国华，许建平，吴松荣. 开关变换器建模、分析与控制[M]. 北京：科学出版社，2016.

[65] Hu H T，Zhou Y，Li X，et al. Low-frequency oscillation in electric railway depot：A comprehensive review[J]. IEEE Transactions on Power Electronics，2021，36（1）：295-314.

[66] Carter J，Goodman C J，Zelaya H. Analysis of the single-phase four-quadrant PWM converter resulting in steady-state and small-signal dynamic models[J]. IEE Proceedings-Electric Power Applications，1997，144（4）：241-247.

[67] European Committee for Electrotechnical Standardization. Railway applications-Power supply and rolling stock-Technical criteria for the coordination between power supply（substation）and rolling stock to achieve interoperability（Swedish Standard）：SS-EN 50388：2012[S]. Swedish Standards Institute，2012.

[68] Sun J. Impedance-based stability criterion for grid-connected inverters[J]. IEEE Transactions on Power Electronics，2011，26（11）：3075-3078.

[69] Wu S Q，Jatskevich J，Liu Z G，et al. Admittance decomposition for assessment of APF and STATCOM impact on the low-frequency stability of railway vehicle-grid systems[J]. IEEE Transactions on Power Electronics，2022，37（12）：15425-15441.

[70] Tasiu I A，Liu Z G，Wu S Q，et al. Review of recent control strategies for the traction converters in high-speed train[J]. IEEE Transactions on Transportation Electrification，2022，8（2）：2311-2333.

[71] 郭世明. 动车组检测与故障诊断技术[M]. 成都：西南交通大学出版社，2008.

[72] Salehifar M，Arashloo R S，Moreno-Equilaz J M，et al. Fault detection and fault tolerant operation of a five phase PM motor drive using adaptive model identification approach[J]. IEEE Journal of Emerging and Selected Topics in Power Electronics，2014，2（2）：212-223.

[73] Ji B，Song X G，Cao W P，et al. In situ diagnostics and prognostics of solder fatigue in IGBT modules for electric vehicle drives[J]. IEEE Transactions on Power Electronics，2015，30（3）：1535-1543.

[74] 文小玲，尹项根，谭尚毅. 一种电力电子电路故障诊断方法[J]. 电工技术杂志，2003，22（7）：49-51.

[75] 高松，刘志刚，徐建芳，等. 基于模型诊断和专家系统的牵引变压器故障诊断研究[J]. 铁道学报，2013，35（7）：42-49.

[76] Tian Z S，Ge X L. An on-line fault diagnostic method based on frequency-domain analysis for IGBTs in traction PWM rectifiers[C]//2016 IEEE 8th International Power Electronics and Motion Control Conference（IPEMC-ECCE Asia）. Hefei，China：IEEE，2016：3403-3407.

[77] Zhang H Q，Yan Y. A wavelet-based approach to abrupt fault detection and diagnosis of sensors[J]. IEEE Transactions on Instrumentation and Measurement，2001，50（5）：1389-1396.

[78] Chen J，Zhang C H，Xing X Y，et al. A fault-tolerant control strategy for T-type three-level rectifier with neutral point voltage balance and loss reduction[J]. IEEE Transactions on Power Electronics，2020，35（7）：7492-7505.

[79] Ben Youssef A，El Khil S K，Slama-Belkhodja I. State observer-based sensor fault detection and isolation，and fault tolerant control of a single-phase PWM rectifier for electric railway traction[J]. IEEE Transactions on Power Electronics，2013，28（12）：5842-5853.

[80] 苟斌，蒲俊楷，葛兴来，等. 基于状态观测器的单相整流系统传感器故障诊断与容错控制方法[J]. 铁道学报，2017，39（2）：44-51.

[81] Xia J H，Guo Y B，Dai B J，et al. Sensor fault diagnosis and system reconfiguration approach for an electric traction PWM rectifier based on sliding mode observer[J]. IEEE Transactions on Industry Applications，2017，53（5）：4768-4778.

[82] Zhou K M，Doyle J C，Glover K. Robust and optimal control[M]. Englewood Cliffs，NJ：Prentice Hall，1996.

[83] Zames G. Feedback and optimal sensitivity：Model reference transformations，multiplicative seminorms，and approximate inverses[J]. IEEE Transactions on Automatic Control，1981，26（2）：301-320.

[84] 吴敏，何勇，佘锦华. 鲁棒控制理论[M]. 北京：高等教育出版社，2010.

[85] McFarlane D，Glover K. A loop-shaping design procedure using H/sub infinity/synthesis[J]. IEEE Transactions on Automatic Control，1992，37（6）：759-769.

[86] El-Sakkary A. The gap metric：Robustness of stabilization of feedback systems[J]. IEEE Transactions on Automatic Control，1985，30（3）：240-247.

[87] Zames G，El-Sakkary A. Uncertainty in unstable systems：The gap metric[J]. IFAC Proceedings Volumes，1981，14（2）：149-152.

[88] Georgiou T T. On the computation of the gap metric[C]//Proceedings of the 27th IEEE Conference on Decision and Control. TX，USA：IEEE. 2002：1360-1361.

[89] Georgiou T T，Smith M C. Optimal robustness in the gap metric[J]. IEEE Transactions on Automatic Control，1990，35（6）：673-686.

[90] Vinnicombe G . Uncertainty and Feedback：H_∞ Loop-Shaping and the v-gap Metric[M]. London：Imperial College Press，2000.

[91] Lanzon A，Papageorgiou G . Distance measures for uncertain linear systems：A general theory[J]. IEEE Transactions on Automatic Control，2009，54（7）：1532-1547.

[92] Zhou K M，Ren Z. A new controller architecture for high performance，robust，and fault-tolerant control[J]. IEEE Transactions on Automatic Control，2001，46（10）：1613-1618.

第2章 单相脉冲整流器的电流内环控制

2.1 单相脉冲整流器的工作原理

2.1.1 基本数学模型

图 2-1 给出了单相 PWM 整流器主电路拓扑及其等效电路图。图中，u_s 和 i_s 分别表示网侧电压和网侧电流；u_{ab} 表示 H 桥网侧输入电压；L 和 R 分别表示网侧等效电感以及网侧等效电阻；u_{dc} 表示直流侧电压；C_d 为直流侧支撑电容；i_C 为流过支撑电容的电流；R_L 为直流侧等效负载电阻；i_{dc} 为负载电流；T_1、T_2、T_3、T_4 表示 4 个功率开关管，分别构成 H 桥的 a、b 桥臂，每个开关管都反并联一个续流二极管。

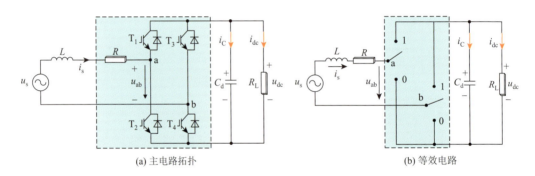

(a) 主电路拓扑　　　　　　　　　(b) 等效电路

图 2-1　单相 PWM 整流器主电路拓扑及其等效电路图

现有电力机车型号繁多，部分机车直流侧含有电感电容串联谐振回路，在大功率低开关频率的应用场合，可实现滤除直流侧电压中 2 倍频谐波分量的目的；在小功率应用场合，一般取消电感电容串联谐振网络以减小设备体积，提高功率密度。在对脉冲整流器工作原理进行分析时可忽略[1]。此外，为了减小直流侧低频谐波对电流环的影响，常在数字控制算法中加入陷波器[2]。

为了便于分析，对单相 PWM 整流器作如下假设：①忽略开关器件的开通和关断时间以及开关损耗，且开关器件均为理想器件；②忽略电感饱和因素，电感电容等器件均为理想器件；③网侧电压源为理想正弦波。令桥臂 a、b 的理想开关函数为 S_x $(x = a, b)$，可表示为

$$S_a = \begin{cases} 1, & T_1导通，T_2关断 \\ 0, & T_2导通，T_1关断 \end{cases} \tag{2-1}$$

$$S_b = \begin{cases} 1, & T_3导通，T_4关断 \\ 0, & T_4导通，T_3关断 \end{cases} \tag{2-2}$$

由式（2-1）与式（2-2）可知，理想的开关组合 S_aS_b 共有 00、01、10、11 这 4 种组合状态，所对应的等效电路，如图 2-2 所示。

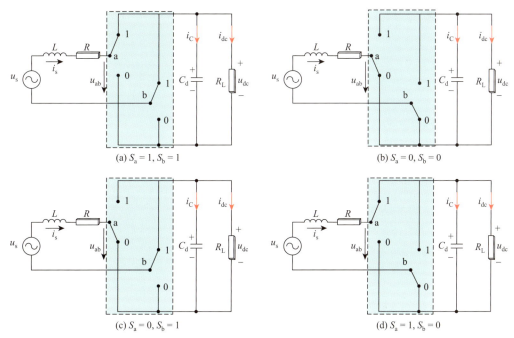

(a) $S_a = 1, S_b = 1$　　　　　(b) $S_a = 0, S_b = 0$

(c) $S_a = 0, S_b = 1$　　　　　(d) $S_a = 1, S_b = 0$

图 2-2　4 种组合状态下单相 PWM 整流器的等效电路

对应于 4 种组合状态，该脉冲整流器存在以下 4 种工作模式[1]。

（1）模式 1（$S_aS_b = 11$）。如图 2-2(a)所示，T_2、T_4 关断，T_1、T_3 导通。$u_{ab} = 0$，直流侧电容 C_d 能量流过负载 R_L 释放能量，使直流侧电压 u_{dc} 下降。网侧电压流过电感对其充放电，当 $u_s > 0$ 且 $i_s > 0$ 时，网侧电流 i_s 增大，网侧电感吸收能量。当 $u_s < 0$ 且 $i_s > 0$ 时，网侧电流 i_s 减小，网侧电感释放能量。

（2）模式 2（$S_aS_b = 00$）。如图 2-2(b)所示，T_1、T_3 关断，T_2、T_4 导通。$u_{ab} = 0$，直流侧电容 C_d 向负载电阻 R_L 放电，直流侧电容 C_d 能量流过负载，使直流侧电压 u_{dc} 下降。网侧电压对电感充放电，当 $u_s > 0$ 且 $i_s > 0$ 时，网侧电流 i_s 增大，网侧电感充电，吸收能量。当 $u_s < 0$ 且 $i_s > 0$ 时，网侧电流 i_s 减小，网侧电感释放能量。

（3）模式 3（$S_aS_b = 01$）。如图 2-2(c)所示，T_1、T_4 关断，T_2、T_3 导通。$u_{ab} = -u_{dc}$，当 $u_s < 0$ 且 $i_s < 0$ 时，网侧等效电感放电，网侧电压 u_s 向直流侧电容 C_d 充电，直流侧电压 u_{dc} 增大。当 $u_s < 0$ 且 $i_s > 0$ 时，网侧电感充电储能，直流侧电容 C_d 向网侧电压 u_s 放电，直流侧电压 u_{dc} 减小。

（4）模式 4（$S_aS_b = 10$）。如图 2-2(d)所示，T_2、T_3 关断，T_1、T_4 导通。$u_{ab} = u_{dc}$，当 $u_s > 0$ 且 $i_s > 0$ 时，网侧等效电感放电，网侧电压 u_s 向直流侧电容 C_d 充电，直流侧电压 u_{dc} 增大。当 $u_s < 0$ 且 $i_s > 0$ 时，直流侧电容 C_d 向网侧电压 u_s 放电，直流侧电压 u_{dc} 减小。

单相 PWM 整流器工作过程中，不同开关函数状态下整流器的导通器件、u_{dc} 变化趋势及 u_{ab} 取值等状态，0、1 分别表示开关关断与导通状态，如表 2-1 所示。

表 2-1　单相 PWM 整流器工作模式

模式	电流方向	S_aS_b	T_1	T_2	T_3	T_4	u_{ab} 值	u_{dc} 值
1		11	1	0	1	0	0	减小
2	$i_s>0$	00	0	1	0	1	0	减小
3		01	0	1	1	0	$-u_{dc}$	减小
4		10	1	0	0	0	u_{dc}	增大
1		11	1	0	1	0	0	减小
2	$i_s<0$	00	0	1	0	1	0	减小
3		01	0	1	1	0	$-u_{dc}$	增大
4		10	1	0	0	1	u_{dc}	减小

根据表 2-1，可将整流器网侧输入电压 u_{ab} 与直流侧电压 u_{dc} 的关系表示为

$$u_{ab}=(S_a-S_b)u_{dc}=S_{ab}u_{dc} \tag{2-3}$$

采用基尔霍夫定律对图 2-1(a)进行分析，可得单相 PWM 整流器主电路数学模型，如式（2-4）所示。

$$\begin{cases} L\dfrac{di_s}{dt}+Ri_s=u_s-S_{ab}u_{dc} \\ C_d\dfrac{du_{dc}}{dt}+\dfrac{u_{dc}}{R_L}=S_{ab}i_s \end{cases} \tag{2-4}$$

进一步可得单相 PWM 整流器数学模型状态方程为

$$\begin{bmatrix} \dot{i}_s \\ \dot{u}_{dc} \end{bmatrix}=\begin{bmatrix} -\dfrac{R}{L} & -\dfrac{S_{ab}}{L} \\ \dfrac{S_{ab}}{C_d} & -\dfrac{1}{C_dR_L} \end{bmatrix}\begin{bmatrix} i_s \\ u_{dc} \end{bmatrix}+\begin{bmatrix} \dfrac{1}{L} \\ 0 \end{bmatrix}u_s \tag{2-5}$$

根据式（2-4）与式（2-5）可知，状态方程中存在开关函数 S_{ab}。通过调节开关模块的导通与关断时间，即可达到调整网侧电流 i_s 和直流侧电压 u_{dc} 的控制。单相脉冲整流器系统由控制算法计算出连续变化的正弦调制信号，使用 PWM 模块将该信号与三角波载波进行比较，产生开关管控制信号。

2.1.2　数字控制方法

对式（2-4）所示的单相两电平脉冲整流器网侧模型进行线性化时，需要先将开关函数 S_{ab} 线性化。在单相两电平脉冲整流器的数字控制系统中，常用 PWM 模块生成恒定开关频率的脉冲控制信号，可降低滤波器设计难度。理想单极性正弦波脉宽调制（sinusoidal pulse width modulation，SPWM）模块工作过程的仿真波形，如图 2-3 所示。图中，u_a、u_b 分别表示在 H 桥 a、b 点形成的开关脉冲信号；u_{ab} 表示 H 桥网侧电压；u_t、u_m 分别表

示 PWM 模块的载波和调制信号；$-u_m$ 是与 u_m 反相的调制信号；T_{PWM} 是 u_t 的载波周期；T_c 表示 u_{ab} 的等效开关周期。

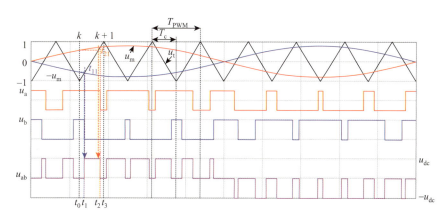

图 2-3　理想单极性 SPWM 模块工作过程仿真波形

　　理想 PWM 模块是将一个载波周期 T_{PWM} 内的调制信号 u_m 与载波信号 u_t 的自然交点（图 2-3 中 t_1、t_2 点）作为开关脉冲的切换点，生成周期恒定、占空比可变的脉冲信号，这种方式称为自然采样法。由于等腰三角形的底边宽度之比等于高度之比，PWM 调制常选取等腰三角形作为载波信号。由此可知，在单个载波周期内生成脉冲的占空比等于交点处 u_m 的幅值与 u_t 的峰值之比，从而可将 u_m 幅值变化信息转换为等幅脉冲占空比的变化信息。

　　由图 2-3 可知，采用单极性调制方式时，在 u_m 的正半周，u_{ab} 的幅值在 u_{dc} 与 0 之间切换；在 u_m 的负半周，u_{ab} 的幅值在 $-u_{dc}$、0 之间切换。H 桥网侧电压 u_{ab} 在一个载波周期 T_{PWM} 内会形成两个开关脉冲，其等效开关周期 T_c 是载波周期 T_{PWM} 的一半。因此，单极性调制又称为倍频调制，脉冲整流器网侧电流的高次谐波分量主要分布在开关频率的 2 倍左右，更利于滤波器设计及小型化。

　　由于自然采样法难以数字化，在脉冲整流器数字控制系统中，常采用同步采样法替代自然采样法。当载波信号 u_t 的频率远高于调制信号 u_m 的频率，可认为 u_m 的幅值在一个载波周期 T_{PWM} 内线性变化，且变化幅值非常小，进而可近似于恒定值。同步采样法基于该近似特性，利用 u_m 在 u_t 的波峰和/或波谷处的幅值与 u_t 斜边的交点去替代自然交点作为脉冲信号的切换点，即在图 2-3 中利用 k 时刻调制信号 $-u_m(k)$、$u_m(k)$ 的幅值与载波信号 u_t 斜边交点 t_{11}、t_{21} 去替代自然交点 t_1、t_2。

　　设图 2-3 中正弦调制信号 u_m 表示为

$$u_m = m\cos(\omega t + \varphi_m) \quad (m \leqslant 1) \tag{2-6}$$

式中，ω 为网侧电压 u_s 的基波角频率；φ_m、m 分别为调制信号 u_m 的初相位和峰值（m 也称为调制比）。

　　以 H 桥网侧电压 u_{ab} 的等效开关周期 T_c 对正弦调制信号 u_m 进行离散化，在 k 时刻的调制信号 $u_m(k)$ 可表示为

$$u_{\mathrm{m}}(k) = m\cos(\omega kT_{\mathrm{c}} + \varphi_{\mathrm{m}}) \quad (m \leqslant 1) \tag{2-7}$$

将三角载波的峰值设置为±1，根据同步采样规则，并结合式（2-7）可推导出，在 $(k, k+1)$ 区间，a、b 桥臂电平信号 u_{a}、u_{b} 的占空比 $D_{\mathrm{a}}(k)$、$D_{\mathrm{b}}(k)$ 可分别表示为

$$D_{\mathrm{a}}(k) = \frac{t_{21} - t_0}{T_{\mathrm{c}}} \approx \frac{t_2 - t_0}{T_{\mathrm{c}}} = \frac{1 + m\cos(\omega kT_{\mathrm{c}} + \varphi_{\mathrm{m}})}{2} \tag{2-8}$$

$$D_{\mathrm{b}}(k) = \frac{t_{11} - t_0}{T_{\mathrm{c}}} \approx \frac{t_1 - t_0}{T_{\mathrm{c}}} = \frac{1 - m\cos(\omega kT_{\mathrm{c}} + \varphi_{\mathrm{m}})}{2} \tag{2-9}$$

进一步地，由式（2-8）、式（2-9）可推导出，H 桥网侧电压 u_{ab} 在 $(k, k+1)$ 区间占空比 $D(k)$：

$$D(k) = D_{\mathrm{a}}(k) - D_{\mathrm{b}}(k) = \frac{t_{21} - t_{11}}{T_{\mathrm{c}}} \approx \frac{t_2 - t_1}{T_{\mathrm{c}}} = m\cos(\omega kT_{\mathrm{c}} + \varphi_{\mathrm{m}}) \tag{2-10}$$

比较式（2-7）、式（2-10）可知，占空比 $D(k)$ 即为调制函数 u_{m} 的离散函数，离散周期为 u_{ab} 的等效开关周期 T_{c}。同样，根据 PWM 调制技术的面积等效原理，即冲量（窄脉冲面积）相等而形状不同的窄脉冲加在具有惯性环节的系统上，其效果基本相同[3]，也可推导出相同结论。

由于开关函数 S_{ab} 是 PWM 脉冲占空比的另一种数学表达形式，则 S_{ab} 在连续时间域上的平均模型 $<S_{\mathrm{ab}}>$ 可表示为

$$<S_{\mathrm{ab}}> = <\sum_{\infty} D(k)> = <\sum_{\infty} u_{\mathrm{m}}(k)> = u_{\mathrm{m}} = m\cos(\omega t + \varphi_{\mathrm{m}}) \tag{2-11}$$

式中，符号 <> 表示信号的平均模型。由此可见，调制信号 u_{m} 即为开关函数 S_{ab} 的平均模型，表示 S_{ab} 在时域上的低频（基波）分量。在后续描述的脉冲整流器线性化模型中，所有信号均采用基波分量表示，不再使用平均模型标志 <> 进行特别标注。

将式（2-11）代入式（2-3），取调制比 $m=1$ 时，可推导出 H 桥网侧电压 u_{ab} 的基波分量：

$$u_{\mathrm{ab}} = u_{\mathrm{m}} u_{\mathrm{dc}} = u_{\mathrm{dc}} \cos(\omega t + \varphi_{\mathrm{m}}) \tag{2-12}$$

可见，单相脉冲整流器网侧到直流侧的变换呈现 Boost 型变换器特性。

由式（2-11）、式（2-12）可知，调制函数 u_{m} 与开关函数 S_{ab} 的基波分量等效，同时与 H 桥网侧电压 u_{ab} 的基波分量呈比例关系。因此，采用 PWM 占空比、调制函数、H 桥网侧电压进行描述时，存在等效关系，如无特殊说明，在后续研究中不再对这三种描述作严格区分。

由图 2-3 可知，在三角载波 u_{t} 的波峰和/或波谷处，功率开关管不会产生开关动作，在此处进行信号采样可避免混入开关噪声。理想同步采样方法要求在三角载波 u_{t} 的波峰和/或波谷处同时完成信号采样、调制函数计算、占空比更新等操作，从而获得近似于自然采样的效果。然而，在数字控制器中并不能同时完成理想同步采样要求的上述三种操作，从而会产生控制时延。

在数字控制器中，PWM 占空比更新主要存在两种方式：①在三角载波的波峰或波谷更新占空比，称为单更新（对称）模式；②在三角载波的波峰和波谷都更新占空比，称为双更新（非对称）模式。以双更新模式的单极性 PWM 调制为例，传统规则采样的工

作过程，如图 2-4 所示。图中，T_c 表示占空比更新周期，T_{cp} 表示在数字控制器中采样和计算调制信号 u_m 所需的时间，称为计算时间。↑表示占空比更新，↓表示信号采样。

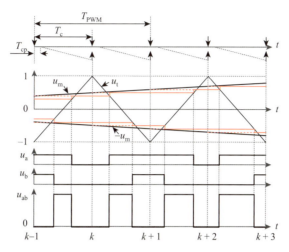

图 2-4　双更新模式下单极性传统规则采样法的工作过程

图 2-4 中，占空比更新周期 T_c 为 H 桥网侧电压 u_{ab} 的等效开关周期。采用传统规则采样方法时，由于计算时间 T_{cp} 的存在，在 k 时刻计算获得的调制信号 $u_m(k)$ 在 $k+1$ 时刻生效，然后才能作用于脉冲整流器。因此，传统规则采样产生的控制时延 T_d 等于占空比更新周期 T_c。为了减小控制时延 T_d，使用最小采样间隔多重采样方法，其工作过程如图 2-5 所示[4]。图中，T_s 表示采样周期，→表示将计算获得调制信号 u_m 值更新至 PWM模块的影子寄存器。

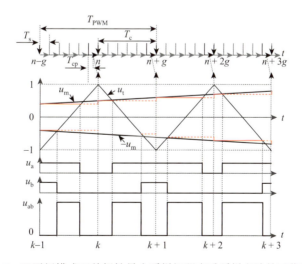

图 2-5　双更新模式下单极性最小采样间隔多重采样方法的工作过程

相比于传统规则采样方法，最小采样间隔多重采样方法大大提高了采样频率，其频率设定为占空比更新频率的整数倍，以确保采样与占空比更新同步。同时，采样周期 T_s 略大于计算时间 T_{cp}，以确保在每个采样周期内能获得最新的调制函数值。采样周期 T_s、计算时间 T_{cp} 及占空比更新周期 T_c 的关系可表示为

$$T_{cp} < T_s \ll T_c \quad (T_s = gT_c) \tag{2-13}$$

式中，g 为整数。使用最小采样间隔多重采样方法时，在每个采样周期，都会将新计算的调制函数值写入 PWM 模块的影子寄存器。根据 PWM 模块的更新规则，影子寄存器的值并不会立即改变输出脉冲的占空比，直到 PWM 模块产生溢出中断（即三角载波的波峰或/和波谷处）后，影子寄存器的值才会有效重载到比较寄存器，从而改变下一更新周期输出脉冲的占空比。这意味着，图 2-5 中在第 k 时刻仅有影子寄存器中保存的最新值能有效重载，即仅有 $n-1$ 时刻获得的调制信号 $u_m(n-1)$ 能有效作用 k 时刻的占空比更新。从而可将控制时延 T_d 缩小至一个采样周期 T_s。当 $T_s \ll T_c$ 时，控制时延 T_d 可忽略不计，即 $u_m(n-1)$ 可等效于 $u_m(k)$，从而实现近似的理想同步采样。

采用最小采样间隔多重采样方法时，当脉冲整流器的控制律越简单，计算时间 T_{cp} 就会越小，可实现的采样频率越高，控制时延 T_d 越小。然而，过高的采样频率可能会导致单核微处理器的负担过重，无暇处理其他任务。因此，该采样方法便于在单核微处理器中进行控制算法性能的验证，如果涉及其他任务处理需要采用多核或具有协处理器的高性能微处理器。

由最小采样间隔多重采样方法的工作过程可知，在占空比更新周期 T_c 内，所计算的调制函数值 $u_m(n-g) \sim u_m(n-2)$ 都会被新的计算值覆盖，实际有效的调制函数值仅为 $u_m(n-1)$。结合微处理器的资源可知，采用定时器中断和 PWM 溢出中断相互配合的方式，亦可实现在 $(n-1)$ 时刻进行提前采样，从而获得与最小采样间隔多重采样方法相同的效果，这种采样方法可称为最小采样间隔提前采样方法[5]。

采用最小采样间隔提前采样方法，需要先对计算时间 T_{cp} 进行预估，通过定时器中断实现在 $n-1$ 时刻进行提前采样，从而完成调制函数值 $u_m(n-1)$ 的计算，其定时周期 T_t 设置为

$$T_t = T_c - T_d \quad (T_d > T_{cp}) \tag{2-14}$$

式中，T_d 仅需要略大于 T_{cp}，可通过程序调试最终确定。

采用最小采样间隔提前采样方法取消了图 2-5 中 $(n-g) \sim (n-2)$ 时刻的采样和调制函数计算操作，其采样频率与占空比更新频率相同，降低了微处理器的运算负担。当采用具备与 PWM 溢出中断同步的采样触发中断定时器功能的微处理（如新一代 TMS320F28377 微处理器携带的 PWM 模块）时，可进一步降低程序设计的复杂度。

需要注意的是，虽然从占空比更新操作来看，最小采样间隔提前采样方法与最小采样间隔多重采样方法存在相同结果，但针对不同结构的控制器，这两种控制方法并不完全等效。设调制函数 u_m 的通用离散模型可表示为

$$u_m(k) = \sum_{i=0}^{l} b_i x(k-i) - \sum_{i=1}^{l} a_i u_m(k-i) \tag{2-15}$$

式中，k 为第 k 时刻；l 为控制器的阶数；a_i、b_i 分别为输入、输出项的系数。

由式（2-15）可知，仅当 $i=0$ 时，即在 k 时刻的调制函数值 $u_m(k)$ 仅与 k 时刻的输入项（采样值）相关时，两种采样方法显然能够获得相同控制效果。然而，当 $i\neq0$ 时，即 $u_m(k)$ 需要 k 时刻之前的输入、输出信息 $x(k-i)$、$u_m(k-i)$ 参与运算时，即所设计的控制器为高阶控制器（如 PI 控制器或更高阶的控制器）时，采用最小采样间隔多重采样方法，式（2-15）的离散周期为采样周期 T_s；而采用最小采样间隔提前采样方法时，式（2-15）的离散周期为占空比更新周期 T_c。根据频域抽样理论可知，连续时间域传递函数离散周期的变化会影响控制器的动态性能及其频域特性[6]。同时，此时采用最小采样间隔多重采样方法会导致网侧电流的谐波分量通过采样信号进入电流环，从而需要改变控制器参数以抑制谐波分量。因此，在这种情况下，两种采样方法并不等效。

综合以上分析可知，改进采样方法的最终目的是减小控制时延 T_d。为了实现恒定开关频率及同步采样，不管是传统的规则采样方法，还是最小采样间隔多重采样方法，以及最小采样间隔提前采样方法，都选择在三角载波的波峰或/和波谷处更新占空比。因此，PWM 模块输出的脉冲信号对单相脉冲整流器的有效控制周期即为占空比更新周期 T_c。由此可知，采用同步采样技术时，占空比更新周期、PWM 模块对脉冲整流器的控制周期是相等的，统一用控制周期 T_c 进行描述。

2.1.3 dq 电流解耦控制模型

由式（2-12）可知，H 桥网侧电压 u_{ab} 的基波分量是与调制信号 u_m 成比例的正弦信号，在静态坐标系下，单相两电平脉冲整流器的网侧线性低频数学模型可如下表示：

$$u_{ab} = u_s - L\frac{\mathrm{d}i_s}{\mathrm{d}t} - Ri_s \qquad (2\text{-}16)$$

式中，所有物理量均表示在忽略高频分量情况下的基波分量，在后续表述中若无特殊说明则均表示相同含义。

由式（2-16）可得系统 P 的传递函数：

$$P(s) = \frac{i_s}{u_s - u_{ab}} = \frac{1}{Ls+R} \qquad (2\text{-}17)$$

引入状态变量 $x=i_s$，取输出变量 $y=i_s$，输入变量 $u=u_{ab}$，单相两电平脉冲整流器的网侧连续状态空间模型可表示为

$$\begin{cases} \dot{x} = Ax + Bu \\ y = Cx \end{cases} \qquad (2\text{-}18)$$

式中，$A=-R/L$，$B=-R/L$，$C=1$。在静止坐标系下，单相两电平脉冲整流器的状态变量和输入变量均为正弦交流信号。在 $\alpha\beta$ 两相静止坐标系中，正弦交流信号 x 可用复相量 $\boldsymbol{x}$ 进行表示：

$$x = \mathrm{Re}(\boldsymbol{x}) = \mathrm{Re}(x_a + \mathrm{j}x_\beta) = x_a \qquad (2\text{-}19)$$

式中，x_α、x_β 分别为相互正交的 α、β 轴分量，可分别表示为

$$\begin{cases} x_{\alpha} = A_{\mathrm{m}}\cos(\omega t + \varphi) \\ x_{\beta} = A_{\mathrm{m}}\sin(\omega t + \varphi) \end{cases} \qquad (2\text{-}20)$$

式中，A_{m} 为信号的峰值；φ 为信号的初相位。

$\alpha\beta$ 坐标系的物理量通过坐标变换可转换到 dq 同步旋转坐标系下，其相互关系，如图 2-6 所示。图中，$\alpha\beta$ 坐标系是两相静止坐标系，dq 坐标系以信号角频率 ω 做逆时针旋转。

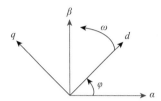

图 2-6　$\alpha\beta$ 坐标系和 dq 坐标系关系示意图

$\alpha\beta$ 坐标系、dq 坐标系物理量的变换矩阵可表述如下：

$$\begin{bmatrix} x_d \\ x_q \end{bmatrix} = \begin{bmatrix} \cos\omega t & \sin\omega t \\ -\sin\omega t & \cos\omega t \end{bmatrix} \begin{bmatrix} x_{\alpha} \\ x_{\beta} \end{bmatrix} \qquad (2\text{-}21)$$

$$\begin{bmatrix} x_{\alpha} \\ x_{\beta} \end{bmatrix} = \begin{bmatrix} \cos\omega t & -\sin\omega t \\ \sin\omega t & \cos\omega t \end{bmatrix} \begin{bmatrix} x_d \\ x_q \end{bmatrix} \qquad (2\text{-}22)$$

式中，x_d、x_q 为复相量 $\boldsymbol{x}$ 的 d、q 轴分量。

将式（2-20）代入式（2-21）可推导出，复相量 $\boldsymbol{x}$ 的 d 轴、q 轴分量分别为

$$\begin{cases} x_d = A_{\mathrm{m}}\cos(\varphi) \\ x_q = A_{\mathrm{m}}\sin(\varphi) \end{cases} \qquad (2\text{-}23)$$

可见，x_d、x_q 仅与 $\alpha\beta$ 坐标系下信号的峰值 A_{m} 和初相位 φ 相关。稳态时，d 轴、q 轴分量 x_d、x_q 为直流信号，即在 dq 坐标系下，电流环参考信号将从正弦交流信号转换为阶跃信号。

在单相系统中，通过传感器仅能获取单相（α 轴）的网侧电压、电流信号，需要采用虚轴信号估计方法构建网侧电压、电流的 β 轴分量。为了简化分析，先假定通过虚轴信号估计方法获得的 β 轴信号与 α 轴信号完全正交。以网侧电压 u_{s} 为基准相量，网侧电压 u_{s}、网侧电流 i_{s} 和 H 桥网侧电压 u_{ab} 的 $\alpha\beta$ 轴分量可分别表示为

$$\begin{cases} u_{\alpha} = u_{\mathrm{s}} = U_{\mathrm{m}}\cos\omega t \\ u_{\beta} = U_{\mathrm{m}}\sin\omega t \end{cases} \qquad (2\text{-}24)$$

$$\begin{cases} i_{\alpha} = i_{\mathrm{s}} = I_{\mathrm{m}}\cos(\omega t + \varphi_{\mathrm{i}}) \\ i_{\beta} = I_{\mathrm{m}}\sin(\omega t + \varphi_{\mathrm{i}}) \end{cases} \qquad (2\text{-}25)$$

$$
\begin{cases}
u_{ab\alpha} = u_{ab} = U_{abm}\cos(\omega t + \varphi_{ab}) \\
u_{ab\beta} = U_{abm}\sin(\omega t + \varphi_{ab})
\end{cases}
\tag{2-26}
$$

式中，U_m、I_m、U_{abm} 分别为 u_s、i_s、u_{ab} 的峰值；φ_i、φ_{ab} 分别为 i_s、u_{ab} 的初相位。

将式（2-22）分别应用于式（2-24）~式（2-26），再代入式（2-16），整理后可推导出，在 dq 坐标系下，单相两电平脉冲整流器的网侧线性数学模型：

$$
\begin{cases}
L\dfrac{\mathrm{d}i_{sd}}{\mathrm{d}t} = u_{sd} - Ri_{sd} - u_{abd} + \omega Li_{sq} \\
L\dfrac{\mathrm{d}i_{sq}}{\mathrm{d}t} = u_{sq} - Ri_{sq} - u_{abq} - \omega Li_{sd}
\end{cases}
\tag{2-27}
$$

式中，u_{sd}/u_{sq}、i_{sd}/i_{sq}、u_{abd}/u_{abq} 分别为 u_s、i_s、u_{ab} 的 d 轴、q 轴分量。

图 2-7 给出了单相 PWM 整流器在 dq 坐标系下电流环数学模型结构框图。

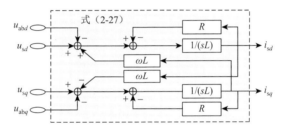

图 2-7 dq 坐标系下电流环数学模型拉氏变换结构框图

为获取整流器电流环不确定系统模型，需定义控制系统状态变量与输入变量。由式（2-27）可知，电流环数学模型中，d 轴、q 轴电流分量分别存在 q 轴、d 轴电流分量，一般地，设 i_{sd}、i_{sq} 为状态变量。若将 u_{sd} 与 u_{abd} 之差作为输入变量，则 d 轴、q 轴电流分量存在耦合，会限制整流器系统动态响应性能。借鉴 dq 电压前馈解耦控制思想，对 d 轴、q 轴电流分量进行解耦，系统可获得较好动态响应性能。分别定义 u_{cd}、u_{cq} 为整流器电流环系统输入变量，如式（2-28）所示：

$$
\begin{cases}
u_{cd} = u_{sd} - u_{abd} + \omega Li_{sq} \\
u_{cq} = u_{sq} - u_{abq} - \omega Li_{sd}
\end{cases}
\tag{2-28}
$$

联立式（2-27）、式（2-28）可得

$$
\begin{cases}
\dfrac{\mathrm{d}i_{sd}}{\mathrm{d}t} = -\dfrac{R}{L}i_{sd} + \dfrac{1}{L}u_{cd} \\
\dfrac{\mathrm{d}i_{sq}}{\mathrm{d}t} = -\dfrac{R}{L}i_{sq} + \dfrac{1}{L}u_{cq}
\end{cases}
\tag{2-29}
$$

由式（2-29）可知，d 轴、q 轴系数一致。为表述简便，将式（2-29）中系数一致的 d 轴、q 轴分量，统一表示为带下标 dq 的相量。设 i_{sdq} 为状态变量，u_{cdq} 为输入变量，由式（2-29）整理可得，dq 电流环状态空间表达式为

该方法的网侧电流指令值 i_{sref} 为电压外环控制器输出乘以 $\sin(\omega t)$，随后与实际网侧电流作差，经 PR 控制器输出电压调制分量，该分量与网侧电压之差，即为输入到整流器中的调制信号。PR 控制器表达式，如式（2-33）所示：

$$K_{IC}(s) = K_{IP} + \frac{2K_{IR} \cdot s}{s^2 + \omega^2}$$ （2-33）

式中，K_{IP} 与 K_{IR} 分别为 PR 控制器的比例与谐振系数。

虽然 PR 控制能实现网侧电流的无稳态误差控制效果，但该方法对网侧电压频率波动较为敏感。

2.2.3 无差拍瞬态电流控制

传统无差拍瞬态电流控制（deadbeat instantaneous current control，DB-ICC）算法提出的初衷是补偿传统规则采样法产生的控制时延，其控制思想是基于脉冲整流器的离散模型，对下一个控制时刻的网侧电流进行预测，以期在单个控制周期内实现对参考电流的无差跟踪。

由 PWM 模块工作原理可知，脉冲整流器的控制周期为 T_c。由于脉冲整流器网侧等效电阻 R 非常小，可以忽略。采用前向欧拉法对式（2-16）进行离散化，可得到单相两电平脉冲整流在静态坐标系下的网侧线性离散模型：

$$i_s(k+1) = \frac{T_c}{L}[u_s(k) - u_{ab}(k)] + i_s(k)$$ （2-34）

根据无差拍控制思想，若要在单个控制周期内对网侧电流实现无差拍控制，则在 $k+1$ 时刻的网侧电流 $i_s(k+1)$ 需要满足：

$$i_s(k+1) = i_{ref}(k)$$ （2-35）

将式（2-35）代入式（2-34），整理后可推导出，k 时刻控制器输出信号 $u_{ab}(k)$：

$$u_{ab}(k) = u_s(k) - \frac{L}{T_c}[i_{ref}(k) - i_s(k)]$$ （2-36）

由传统规则采样方法的工作原理可知，在 k 时刻控制器输出 $u_{ab}(k)$，在 $k+1$ 时刻才能有效作用于脉冲整流器。为了消除传统规则采样产生的控制时延对电流环的影响，需要将式（2-34）向前再推导一步，计算 $k+1$ 时刻控制器输出 $u_{ab}(k+1)$，则 $k+2$ 时刻的网侧电流 $i_s(k+2)$ 可表示为

$$i_s(k+2) = \frac{T_c}{L}[u_s(k+1) - u_{ab}(k+1)] + i_s(k+1)$$ （2-37）

式中，$u_s(k+1)$、$i_s(k+1)$ 都是在 $k+1$ 时刻才能获取的采样值，需要进行预测。

当脉冲整流器的控制周期远小于网侧电压基波周期时，可认为网侧电压 u_s 和电流 i_s 在相邻两个控制周期内的变化趋势一致，应用线性外推法可推导出以下关系成立：

$$\begin{cases} i_s(k+2) - i_s(k+1) = \dfrac{i_s(k+2) - i_s(k)}{2} \\ u_s(k+1) = 2u_s(k) - u_s(k-1) \end{cases}$$ （2-38）

将式（2-38）代入式（2-37），整理后可推导出，$k + 2$ 时刻的网侧电流 $i_s(k + 2)$ 可表示为

$$i_s(k + 2) = \frac{2T_c}{L}[2u_s(k) - u_s(k - 1) - u_{ab}(k + 1)] + i_s(k) \qquad （2\text{-}39）$$

根据无差拍控制思想，令 $i_s(k + 2) = i_{ref}(k)$ 并代入式（2-39），整理后可推导出，在 $k + 1$ 时刻控制器输出信号 $u_{ab}(k + 1)$ 为

$$u_{ab}(k + 1) = 2u_s(k) - u_s(k - 1) - \frac{L}{2T_c}[i_{ref}(k) - i_s(k)] \qquad （2\text{-}40）$$

式中，$u_s(k)$、$i_s(k)$ 在 k 时刻可通过传感器获取；$u_s(k{-}1)$ 在 $k{-}1$ 时刻已经获取，仅需在每个控制时刻保存一次即可。

传统 DB-ICC 算法的控制框图，如图 2-11 所示。

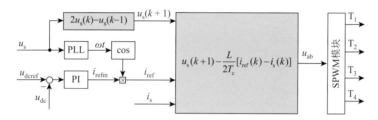

图 2-11　传统 DB-ICC 算法控制框图

然而，由式（2-40）可知 DB-ICC 算法的控制精度依赖于被控对象模型精度，特别对网侧电感参数敏感。当网侧电感出现参数摄动时，会导致电流控制器的性能恶化，需要加入网侧电感参数在线辨识算法以提高系统的鲁棒性，这样会增加算法的复杂度。此外，采用的线性外推预测法也会导致预测值存在近似误差，从而影响系统的控制性能。因此，无差拍控制思想常与其他控制策略相结合，用于补偿 PWM 模块产生的控制时延以提升电流环的控制性能。

2.2.4　dq 电流解耦控制

基于 PI 的 dq 电流解耦控制算法能够实现电流环零稳态误差。该策略因其良好的稳态性能，在电力机车领域（如 CRH3、CRH5 等系列）得到了广泛应用。

三相整流器系统通过对采集的电压、电流直接进行坐标变换，可得 dq 坐标系下所需分量。由此，将 50Hz/60Hz 的交流正弦信号转换为直流信号，进而可采用 PI 控制器实现零稳态误差控制。在单相整流器系统中，通过电压传感器与电流传感器只能采集到单相（α 轴）信号，无法直接获取两相静止 α、β 坐标分量，实现 Park 变换。因此需要重构网侧电压、网侧电流的虚拟正交（β 轴）信号。本节在 dq 电流解耦控制中采用 SOGI 方法获取 β 轴信号。

dq 电流解耦控制策略内环数学模型，如式（2-41）所示：

$$
\begin{cases}
u_{\mathrm{ab}d} = -\left(K_{d\mathrm{P}} + \dfrac{K_{d\mathrm{I}}}{s}\right)(i_{d\mathrm{ref}} - i_{sd}) + u_{sd} - Ri_{sd} + \omega Li_{sq} \\[3mm]
u_{\mathrm{ab}q} = -\left(K_{q\mathrm{P}} + \dfrac{K_{q\mathrm{I}}}{s}\right)(i_{q\mathrm{ref}} - i_{sq}) + u_{sq} - Ri_{sq} - \omega Li_{sd}
\end{cases}
\tag{2-41}
$$

式中，$i_{d\mathrm{ref}}$、$i_{q\mathrm{ref}}$ 分别为有功参考电流、无功参考电流；i_{sd}、i_{sq} 分别为实际有功电流、实际无功电流；$K_{d\mathrm{P}}$、$K_{d\mathrm{I}}$ 分别为有功电流 PI 控制器的比例系数、积分系数；$K_{q\mathrm{P}}$、$K_{q\mathrm{I}}$ 分别为无功电流 PI 控制器的比例系数、积分系数；$u_{\mathrm{ab}d}$、$u_{\mathrm{ab}q}$ 分别为整流桥输入电压 u_{ab} 的 d 轴、q 轴坐标分量；u_{sd}、u_{sq} 分别为 u_s 的 d 轴、q 轴坐标分量。

式（2-41）中 $u_{\mathrm{ab}d}$ 的稳态分量为 $u_{sd} - Ri_{sd} + \omega Li_{sq}$，$u_{\mathrm{ab}q}$ 的稳态分量为 $u_{sq} - Ri_{sq} - \omega Li_{sd}$，其中，$R$、$\omega$、$L$ 为系统给定参数；u_{sd}、u_{sq} 与 i_{sd}、i_{sq} 可通过 u_s、i_s 坐标变换获取。$u_{\mathrm{ab}d}$、$u_{\mathrm{ab}q}$ 的其余分量（动态分量）分别由电流内环有功、无功电流 PI 控制器输出。

网侧等效电阻 R 较小，通常可忽略，故而单相 PWM 整流器 dq 电流解耦控制算法系统框图如图 2-12 所示。图 2-12 中：$u_{s\alpha}$、$u_{s\beta}$ 分别表示 u_s 的 α 轴、β 轴坐标分量；$i_{s\alpha}$、$i_{s\beta}$ 分别表示 i_s 的 α 轴、β 轴坐标分量；$\alpha\beta/dq$ 与 $dq/\alpha\beta$ 为坐标变换关系[8]。

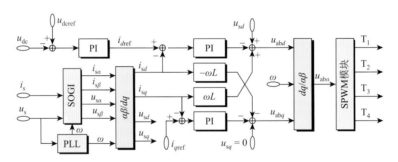

图 2-12　dq 电流解耦控制算法系统框图

2.2.5　传统功率前馈解耦控制

传统功率前馈解耦控制以单相系统瞬时功率理论为基础，通过 SOGI 计算得出瞬时有功和无功功率，并利用 PI 控制器分别对有功、无功功率进行控制，进一步求取出整流桥输入端电压的调制信号，输入到 SPWM 模块产生各开关器件的通断信号。传统功率前馈解耦控制策略内环数学模型如式（2-42）所示[5]：

$$
\begin{cases}
u_{\mathrm{ab}d} = -\left(K_{\mathrm{PP}} + \dfrac{K_{\mathrm{PI}}}{s}\right)(P_{\mathrm{ref}} - P) + u_{\mathrm{sm}} - \dfrac{2\omega LQ}{u_{\mathrm{sm}}} \\[3mm]
u_{\mathrm{ab}q} = \left(K_{\mathrm{QP}} + \dfrac{K_{\mathrm{QI}}}{s}\right)(Q_{\mathrm{ref}} - Q) - \dfrac{2\omega LP}{u_{\mathrm{sm}}}
\end{cases}
\tag{2-42}
$$

式中，u_{sm} 为网侧电压 u_s 幅值；P_{ref}、Q_{ref} 分别为给定有功功率、给定无功功率；P、Q 分别为实际有功功率、实际无功功率；K_{PP}、K_{PI} 分别为有功功率 PI 控制器比例系数、积分系数；K_{QP}、K_{QI} 分别为无功功率 PI 控制器比例系数、积分系数。

传统功率前馈解耦控制框图如图 2-13 所示。图 2-13 中：为实现单位功率因数，将给定无功功率 Q_{ref} 设置为 0。传统功率前馈解耦控制策略分别将 u_{abd}、u_{abq} 稳态分量 $u_{sm}-2\omega LQ/u_{sm}$、$-2\omega LP/u_{sm}$ 作为前馈控制量，可实现对有功功率 P、无功功率 Q 独立解耦控制。无须进行 $\alpha\beta/dq$ 坐标变换，通过 PI 控制器即可获得较优的稳态性能。然而，该控制结构输出为 u_{ab} 的 d 轴、q 轴分量，即 u_{abd}、u_{abq}。为获取 $u_{ab\alpha}$ 信号，仍需 $\alpha\beta/dq$ 坐标逆变换，即 $dq/\alpha\beta$ 坐标变换。

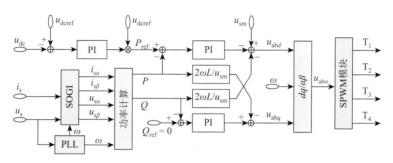

图 2-13　传统功率前馈解耦控制框图

2.2.6　模型预测控制

模型预测控制因控制原理简单、动态性能好的优点，在脉冲整流器控制领域得到了极大的关注和研究。其中，采用 PWM 调制模块的 CCS-MPC 算法能方便地实现恒定开关频率，通过离线优化方案，能够明显地减少计算量。

在忽略单相脉冲整流器网侧等效电阻 R 的前提下，采用前向欧拉方法，以控制周期 T_c 对式（2-27）进行离散化，在 $k+1$ 时刻的 d 轴、q 轴网侧电流分量 $i_{sd}(k+1)$、$i_{sq}(k+1)$ 可分别表示为

$$\begin{cases} i_{sd}(k+1) = i_{sd}(k) + \omega T_c i_{sd}(k) + \dfrac{T_c}{L}[u_{sd}(k) - u_{abd}(k)] \\ i_{sq}(k+1) = i_{sq}(k) - \omega T_c i_{sq}(k) + \dfrac{T_c}{L}[u_{sq}(k) - u_{abq}(k)] \end{cases} \quad (2\text{-}43)$$

d 轴、q 轴电流环控制的目标是实现对参考输入 i_{dref}、i_{qref} 的无差跟踪。基于 CCS-MPC 原理，选择 $i_{sd}(k+1)$、$i_{sq}(k+1)$ 与 $i_{dref}(k)$、$i_{qref}(k)$ 误差的方差函数作为代价函数 J：

$$J = [i_{sd}(k+1) - i_{dref}(k)]^2 + \rho[i_{sq}(k+1) - i_{qref}(k)]^2 \quad (\rho \neq 0) \quad (2\text{-}44)$$

式中，ρ 为 $i_{sq}(k+1)$ 与 $i_{qref}(k)$ 之间误差的方差的权重系数。

由式（2-43）可知，k 时刻 d 轴、q 轴电流控制器输出为 $u_{abd}(k)$、$u_{abq}(k)$。通过代价函数 J 对 $u_{abd}(k)$、$u_{abq}(k)$ 求偏导，可获得 J 最小化的条件是

$$\begin{cases} \dfrac{\partial J}{\partial u_{abd}} = 0 \\ \dfrac{\partial J}{\partial u_{abq}} = 0 \end{cases} \quad (2\text{-}45)$$

整流器网侧线性数学模型可简化为

$$u_{ab} = u_s - L\frac{di_s}{dt} \tag{2-50}$$

由式（2-12）可知，H 桥网侧电压 u_{ab} 与调制函数 u_m 的关系为

$$u_{ab} = u_{dc}u_m \tag{2-51}$$

将式（2-50）代入式（2-51），可推导出调制函数 u_m 可表示为

$$u_m = \frac{1}{u_{dc}}\left(u_s - L\frac{di_s}{dt}\right) \tag{2-52}$$

对单相脉冲整流器数字控制方法的分析可知，采用最小采样间隔多重采样方法时，控制时延 T_d 略大于计算时间 T_{cp}。当 T_d 远小于控制周期 T_c 时，可认为在同一时刻能够同时完成采样、调制函数计算、占空比更新等操作，从而实现近似理想同步采样。

采用双更新模式的单极性 PWM 模块工作过程，以及 H 桥网侧电压 u_{ab}、网侧电流 i_s 的波形示意图如图 2-16 所示。图中，u_t 表示三角载波；u_m、$-u_m$ 表示调制信号及其反相信号；i_{ave} 表示网侧平均电流；T_c 表示占空比更新周期。

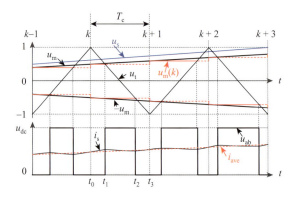

图 2-16　单相两电平脉冲整流器网侧回路波形示意图

由式（2-50）可推导出，网侧电流 i_s 在连续时间域上的数学模型为

$$i_s = \int\frac{u_s - u_{ab}}{L}dt \tag{2-53}$$

由图 2-16 可知，在 $k+1$ 时刻，网侧电流 $i_s(k+1)$ 可表示为

$$i_s(k+1) = i_s(k) + \int_{T_c}\frac{u_s - u_{ab}}{L}dt = i_s(k) + \int_{t_0}^{t_1}\frac{u_s}{L}dt + \int_{t_1}^{t_2}\frac{u_s - u_{dc}}{L}dt + \int_{t_2}^{t_3}\frac{u_s}{L}dt \tag{2-54}$$

式中，$T_c = t_3 - t_0$。可见，网侧电流 i_s 在 (t_0, t_1) 及 (t_2, t_3) 区间呈上升趋势，(t_1, t_2) 区间呈下降趋势。同理，可推导出 i_s 在任意控制周期内都具有相似的变化规律。由此表明，网侧电流 i_s 的基波周期与网侧电压基波周期相同，其脉动周期等于占空比更新周期 T_c。

由于占空比更新周期远小于网侧电压基波周期，可认为网侧电压 u_s、直流侧电压 u_{dc} 在 T_c 内恒定不变，可用 k 时刻的采样值替代，其近似误差可以忽略，则式（2-54）可改写为

$$i_s(k+1) = i_s(k) + \int_{t_0}^{t_1} \frac{u_s(k)}{L} dt + \int_{t_1}^{t_2} \frac{u_s(k) - u_{dc}(k)}{L} dt + \int_{t_2}^{t_3} \frac{u_s(k)}{L} dt$$

$$= i_s(k) + \frac{T_c}{L} \left[u_s(k) - u_{dc}(k) \frac{t_2 - t_1}{T_c} \right] \tag{2-55}$$

将式（2-10）代入式（2-55），可得

$$i_s(k+1) = i_s(k) + \frac{T_c}{L} [u_s(k) - u_{dc}(k)D(k)] \tag{2-56}$$

综合式（2-11）、式（2-12）、式（2-56），可推导出 $k+1$ 时刻网侧电流 $i_s(k+1)$ 为

$$i_s(k+1) = i_s(k) + \frac{T_c}{L} [u_s(k) - u_{ab}(k)] \tag{2-57}$$

式中，$u_s(k)$、$u_{ab}(k)$ 分别为网侧电压 u_s、H 桥网侧电压 u_{ab} 的基波信号在 k 时刻的离散值。

由式（2-57）可推导出，以载波 u_t 的波峰和波谷处网侧电流离散值为集合的网侧电流 i_s 离散表达式为

$$i_s(kT_c) = \frac{1}{L} \sum_{j=0}^{k-1} [u_s(j) - u_{ab}(j)]T_c + i_s(0) \tag{2-58}$$

当式（2-58）中 T_c 趋于 0 时，可推导出网侧电流 i_s 在连续时间域上的平均模型 i_{ave} 为

$$i_{ave} = \int \frac{u_s - <u_{ab}>}{L} dt \tag{2-59}$$

式中，网侧电压 u_s、H 桥网侧电压 $<u_{ab}>$ 均为基波分量，且为同频正弦交流变量。可见，网侧平均电流 i_{ave} 是 i_s 的基波分量，与网侧电压同频。

综合式（2-57）和式（2-59）可知，在且仅在载波的波峰和波谷处对网侧电流 i_s 采样等效于对网侧平均电流 i_{ave} 采样，即采用理想同步采样方法能准确获取网侧平均电流的采样值。由此可见，对脉冲整流器网侧连续模型进行离散化时，须基于占空比更新周期 T_c 进行离散化才能保证模型的精度，再次验证了占空比更新周期 T_c 即为脉冲整流器的等效控制周期。

将式（2-51）代入式（2-57），或采用前向欧拉法，并以控制周期 T_c 对式（2-52）进行离散化，均可推导出在 $k+1$ 时刻网侧电流瞬时值 $i_s(k+1)$ 的预测模型为

$$i_s(k+1) = i_s(k) + \frac{T_c}{L} [u_s(k) - u_{dc}(k)u_m(k)] \tag{2-60}$$

2. 代价函数选择

脉冲整流器网侧电流控制的目标是实现对网侧参考电流的无稳态跟踪。根据 MPC 原理，在静态坐标系下，代价函数 J 需要包含网侧电流 i_s 项，并选择网侧参考电流 i_{ref} 作为评价目标。为了表示网侧电流 i_s 在未来时刻的期望变化趋势，在 k 时刻选择的代价函数 $J(k)$ 应对 $k+1$ 时刻的网侧电流瞬时值 $i_s(k+1)$ 与网侧参考电流瞬时值 $i_{ref}(k+1)$ 的误差进行

评估，并使其误差最小化。为了便于采用离线优化方法求取网侧电流的最优控制律，选择方差函数形式的代价函数 $J(k)$，可表示为

$$J(k) = [i_{ref}(k+1) - i_s(k+1)]^2 \tag{2-61}$$

3. 最优调制函数的求取

由式（2-52）可知，PWM 模块调制函数 u_m 为输入变量。在 k 时刻，存在一个最优调制函数值 $u_m(k)$ 使得式（2-61）所示的代价函数 $J(k)$ 值最小，调制函数的最优解应满足：

$$\frac{\partial J(k)}{\partial u_m(k)} = 0 \tag{2-62}$$

将式（2-61）代入式（2-62），化简后，可得

$$2[i_s(k+1) - i_{ref}(k+1)]\frac{\partial i_s(k+1)}{\partial u_m(k)} = 0 \tag{2-63}$$

式中，存在 $\dfrac{\partial i_s(k+1)}{\partial u_m(k)} \neq 0$，则满足代价函数 $J(k)$ 最小化的条件为

$$i_s(k+1) = i_{ref}(k+1) \tag{2-64}$$

将式（2-64）代入式（2-60），可推导出网侧瞬态电流控制的最优控制律，即 k 时刻的最优调制函数值 $u_m(k)$ 为

$$u_m(k) = \frac{u_s(k)}{u_{dc}(k)} - \frac{L[i_{ref}(k+1) - i_s(k)]}{u_{dc}(k)T_c} \tag{2-65}$$

式中，k 时刻的网侧电压 $u_s(k)$、网侧电流 $i_s(k)$、直流侧电压 $u_{dc}(k)$ 均能通过传感器直接获取；$k+1$ 时刻的参考输入 $i_{ref}(k+1)$ 需要根据 k 时刻的参考输入 $i_{ref}(k)$ 进行预测。

在静态坐标系下，设网侧电压 u_s 可表示为

$$u_s = U_{sm}\cos(\omega t) \tag{2-66}$$

式中，U_{sm} 为网侧电压的峰值；ω 为网侧电压的角频率。

参考电流 i_{ref} 与 u_s 同频，可表示为

$$i_{ref} = I_{refm}\cos(\omega t + \varphi_i) \tag{2-67}$$

式中，I_{refm} 为 i_{ref} 的峰值；φ_i 为 i_{ref} 的初相位。进一步地，参考电流 i_{ref} 可采用 d 轴、q 轴参考输入 i_{dref}、i_{qref} 进行表示：

$$i_{ref} = i_{dref}\cos(\omega t) - i_{qref}\sin(\omega t) \tag{2-68}$$

式中，i_{dref} 为电压外环的输出；i_{qref} 常设置为常数。

以控制周期 T_c 对式（2-68）进行离散化，k 时刻的参考电流 $i_{ref}(k)$ 可表示为

$$i_{ref}(k) = i_{dref}(k)\cos(\omega kT_c) - i_{qref}(k)\sin(\omega kT_c) \tag{2-69}$$

同理，基于电流环控制周期 T_c 远小于网侧电压 u_s 基波周期的前提，可认为 d 轴参考输入 i_{dref}（电压外环输出）和网侧电压基波角频率 ω 在单个控制周期 T_c 内恒定不变。由式（2-69）可推导出，$k+1$ 时刻的网侧参考电流 $i_{ref}(k+1)$ 为

$$i_{ref}(k+1) = i_{dref}(k)\cos(\omega(k+1)T_c) - i_{qref}(k)\sin(\omega(k+1)T_c) \tag{2-70}$$

将式（2-70）代入式（2-65）可得，k 时刻最优调制函数值 $u_m(k)$ 的最终表达式为

$$u_{\mathrm{m}}(k) = \frac{u_{\mathrm{s}}(k)}{u_{\mathrm{dc}}(k)} - \frac{L}{u_{\mathrm{dc}}(k)T_{\mathrm{c}}}\Big[i_{d\mathrm{ref}}(k)\cos(\omega(k+1)T_{\mathrm{c}}) - i_{q\mathrm{ref}}(k)\sin(\omega(k+1)T_{\mathrm{c}}) - i_{\mathrm{s}}(k)\Big] \quad (2\text{-}71)$$

当脉冲整流器工作在单位功率因数状态下，$i_{q\mathrm{ref}}$ 为 0，则式（2-71）可简化为

$$u_{\mathrm{m}}(k) = \frac{u_{\mathrm{s}}(k)}{u_{\mathrm{dc}}(k)} - \frac{L}{u_{\mathrm{dc}}(k)T_{\mathrm{c}}}\Big[i_{d\mathrm{ref}}(k)\cos(\omega(k+1)T_{\mathrm{c}}) - i_{\mathrm{s}}(k)\Big] \quad (2\text{-}72)$$

由式（2-71）和式（2-72）可知，当采用理想同步采样方法时，k 时刻最优调制函数值 $u_{\mathrm{m}}(k)$ 的计算仅用到了 k 时刻的 u_{s}、i_{s}、u_{dc} 的采样值及 ω 等信息。同时，$u_{\mathrm{m}}(k)$ 的计算仅包括了三角函数和简单的四则运算，可预见计算时间将很小。采用最小采样间隔多重采样方法或最小采样间隔提前采样方法时控制时延 T_{d} 很小，对系统控制性能的影响可以忽略。

2.3.2　网侧电感参数失配分析及补偿

由式（2-71）可知，调制函数 $u_{\mathrm{m}}(k)$ 的计算精度依赖于网侧电感 L 的精度。电感参数失配会导致电流环控制精度下降，甚至导致系统不稳定，这也是 MPC 需要解决的固有问题。

1. 稳定性分析

结合式（2-50）和式（2-65）可知，H 桥网侧电压 u_{ab} 为输入变量；网侧电流 i_{s} 为状态变量；网侧电压 u_{s} 为扰动变量，可通过电压前馈消除。在 z 域上，基于前文所提 MP-ICC 算法的电流环闭环控制框图如图 2-17 所示。图中，$G_{\mathrm{c}}(z)$ 表示 MP-ICC 算法电流控制器的 z 域传递函数，$G_{\mathrm{PWM}}(z)$ 表示 PWM 模块的 z 域传递函数，$G_{\mathrm{p}}(z)$ 表示被控对象的 z 域传递函数。

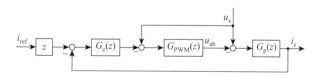

图 2-17　基于 MP-ICC 算法的电流环闭环控制框图

PWM 模块采用零阶保持器（zero-order hold，ZOH）模型近似，在考虑控制时延 T_{d} 的情况下引入分数阶，其 z 域传递函数 $G_{\mathrm{PWM}}(z)$ 为

$$G_{\mathrm{PWM}}(z) = 1 - \frac{T_{\mathrm{d}}}{T_{\mathrm{c}}} + \frac{T_{\mathrm{d}}}{T_{\mathrm{c}}}z^{-1} \quad (2\text{-}73)$$

采用传统规则采样方式时，存在 $T_{\mathrm{d}} = T_{\mathrm{c}}$，则 $G_{\mathrm{PWM}}(z) = z^{-1}$。本节拟采用最小采样间隔多重采样方法进行 MP-ICC 算法控制性能验证，存在 $T_{\mathrm{d}} \ll T_{\mathrm{c}}$，故可得 $T_{\mathrm{d}}/T_{\mathrm{c}} \ll 1$，则式（2-73）可化简为

$$G_{\mathrm{PWM}}(z) = 1 \quad (2\text{-}74)$$

可见，PWM 模块的控制时延可忽略，其增益为 0dB。

由式（2-60）可得，被控对象的 z 域传递函数 $G_p(z)$ 为

$$G_p(z) = \frac{T_c}{(z-1)L} \tag{2-75}$$

由于网侧电感参数存在摄动情况，用 L_m 表示在所提算法中使用的电感参数，其与网侧电感实际参数 L 的关系表示为

$$L_m = \lambda L \tag{2-76}$$

式中，λ 为所提算法电感参数与系统电感参数的比值，即电感参数摄动比。

由式（2-65）和式（2-76）可推导出，MP-ICC 算法电流控制器的 z 域传递函数 $G_c(z)$ 为

$$G_c(z) = \frac{\lambda L}{T_c} \tag{2-77}$$

由图 2-17 可知，参考输入向前预测了一步，这并不影响闭环系统的性能。综合式（2-74）、式（2-75）和式（2-77），可推导出电流环开环传递函数 $G_o(z)$ 在 z 域的表达式为

$$G_o(z) = \frac{\lambda}{z-1} \tag{2-78}$$

由此可得，图 2-17 所示的闭环系统的特征方程为

$$z - 1 + \lambda = 0 \tag{2-79}$$

根据劳斯（Routh）稳定性判据可得，闭环系统的稳定域为

$$0 < \lambda < 2 \tag{2-80}$$

需要注意的是，PWM 模块采用 ZOH 模型并不精确[9]，系统的实际稳定域小于式（2-80）所给出的结果。在实际工程应用中，电感参数摄动比 λ 是小于该范围的。

2. 控制性能分析

由于脉冲整流器具有典型的非线性特性，本章所采用的线性模型并不能精确描述系统特性，但可通过线性模型分析和研究系统控制性能的变化趋势。由式（2-78）可推导出，电流环闭环系统的 z 域传递函数 $G(z)$ 为

$$G(z) = \frac{\lambda}{z-1+\lambda} \tag{2-81}$$

后续的实验验证中，脉冲整流器所用的开关频率为 4kHz。由于采用单极性双更新模式的 PWM 模块，电流环控制频率为 8kHz，周期为 0.125ms。假定电流环是稳定的，电感参数摄动比 λ 分别设定为 0.5、1.0、1.5。将上述参数代入式（2-81）中，对系统性能进行仿真分析。

图 2-18 给出了在不同电感参数摄动比下的电流环闭环系统传递函数 $G(z)$ 的阶跃响应。图中，当电流控制器所使用的电感参数 L_m 等于系统电感实际参数 L 时，即 $\lambda = 1$ 时，闭环系统能获得最优的动态性能，调节时间最短，为 1 个控制周期（0.125ms）。当 $\lambda \neq 1$ 时，闭环系统的调节时间将会变长。其中，当 $L_m < L$（$0 < \lambda < 1$）时，电流环处于过阻尼状态，不会出现超调现象。当 $L_m > L$（$1 < \lambda < 2$）时，电流环处于欠阻尼状态，

会出现超调现象。总体来说，稳定的电流环闭环系统可在 1 个或几个控制周期内进入稳态。

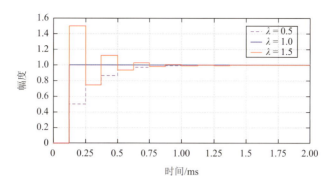

图 2-18　电流环闭环系统阶跃响应（$\lambda = 0.5, 1.0, 1.5$）

将式（2-65）所示的调制函数中的电感参数替换为 L_m 代入式（2-60），整理后，可推导出 $k + 1$ 时刻网侧电流 i_s 在稳态下与参考电流 i_{ref} 的误差为

$$i_{ref}(k+1) - i_s(k+1) = (1-\lambda)[i_{ref}(k+1) - i_s(k)] \tag{2-82}$$

显然，当网侧电感参数失配时，即 $\lambda \neq 1$ 时，网侧电流 i_s 存在稳态误差。由于 $i_{ref}(k+1)$ 与 $i_s(k)$ 存在相位差，其平均电流都为同频的正弦交流信号，可定性地获知网侧电流 i_s 的谐波含量将增加。

图 2-19 给出了不同电感参数摄动比下的电流环闭环传递函数 $G(z)$ 的波特图。

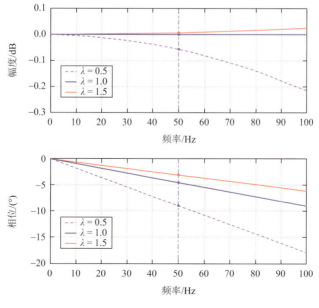

图 2-19　电流环闭环传递函数波特图

取网侧电压 u_s 的相位角、角频率和 β 轴分量 u_β，以减小计算量。所提的基于相量法的电感参数在线估计方法用于估计网侧电感的实际值，并用于实时修正电流控制器中所使用的电感值，实现对电感参数失配的补偿。

相比 PI-based ICC 算法，MP-ICC 算法取消了电流环的 PI 控制器，无须 PI 参数整定。相比于传统 DB-ICC 算法，MP-ICC 算法不需要采用线性外推法去估计下一采样时刻的网侧电压值，消除了估计误差。相比 dq 电流控制策略，MP-ICC 算法不需要创建 β 轴电流信号就能实现对网侧电流的控制。

所提 MP-ICC 算法的程序设计流程图如图 2-22 所示，同样包含了控制和电感参数估计等两个模块。其中，控制模块在定时中断服务程序中执行，确保采样周期恒定，并与 PWM 模块溢出中断周期同步。电感参数估计模块利用函数实现，在主程序中通过查询模块执行标志变量分时执行。

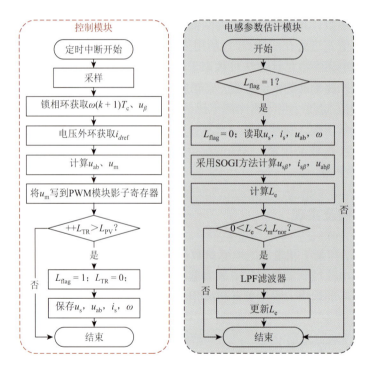

图 2-22 所提 MP-ICC 算法的程序设计流程图

图 2-22 中，L_{TR}、L_{PV}、L_{flag} 是控制电感参数估计模块执行周期的变量。其中，L_{TR} 记录定时中断的次数，L_{PV} 用于设置电感参数估计模块的执行周期，L_{flag} 是电感参数估计模块的执行标志。通过 L_{TR}、L_{PV}、L_{flag} 的配合，既可确保电感参数估计模块执行周期与采样周期同步，也可让电感参数估计模块的执行频率低于采样频率。由微控制程序执行的工作流程可知，定时中断的优先级高，可确保控制算法执行的可靠性。电感参数估计模块采用函数调用的方式执行，相当于利用微处理在定时中断外的空闲时间分时执行，可减少程序整体的计算时间。

基于鲁棒性实验分析，在图 2-22 所示的电感参数估计模块中增加了对电感估计参数限幅和滤波措施，以确保电感估计值 L_e 平滑。L_e 的限幅条件可表示为

$$0 < L_e < \lambda_m L_{nor} \tag{2-88}$$

式中，L_{nor} 为网侧电感参数的标称值；λ_m 为网侧电感摄动比 λ 的上限。结合工程实际，可设定 $\lambda_m = 2$。图 2-22 中，虽然电感参数估计模块利用了 SOGI 方法获取网侧电压 u_s、网侧电流 i_s、H 桥网侧电压 u_{ab} 的 β 轴分量，但两个功能模块相对独立，并不会对电流环的控制性能产生直接影响。

1）稳态实验

脉冲整流器工作在额定负载下，MP-ICC 算法的网侧电压 u_s、直流侧电压 u_{dc}、网侧电流 i_s 的稳态实验波形，以及网侧电流 i_s 的快速傅里叶变换（fast Fourier transform，FFT）分析结果，如图 2-23 所示。

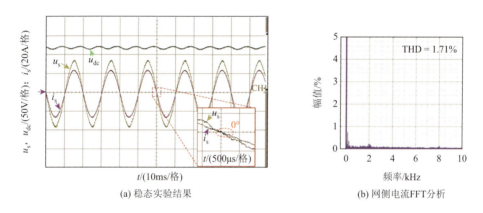

(a) 稳态实验结果 (b) 网侧电流FFT分析

图 2-23 稳态实验结果及网侧电流 FFT 分析结果

在直流侧负载电流分别为 4A、6A、8A、10A 的条件下，测量 5 种控制算法的网侧电流 i_s 的总谐波失真（total harmonic distortion，THD）值，及网侧电压的 u_s 与网侧电流 i_s 的相位差。THD 值曲线如图 2-24 所示，相位差曲线如图 2-25 所示。

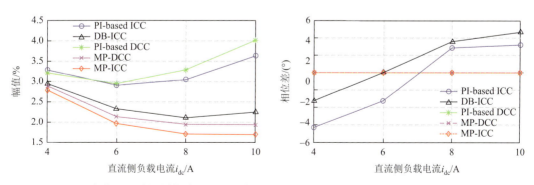

图 2-24 不同负载下 5 种控制算法的网侧电流 THD 值曲线

图 2-25 不同负载下 5 种控制算法的网侧电压、电流相位差曲线

图 2-24 中，MP-DCC 算法和所提 MP-ICC 算法的 THD 值随着直流侧负载电流 i_{dc} 的增大而逐渐减小。从 5 种控制算法 i_s 的 THD 值曲线的变化趋势来看，在不同负载条件下，MP-ICC 算法的 THD 值都是最低的。

图 2-25 中，PI-based DCC、MP-DCC 及 MP-ICC 等 3 种算法在不同负载条件下，i_s 均与 u_s 同步，都能实现对 i_s 的无差控制。DB-ICC 和 PI-based ICC 算法仅在直流侧负载电流 i_{dc} 为 6A 左右能实现对 i_s 的无差控制。当 i_{dc} 变小时，i_s 会超前于 u_s。反之，i_s 会滞后于 u_s。

实验结果表明，在标称系统中，MPC 能实现全局最优，如 MP-DCC 和所提 MP-ICC 算法。传统控制算法（如其他 3 种控制算法）仅能实现局部最优控制。所提 MP-ICC 算法能够在静态坐标系下实现对网侧电流 i_s 的无稳态误差控制，并具有低的网侧电流谐波含量。

2）瞬态实验

为了测试控制算法的动态性能，q 轴参考电流 i_{qref} 被设为 0，d 轴参考电流 i_{dref} 在 100%～125%额定电流周期性地突变。当 i_{ref} 从 125%突降至 100%额定电流时，网侧参考电流 i_{ref}、网侧电流 i_s、网侧电压 u_s 的实验波形如图 2-26 所示。

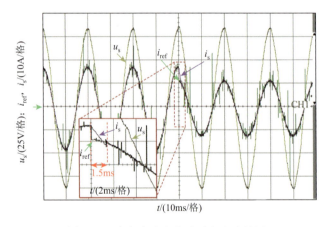

图 2-26　参考电流突变时瞬态实验结果

3）鲁棒性实验

为了测试网侧电感参数失配对电流环的影响，及基于相量法的电感参数在线估计方法的有效性，通过改变所提 MP-ICC 算法中的电感值 L_m 来模拟网侧电感参数摄动情况。网侧电感参数摄动比 λ 分别设定为 1.5、2.0，通过周期性地使能，控制程序中的电感参数在线估计模块进行实验验证。

网侧电感参数失配时，网侧电压 u_s、网侧电流 i_s、直流侧电压 u_{dc}、电感参数在线估计模块工作标志 L_{mark} 的实验波形如图 2-27 所示。图中，L_{mark} 为高电平时，电感参数在线估计模块运行。L_{mark} 为低电平时，即在（t_0，t_1）区间，电感参数在线估计模块不运行，脉冲整流器工作在网侧电感参数失配状态。电感参数在线估计模块的运行频率设定为 10kHz，低于采样频率 40kHz。图 2-27(a)中，$L_m = 1.5L_{nor}(\lambda = 1.5)$。图 2-27(b)中 $L_m = 2L_{nor}$（$\lambda = 2.0$）。

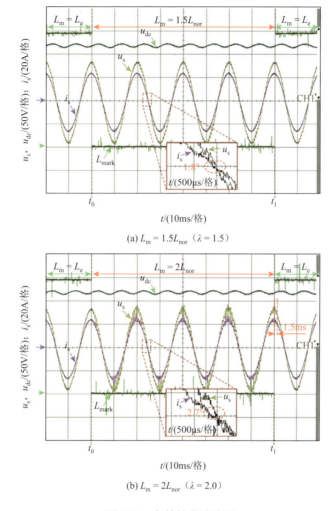

(a) $L_m = 1.5L_{nor}$（$\lambda = 1.5$）

(b) $L_m = 2L_{nor}$（$\lambda = 2.0$）

图 2-27　鲁棒性实验波形

图 2-27 中，当电感参数在线估计模块运行时，i_s 均为正弦交流波形，且与 u_s 同步。从图 2-27 中（t_0, t_1）区间的实验波形来看，当网侧电感参数失配时，i_s 与 u_s 之间将出现相位差。图 2-27（a）中，i_s 超前于 u_s 约 1.8°。图 2-27（b）中，i_s 超前于 u_s 约 2.7°。i_s 出现振荡现象，在波峰和波谷处尤为明显。由于原型样机采用自耦变压器供电，u_s 也出现振荡现象。同时，由图 2-27（b）可以看出，电感参数估计模块在 t_1 时刻开始工作，i_s 能够很快恢复正常，电感参数估计方法的收敛时间约为 1.5ms。

4）性能评估

将 MP-ICC 算法与 PI-based ICC、DB-ICC、PI-based DCC、MP-DCC 等 4 种控制算法的实验结果进行分析，实验对比结果如表 2-2 所示。表中，控制算法的计算时间仅为控制算法的运行时间，不包括电感参数在线估计模块的运行时间。

从现有的 4 种控制算法的实验结果来看，基于静态坐标系的控制算法具有快速的动态响应，但存在稳态误差，如 PI-based ICC 算法和 DB-ICC 算法；基于 dq 坐标系的控制算法能实现无稳态误差控制，但相比于静态坐标系下的控制算法，动态响应相对较慢，如 PI-based DCC 算法和 MP-DCC 算法。在相同坐标系下，相比于传统的基于 PI 的电流控制算法，MPC 具有快速的动态响应和更好的稳态性能。相比现有的 4 种控制算法，本章所提的 MP-ICC 算法控制律简单、计算时间最小，不仅具有快速的动态响应和低网侧电流谐波，而且能够在静态坐标系下实现对网侧电流的无稳态误差控制。基于相量法的电感参数在线估计方法，能有效对网侧电感参数失配进行在线补偿，并实现全局最优控制，确保系统具备良好的鲁棒性。

表 2-2　5 种控制算法的性能比较

性能指标	PI-based ICC	DB-ICC	PI-based DCC	MP-DCC	MP-ICC
功率因数角/(°)	3.6	3.96	0	0	0
网侧电流 THD 值/%	3.05	2.11	3.29	1.95	1.71
PI 控制器数量	2	1	3	1	1
电流环调节时间/ms	2.8	2	12.8	6.8	1.5
稳态误差	有	有	无	无	无
需要坐标系变换	否	否	是	是	否
控制律复杂度	一般	一般	复杂	一般	简单
计算时间/µs	2.8	2.5	8.4	8.2	1.8
电感参数敏感性	否	是	否	是	是

2.4　基于参考输入的虚轴电流估计方法

dq 电流解耦控制框架是在 α 轴、β 轴分量完全正交的前提下，通过电压前馈策略实现 dq 电流解耦。然而，在单相系统中，通过传感器仅能获取单相（α 轴）物理信号，必须采用虚轴信号估计方法创建网侧电压和网侧电流的 β 轴分量以构建 $\alpha\beta$ 坐标系，实现 dq 坐标系变换。由于 β 轴信号（特别是 β 轴电流）估计误差的存在，dq 轴电流实际上处于不完全解耦状态。稳态下，β 轴信号估计误差很小，对电流环的影响可以忽略。在瞬态过程中，β 轴电流估计误差变大，可能导致电流环控制性能恶化。β 轴电流估计误差相对于 dq 轴电流环会呈现出输入扰动特性，通过反馈系统的频谱分析方法可知，输入扰动难以通过控制器实现很好地抑制。

为解决以上问题，本小节使用基于参考输入的虚轴电流估计（reference-input-based imaginary axis current estimation，RI-based IACE）方法，以期减小基于 dq 电流解耦控制框架下控制算法中 β 轴电流估计误差对电流环动态性能的影响。首先，建立 dq 轴电流环的不完全解耦数学模型，从理论上分析 β 轴信号估计误差对电流环性能的影响。接着，基于电流环不完全解耦模型，分析 SOGI、FAE 等常用虚轴电流估计方法对电流环的影响。然后，基于 β 轴闭环回路无瞬态过程的特性，提出基于参考输入的虚轴电流估计方法。最后，将本节给出的虚轴电流估计方法与 SOGI、FAE 方法进行实验对比分析，验证该方法的正确性和有效性。

2.4.1　*dq* 坐标系下电流环不完全解耦模型

基于对 *dq* 坐标系下单相两电平脉冲整流器的网侧线性模型及电流环闭环控制模型的详细分析，现重写式（2-27）所示的网侧线性模型如下：

$$\begin{cases} u_{abd}=u_{sd} + \omega L i_{sq} - R i_{sd} - L\dfrac{\mathrm{d}i_{sd}}{\mathrm{d}t} \\[2mm] u_{abq}=u_{sq} - \omega L i_{sd} - R i_{sq} - L\dfrac{\mathrm{d}i_{sq}}{\mathrm{d}t} \end{cases} \tag{2-89}$$

式中，u_{sd}、u_{sq} 分别为网侧电压 u_s 的 *d* 轴、*q* 轴分量；i_{sd}、i_{sq} 分别为网侧电流 i_s 的 *d* 轴、*q* 轴分量；u_{abd}、u_{abq} 分别为 H 桥网侧电压 u_{ab} 的 *d* 轴、*q* 轴分量；ω 为网侧电压基波角频率。显然，式中存在耦合分量 $\omega L i_{sq}$、$-\omega L i_{sd}$。

同时，电流环通用控制器数学模型如下：

$$\begin{cases} u_{abd}=u_{sd} + \omega L i_{sq} - G(s)(i_{dref} - i_{sd}) \\[2mm] u_{abq}=u_{sq} - \omega L i_{sd} - G(s)(i_{qref} - i_{sq}) \end{cases} \tag{2-90}$$

式中，G 为 PI 或基于其他控制理论所设计的控制器；u_{sd}、$\omega L i_{sq}$ 及 u_{sq}、$-\omega L i_{sd}$ 是 *d* 轴、*q* 轴电压前馈项。其中，$\omega L i_{sq}$、$-\omega L i_{sd}$ 项用于实现 *d* 轴、*q* 轴电流解耦。

在理想情况下，网侧电压 u_s、网侧电流 i_s 始终与其 β 轴分量 u_β、i_β 正交，式（2-89）中的 u_{sd}、$\omega L i_{sq}$ 项及式（2-90）中的 u_{sq}、$-\omega L i_{sd}$ 项能完全抵消。*d* 轴、*q* 轴电流完全解耦时电流环闭环控制框图，如图 2-28 所示。图中，i_{dref}、i_{qref} 分别表示 *d* 轴、*q* 轴参考输入；i_{sd}、i_{sq} 分别表示 *d* 轴、*q* 轴电流；*P* 表示 *d* 轴、*q* 轴被控对象。

(a) *d* 轴　　　　　　　　　　(b) *q* 轴

图 2-28　*d* 轴、*q* 轴电流完全解耦时电流环闭环控制框图

图 2-28 中，对 *d* 轴、*q* 轴被控对象 *P* 的频率模型，现重写如下：

$$P(s) = \frac{1}{Ls + R} \tag{2-91}$$

由此可得，*d* 轴、*q* 轴输入、输出关系为

$$\begin{bmatrix} i_{sd} \\ i_{sq} \end{bmatrix} = G_o(s)\begin{bmatrix} i_{dref} \\ i_{qref} \end{bmatrix} \tag{2-92}$$

式中，$G_o(s) = \dfrac{G(s)P(s)}{1 + G(s)P(s)}$，表示电流环的闭环传递函数。

在单相系统中，通过虚轴信号估计方法获得的 β 轴电压、电流分量与实际信号的 β

轴分量始终存在误差。设定 u_β、i_β 分别表示 β 轴网侧电压和电流的实际值，$u_{e\beta}$、$i_{e\beta}$ 分别表示通过虚轴信号估计方法获得 β 轴网侧电压和电流的估计值，则式（2-89）中的 u_{sd}、u_{sq} 分别表示 d 轴、q 轴实际电压分量，i_{sd}、i_{sq} 分别表示 d 轴、q 轴实际电流分量；而式（2-90）中的 u_{sd}/u_{sq}、i_{sd}/i_{sq} 是 u_s/i_s 和 $u_{e\beta}/i_{e\beta}$ 通过 $\alpha\beta/dq$ 坐标变换获得的，表示 d 轴、q 轴估计电压、电流分量，分别用 u_{ed}/u_{eq}、i_{ed}/i_{eq} 表示。dq 坐标系下电流环完整控制框图，如图 2-29 所示。

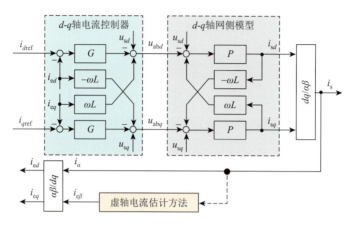

图 2-29　dq 坐标系下电流环完整控制框图

图 2-29 中，式（2-90）所示的 d 轴、q 轴电流环通用控制器数学模型应改写为

$$\begin{cases} u_{abd} = u_{ed} + \omega L i_{eq} - G(s)(i_{dref} - i_{ed}) \\ u_{abq} = u_{eq} - \omega L i_{ed} - G(s)(i_{qref} - i_{eq}) \end{cases} \tag{2-93}$$

忽略 PWM 模块控制时延，式（2-89）、式（2-93）中的 H 桥网侧电压 u_{abd}、u_{abq} 相等。将式（2-89）代入式（2-93），整理后可推导出在不考虑 dq 轴电流耦合相互影响的情况下，dq 轴电流环闭环频域模型为

$$\begin{bmatrix} i_{ed} \\ i_{eq} \end{bmatrix} = G_o(s) \begin{bmatrix} i_{dref} \\ i_{qref} \end{bmatrix} + G_\delta(s) \begin{bmatrix} \delta_{ud} + \delta_{iq} \\ \delta_{uq} + \delta_{id} \end{bmatrix} \tag{2-94}$$

式中，$\delta_{ud} = u_{sd} - u_{ed}$，$\delta_{uq} = u_{sq} - u_{eq}$ 分别为 d 轴、q 轴电压估计误差；δ_{id}、δ_{iq} 分别为由 d 轴、q 轴电流估计误差导致的扰动，定义为

$$\delta_{id} = \omega L \Delta i_d, (\Delta i_d = i_{ed} - i_{sd}) \tag{2-95}$$

$$\delta_{iq} = -\omega L \Delta i_q, (\Delta i_q = i_{eq} - i_{sq}) \tag{2-96}$$

式中，Δi_d、Δi_q 分别为 d 轴、q 轴电流估计误差。G_δ 为 $\delta_{ud} + \delta_{iq}$、$\delta_{uq} + \delta_{id}$ 到 dq 轴电流 i_{ed}、i_{eq} 的闭环传递函数，其频域模型为

$$G_\delta(s) = \frac{P(s)}{1 + G(s)P(s)} \tag{2-97}$$

结合图 2-29、式（2-94）可知，β 轴电压、电流的估计误差可等效为闭环系统的输入扰动。抑制输入扰动需要提高系统开环增益（$L = PG$），由于被控对象 P 的增益相对固定，故需要提高控制器 G 的增益。然而，从反馈系统的控制性能和鲁棒性进行综合考虑，电

流控制器 G 的增益不能过大。因此，控制器 G 的增益在一定程度上反映了对输入扰动的抑制能力。进一步地，由式（2-97）可知，G_δ 的增益小于 1，但不会过小，对输入扰动的抑制能力有限。因此，当采用的虚轴信号估计方法的稳态性能与电流环闭环回路对输入扰动抑制能力匹配时，即虚轴信号估计误差很小时，采用 dq 轴解耦控制策略进行控制器设计是合理的，但这类策略未考虑虚轴信号估计误差对电流环动态性能的影响。

　　在构建单相系统的 dq 坐标系时，需要先构建 $\alpha\beta$ 坐标系，通常选择网侧电压 u_s 作为参考相量。根据式（2-24）对网侧电压的定义，可推导出 d 轴、q 轴网侧电压 u_{sd} 和 u_{sq} 分别为

$$\begin{cases} u_{sd} = U_\mathrm{m} \\ u_{sq} = 0 \end{cases} \tag{2-98}$$

式中，U_m 为 u_s 的峰值。考虑到网侧电压 u_s 的基波周期远大于电流环的控制周期，当虚轴电压估计方法的调节时间小于 u_s 的基波周期且具有良好的稳态性能时，可认为在单个电流环控制周期内，d 轴、q 轴网侧电压分量 u_{sd}、u_{sq} 恒定不变，则在一个电流环控制周期内，d 轴、q 轴电压估计误差 δ_{ud}、δ_{uq} 趋近于 0。进一步地，由式（2-89）、式（2-90）可知，u_{sd} 和 u_{sq} 不存在相互耦合现象，通过电压前馈能基本消除。此外，即使 δ_{ud}、δ_{uq} 仍存在很小的误差，也仅会对 dq 轴电流闭环回路产生很小的扰动，电流环闭环系统完全能够抑制。因此，δ_{ud}、δ_{uq} 对电流环带来的影响可以忽略，式（2-94）所示的 dq 轴电流环闭环频域模型可简化为

$$\begin{bmatrix} i_{ed} \\ i_{eq} \end{bmatrix} = G_\mathrm{o}(s)\begin{bmatrix} i_{dref} \\ i_{qref} \end{bmatrix} + G_\delta(s)\begin{bmatrix} \delta_{iq} \\ \delta_{id} \end{bmatrix} \tag{2-99}$$

dq 轴电流不完全解耦时电流环闭环控制框图，如图 2-30 所示。

图 2-30　dq 轴电流不完全解耦时电流环闭环控制框图

　　由上述分析可知，δ_{id}、δ_{iq} 是由 β 轴电流估计误差产生，其大小与虚轴电流估计方法的性能直接相关，且主要呈低频特性。由图 2-29 可知，在 dq 坐标系下，虚轴电流估计方法位于 dq 轴电流环闭环系统前端，δ_{id}、δ_{iq} 在图 2-30 中属于 dq 轴电流环闭环系统的输入扰动，对系统控制性能产生影响。因此，通过控制器设计来抑制 δ_{id}、δ_{iq} 的思路并不是一种很好的选择，而通过改进虚轴电流估计方法，减小其对电流环控制性能的影响是合适的。

　　由式（2-95）、式（2-96）可知，输入扰动 δ_{id}、δ_{iq} 分别与 d 轴、q 轴电流估计误差 Δi_d、Δi_q 呈比例关系，比例值 ωL 为网侧电压基波角频率 ω 与网侧电感标称值 L 的乘积。其中，ω 在一个电流环控制周期内可认为是恒定的，可忽略其对输入扰动 δ_{id}、δ_{iq} 的影响。脉冲整流器网侧电感存在参数摄动问题，同样设定网侧电感标称值 L 与实际值 L_a 表示的关系为 $L_\mathrm{a} = \lambda L$（$\lambda > 0$），式（2-95）、式（2-96）可改写为

$$\delta_{id} = \omega L(i_{ed} - \lambda i_{sd}) \tag{2-100}$$

$$\delta_{iq} = -\omega L(i_{eq} - \lambda i_{sq}) \tag{2-101}$$

可见，网侧电感参数摄动会影响 δ_{id}、δ_{iq} 的大小，但不会改变 δ_{id}、δ_{iq} 的变化趋势，不会影响在标称系统下的分析结论，因此可采用式（2-95）、式（2-96）进行分析。此外，网侧电感参数摄动会直接影响网侧电流 i_s，但这需要根据虚轴电流估计方法具体分析。

可以合理地假设，电流控制器 G 具有足够快的动态响应及良好的稳态性能，β 轴电流估计方法具备良好的稳态性能。在稳态下，β 轴估计电流误差很小，输入扰动 δ_{id}、δ_{iq} 将会很小，闭环系统完全有能力抑制，则 β 轴估计电流误差对 dq 轴输出电流 i_{ed}、i_{eq} 的影响小到可以忽略，式（2-99）可简化为式（2-92）。由此表明，在稳态下 dq 电流解耦控制策略是完全可行和有效的。

在瞬态过程中，由于虚轴估计方法的动态性能影响，在进入瞬态过程时，β 轴估计电流误差将会变大，导致输入扰动 δ_{id}、δ_{iq} 增大，对 dq 轴输出电流 i_{ed}、i_{eq} 的影响就会增大，可能使得电流环控制性能恶化，甚至导致环路振荡。

为了定性地分析输入扰动 δ_{id}、δ_{iq} 对电流环路瞬态过程的影响，将图 2-30 简化为标准单输入单输出（single-input single-output，SISO）反馈系统，如图 2-31 所示。图中，y 为系统输出；被控对象 P 简化为积分环节；控制器 G 简化为单位增益的比例控制器。设参考输入 r 为单位阶跃信号，输入扰动 d_i 分别设为 0 和 $\pm10\%r$，标准 SISO 反馈系统的阶跃响应，如图 2-32 所示。

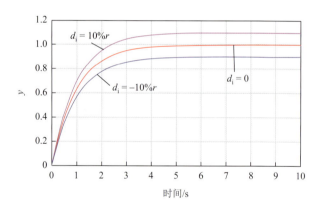

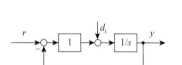

图 2-31　考虑输入扰动的简化 SISO 反馈系　　　　图 2-32　简化 SISO 反馈系统的阶跃响应
　　　　　　统框图

图 2-32 中，当 d_i 为正时，y 的变化率加快；反之，y 的变化率减小。由此可知，当输入扰动 δ_{id}、δ_{iq} 与 d 轴、q 轴参考输入 i_{dref}、i_{qref} 的变化趋势一致时，d 轴、q 轴估计电流 i_{ed}、i_{eq} 的变化率将加快；反之，i_{ed}、i_{eq} 的变化率将变慢。具体影响趋势可表述如下：

$$\left.\begin{array}{l} i_{dref} \uparrow, \delta_{iq} \uparrow \ 或 \ i_{dref} \downarrow, \delta_{iq} \downarrow \Rightarrow \dfrac{di_{ed}}{dt} \uparrow \\[2mm] i_{qref} \uparrow, \delta_{id} \uparrow \ 或 \ i_{qref} \downarrow, \delta_{id} \downarrow \Rightarrow \dfrac{di_{eq}}{dt} \uparrow \end{array}\right\} \Rightarrow \dfrac{di_s}{dt} \uparrow \tag{2-102}$$

$$\left.\begin{array}{l} i_{dref}\uparrow,\delta_{iq}\downarrow \text{ 或 } i_{dref}\downarrow,\delta_{iq}\uparrow\Rightarrow\dfrac{di_{ed}}{dt}\downarrow \\[3mm] i_{qref}\uparrow,\delta_{id}\downarrow \text{ 或 } i_{qref}\downarrow,\delta_{id}\uparrow\Rightarrow\dfrac{di_{eq}}{dt}\downarrow \end{array}\right\}\Rightarrow\dfrac{di_{s}}{dt}\downarrow \qquad(2\text{-}103)$$

式中，↑表示物理量为正或变化率增加；↓表示物理量为负或变化率减小；di_{ed}/dt、di_{eq}/dt、di_{s}/dt 分别为 d 轴估计电流 i_{ed}、q 轴估计电流 i_{eq}、网侧电流 i_{s} 对时间 t 的导数，表示相应电流的变化率。当输入扰动 δ_{id}、δ_{iq} 对 d 轴、q 轴估计电流 i_{ed}、i_{eq} 的影响趋势不一致时，可通过 d 轴、q 轴参考输入 i_{dref}、i_{qref} 变化主导地位进行判断。

基于以上分析可知，当 β 轴估计电流误差变大时，dq 轴电流环在瞬态过程中处于不完全解耦状态，产生的输入扰动会影响电流环的动态性能，其影响效果由参考输入 i_{dref}、i_{qref} 与输入扰动 δ_{id}、δ_{iq} 的变化趋势及相对关系决定。

2.4.2　虚轴电流估计方法的性能分析

基于电流环的不完全解耦模型，采用与仿真结合的方式分析 SOGI、FAE 等两种方法对电流环控制性能的影响。为了让仿真结果具有可比较性，先做如下设定。

（1）控制算法统一采用 PI-based DCC 算法。

（2）q 轴参考输入 i_{qref} 设为 0A，d 轴参考输入 i_{dref} 在 1095A（满载）至 2090A（重载）之间周期性在同一相角位置切换。

（3）由于 β 轴估计电流是获取 dq 轴电流的基础，不同的虚轴估计电流估计方法获取的 dq 轴电流的基础并不一致，后续将采用网侧电流 i_{s} 波形进行对比分析。

（4）脉冲整流器正常工作时，网侧电流 i_{s} 与网侧电压 u_{s} 同相。为了简化分析，仅考虑 β 轴估计电流 $i_{e\beta}$ 与 β 轴实际电流 i_{β} 峰值上的差异。

在忽略高频分量的情况下，i_{s}、i_{β}、$i_{e\beta}$ 可分别表示为

$$i_{s}=I_{m}\cos(\omega t)\qquad(2\text{-}104)$$

$$i_{\beta}=I_{m}\sin(\omega t)\qquad(2\text{-}105)$$

$$i_{e\beta}=(I_{m}+\Delta I_{m})\sin(\omega t)\qquad(2\text{-}106)$$

式中，I_{m} 为 i_{s} 的峰值；ΔI_{m} 为 $i_{e\beta}$ 与 i_{β} 之间的峰值误差；ω 为 u_{s} 的角频率。

dq 轴估计电流 i_{ed}、i_{eq} 是 i_{s} 与 $i_{e\beta}$ 的 $\alpha\beta/dq$ 变换的结果，其变换关系可表示为

$$\begin{bmatrix} i_{ed} \\ i_{eq} \end{bmatrix}=\begin{bmatrix} \cos(\omega t) & \sin(\omega t) \\ -\sin(\omega t) & \cos(\omega t) \end{bmatrix}\begin{bmatrix} i_{s} \\ i_{e\beta} \end{bmatrix}\qquad(2\text{-}107)$$

将式（2-104）、式（2-106）代入式（2-107），可推导出 i_{ed}、i_{eq} 为

$$\begin{cases} i_{ed}=I_{m}+\dfrac{1}{2}\Delta I_{m}(1-\cos 2(\omega t)) \\[3mm] i_{eq}=\dfrac{1}{2}\Delta I_{m}\sin 2(\omega t) \end{cases}\qquad(2\text{-}108)$$

可见，β 轴电流估计误差会导致 i_{ed}、i_{eq} 出现正弦交流谐波分量，其峰值为 $\Delta I_{m}/2$，频率为 2 倍网侧电压频率。

将式（2-108）代入式（2-95），可推导出 d 轴电流估计误差 Δi_d 及输入扰动 δ_{id} 在一个网侧电压基波周期内的变化趋势：

$$\begin{cases} \Delta I_m > 0 \\ 0 \leqslant \omega t \leqslant 2\pi \Rightarrow 0 \leqslant 1 - \cos 2\omega t \leqslant 2 \end{cases} \Rightarrow \Delta i_d \geqslant 0 \Rightarrow \delta_{id} \geqslant 0 \qquad (2\text{-}109)$$

$$\begin{cases} \Delta I_m < 0 \\ 0 \leqslant \omega t \leqslant 2\pi \Rightarrow 0 \leqslant 1 - \cos 2\omega t \leqslant 2 \end{cases} \Rightarrow \Delta i_d \leqslant 0 \Rightarrow \delta_{id} \leqslant 0 \qquad (2\text{-}110)$$

将式（2-108）代入式（2-96），可推导出 q 轴电流估计误差 Δi_q 及输入扰动 δ_{iq} 在一个网侧电压基波周期内的变化趋势：

$$\begin{cases} \Delta I_m > 0 \\ 0 \leqslant \omega t \leqslant \dfrac{\pi}{2}, \pi \leqslant \omega t \leqslant \dfrac{3\pi}{2} \Rightarrow 0 \leqslant \sin 2\omega t \leqslant 1 \end{cases} \Rightarrow \Delta i_q \geqslant 0 \Rightarrow \delta_{iq} \leqslant 0 \qquad (2\text{-}111)$$

$$\begin{cases} \Delta I_m < 0 \\ 0 \leqslant \omega t \leqslant \dfrac{\pi}{2}, \pi \leqslant \omega t \leqslant \dfrac{3\pi}{2} \Rightarrow 0 \leqslant \sin 2\omega t \leqslant 1 \end{cases} \Rightarrow \Delta i_q \leqslant 0 \Rightarrow \delta_{iq} \geqslant 0 \qquad (2\text{-}112)$$

$$\begin{cases} \Delta I_m > 0 \\ \dfrac{\pi}{2} \leqslant \omega t \leqslant \pi, \dfrac{3\pi}{2} \leqslant \omega t \leqslant 2\pi \Rightarrow -1 \leqslant \sin 2\omega t \leqslant 0 \end{cases} \Rightarrow \Delta i_q \leqslant 0 \Rightarrow \delta_{iq} \geqslant 0 \qquad (2\text{-}113)$$

$$\begin{cases} \Delta I_m < 0 \\ \dfrac{\pi}{2} \leqslant \omega t \leqslant \pi, \dfrac{3\pi}{2} \leqslant \omega t \leqslant 2\pi \Rightarrow -1 \leqslant \sin 2\omega t \leqslant 0 \end{cases} \Rightarrow \Delta i_q \geqslant 0 \Rightarrow \delta_{iq} \leqslant 0 \qquad (2\text{-}114)$$

由式（2-109）、式（2-110）可知，Δi_d、δ_{id}、ΔI_m 在一个网侧电压基波周期内的变化趋势是一致的，仅大小呈周期性变化，其周期为 $1/4\omega$。由式（2-111）～式（2-114）可知，Δi_q、δ_{iq}、ΔI_m 在一个网侧电压基波周期内的变化趋势及大小都会呈周期性变化，其周期为 $1/4\omega$。由此可见，β 轴电流估计误差会让输入扰动 δ_{id}、δ_{iq} 周期性变化，且变化频率高于网侧电流基波频率。

在瞬态过程中，受虚轴电流估计方法动态性能的影响，β 轴电流估计误差呈逐渐减小趋势。当虚轴估计电流方法的动态响应较慢时，β 轴电流估计误差对电流环的影响将持续较长时间。假定 β 轴电流估计误差在进入瞬态过程的开始阶段会让网侧电流 i_s 的变化率增大，由式（2-111）～式（2-114）可知，在经过一定相角范围后，β 轴电流估计误差将会导致网侧电流 i_s 的变化率减小，从而导致电流环的调节时间变大。反之，电流环的调节时间会变得更大。由此可见，参考输入电流变化的相角位置对电流环调节时间大小具有一定影响。为了让实验结果具有可比性，在后续对瞬态过程仿真中，将参考输入电流变化的相角位置统一设定为第 4 象限 $7\pi/4$ 相角附近。

1）SOGI 方法

由 dq 电流解耦控制中常用 SOGI 方法的介绍可知，SOGI 提供了两类滤波器的设计方法。其中，用于虚轴电流估计的 SOGI 方法是一个二阶 LPF，在网侧电压频率处的增益

为 0dB，相移为 90°，其传递函数为

$$i_{e\beta}(s) = \frac{k\omega^2}{s^2 + k\omega s + \omega^2} i_s(s) \tag{2-115}$$

式中，k 为阻尼系数。SOGI 方法的调节时间与 k 相关，k 的最优取值为 1.57[10]，其调节时间约为 15ms，明显慢于 PI 控制器的调节时间，这将会导致 β 轴估计电流 $i_{e\beta}$ 的变化会慢于 β 轴实际电流 i_β 的变化。

在第 4 象限 $7\pi/4$ 相角附近，当 d 轴参考输入 i_{dref} 上升时，存在 $\Delta I_m < 0$。在 $(3\pi/2, 2\pi)$ 区间，由式（2-110）、式（2-114）可推导出：

$$\begin{cases} i_{dref} \uparrow, & \delta_{iq} \downarrow \\ i_{qref} = 0, & \delta_{id} \downarrow \end{cases} \tag{2-116}$$

可见，输入扰动 δ_{iq} 为负，与 i_{dref} 正向变化趋势相反。由式（2-103）可知，网侧电流 i_s 的变化率 di_s/dt 将减小，电流环调节时间将增加。

图 2-33 给出了采用 SOGI 方法时，α 轴、β 轴参考输入 i_{ref}、$i_{\beta ref}$，网侧电流 i_s，β 轴估计电流 $i_{e\beta}$ 的仿真波形。在 i_{ref} 突增后约 5ms 处，i_s 接近 i_{ref}。由于 SOGI 方法的动态响应较慢，在约 8ms（即 $i_{\beta ref}$ 波峰，相位角 $\pi/2$）处，$i_{e\beta}$ 仍小于 $i_{\beta ref}$，即仍存在 $\Delta I_m < 0$，但随着 $i_{e\beta}$ 的增大，ΔI_m 绝对值逐渐减小。随着 i_s 相角的变化，在 $(0, \pi/2)$ 区间，结合式（2-109）、式（2-112）可以推导出：

$$\begin{cases} i_{dref} \uparrow, & \delta_{iq} \uparrow \\ i_{qref} = 0, & \delta_{id} \downarrow \end{cases} \tag{2-117}$$

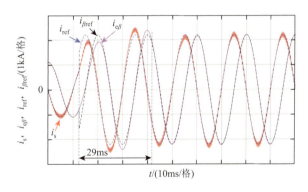

图 2-33　采用 SOGI 方法的电流环瞬态过程仿真结果

可见，δ_{iq} 由负转变正，与 i_{dref} 正向变化趋势相同，i_s 的变化率 di_s/dt 将增加。但由于 ΔI_m 绝对值的减小，对网侧电流 i_s 的影响将减弱，这样会导致网侧电流 i_s 的超调量增加。图 2-33 中，在约 12ms（即 i_s 的下一个波谷，相位角 π）处，i_s 明显大于 i_{ref}。只有当 i_s、$i_{e\beta}$ 同时趋近于 i_{ref}、$i_{\beta ref}$ 时，δ_{iq}、δ_{id} 趋近于 0 时，电流环才会进入稳态。图 2-33 中，电流环的调节时间约为 29ms。

此外，由式（2-115）可知，SOGI 方法的输入信号为 i_s，其传递函数与脉冲整流器的电路参数无关。当网侧电感参数出现变化时，i_s 与 $i_{e\beta}$ 同步变化。因此，SOGI

方法不会对电流环的鲁棒性产生影响。当电感参数失配时，电流环会在进入短暂的瞬态过程后进入稳态，表明采用 SOGI 方法时，电流环的鲁棒性主要由电流控制器性能决定。

综合以上分析可知，由于 SOGI 方法的动态响应慢于电流控制器，将导致电流环动态性能变差，调节时间变长。

2）FAE 方法

FAE 方法的传递函数可表示为[11]

$$i_{e\beta}(s) = \frac{1}{Ls+R}[u_\beta(s) - u_{ab\beta}(s)] \qquad (2\text{-}118)$$

式中，u_β、$u_{ab\beta}$ 分别是网侧电压 u_s、H 桥网侧电压 u_{ab} 的 β 轴分量。其中，$u_{ab\beta}$ 是 dq 轴电流控制器输出 u_{abd}、u_{abq} 经过 $dq/\alpha\beta$ 坐标变换后获得的。

式（2-118）所示的 FAE 传递函数与式（2-17）所示的静态坐标系下网侧数学模型的传递函数相同，输入、输出物理量均是网侧物理量的 β 轴分量。这相当于将真实系统映射到 β 轴上，与真实系统一同构建了 $\alpha\beta$ 坐标系下的网侧回路。因此，由 FAE 方法所获得 β 轴估计电流 $i_{e\beta}$ 在理论上将与网侧电流 i_s 同步变化，动态响应将快于 SOGI 方法。同时，由于 FAE 方法不受真实系统限制，$i_{e\beta}$ 的变化将会略快于 i_s 的变化。

在第 4 象限 $7\pi/4$ 相角附近，当 d 轴参考输入 i_{dref} 上升，存在 $\Delta I_m > 0$。在（$3\pi/2, 2\pi$）区间，由式（2-109）、式（2-113）可以推导出：

$$\begin{cases} i_{dref} \uparrow, \quad \delta_{iq} \uparrow \\ i_{qref} = 0, \quad \delta_{id} \uparrow \end{cases} \qquad (2\text{-}119)$$

可见，输入扰动 δ_{iq} 为正，与 i_{dref} 正向变化趋势相同。由式（2-102）可知，i_s 的变化率 di_s/dt 将增大，电流环的调节时间将减小。

采用 FAE 方法时，$\alpha\beta$ 轴参考输入 i_{ref}、$i_{\beta ref}$，网侧电流 i_s，β 轴估计电流 $i_{e\beta}$ 的仿真波形如图 2-34 所示。

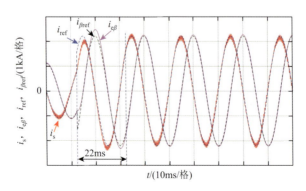

图 2-34　采用 FAE 方法的电流环瞬态过程仿真结果

图 2-34 中，在 i_{ref} 突增后约 4ms 处，i_s 接近 i_{ref}。由于 FAE 动态响应相对较快，$i_{e\beta}$ 略超前于 i_s 的变化，在约 8ms（即 $i_{\beta ref}$ 波峰，相位角 $\pi/2$）处，$i_{e\beta}$ 明显大于 $i_{\beta ref}$，即仍存在 $\Delta I_m > 0$。随着 i_s 相角的变化，在（$0, \pi/2$）区间，结合式（2-109）、式（2-111）可以推导出：

$$\begin{cases} i_{dref} \uparrow, & \delta_{iq} \downarrow \\ i_{qref} = 0, & \delta_{id} \uparrow \end{cases} \qquad (2\text{-}120)$$

可见，δ_{iq} 由正转变为负，与 i_{dref} 正向变化趋势相反。在这种情况下，由式（2-103）可知，i_s 的变化率 di_s/dt 将减小。ΔI_m 绝对值减小，对 i_s 的影响将减弱，但由于 $i_{e\beta}$ 超前于 i_β，导致网侧电流仍会出现超调现象。图 2-34 中，在约 12ms（即 i_s 的下一个波谷，相位角 π）处，i_s 略大于 i_{ref}。与采用 SOGI 方法的瞬态过程相似，当 i_s、$i_{e\beta}$ 同时趋近于 i_{ref}、$i_{\beta ref}$，δ_{iq}、δ_{id} 同时趋近于 0 时，电流环才会进入稳态。图 2-34 中，电流环调节时间约为 22ms。

由于 FAE 方法采用网侧回路的标称参数计算 $i_{e\beta}$，当网侧电感参数变化时，导致 $i_{e\beta}$ 与 β 轴实际电流始终存在偏差。由式（2-108）可知，dq 轴估计电流 i_{ed}、i_{eq} 在稳态下仍会存在 2 倍网侧电压频率的谐波分量。在忽略网侧电阻 R 的情况下，网侧电感参数摄动时 dq 轴电流控制器输出复相量 u_{abdq} 需要满足的条件为[11]

$$u_{abdq} = j\frac{\omega L}{2}(\lambda - 1)I_{dq}e^{-j2\omega t} \qquad (2\text{-}121)$$

式中，I_{dq} 为 dq 轴网侧电流复相量的复振幅。显然，当网侧电感参数摄动时，电流控制器需要根据网侧电感参数摄动比 λ 提供具备 2 倍网侧电压频率的输出信号。然而，传统的线性控制器并不具备该能力。即便能设计出满足要求的控制器，也会导致控制器结构更为复杂。因此，FAE 方法需要采用电感参数辨识或其他方法来提高系统的鲁棒性。

综合以上分析可知，FAE 方法的动态响应快，可以提高标称系统下电流环的动态响应速度。然而，FAE 方法对网侧电感参数敏感，当电感参数失配时，会影响电流环的鲁棒性能。

2.4.3　基于参考输入的虚轴电流估计方法

SOGI 方法采用二阶 LPF 获得输入信号的正交分量，对电路参数摄动不敏感，最佳调节时间相对较长，会降低电流环动态性能。相对于网侧电压来说，SOGI 方法的调节时间较短，用于估计网侧电压的 β 轴分量是一种很好的选择。FAE 方法根据在 β 轴上映射的虚拟网侧回路来估计 β 轴电流，具有较快的动态响应，能改善电流环的动态性能。由于 FAE 方法对网侧参数敏感，阻碍了其工程应用，但为估计 β 轴电流提供了新的思路。

同样假定虚轴电流估计方法具有良好的稳态性能和快速的动态响应。在稳态下，d 轴、q 轴的估计电流 i_{ed}、i_{eq}，实际电流 i_{sd}、i_{sq} 及参考输入 i_{dref}、i_{qref} 之间存在以下关系：

$$\begin{cases} i_{ed} = i_{sd} = i_{dref} \\ i_{eq} = i_{sq} = i_{qref} \end{cases} \qquad (2\text{-}122)$$

应用 $dq/\alpha\beta$ 坐标变换到式（2-122），β 轴估计电流 $i_{e\beta}$ 可表示为

$$i_{e\beta} = i_\beta = i_{\beta\text{ref}} = i_{d\text{ref}}\sin(\omega t) + i_{q\text{ref}}\cos(\omega t) \qquad (2\text{-}123)$$

显然，该式可用于计算稳态下的 $i_{e\beta}$。

基于 dq 电流解耦控制框架下的网侧回路在 $\alpha\beta$ 坐标系下的等效结构，如图 2-35 所示。图中，网侧电流 i_s 是被控对象，其变化受真实系统限制。与之相反，β 轴电流 i_β 是虚拟被控对象，其变化并不受真实系统限制。这意味着，i_β 可以没有瞬态过程，能与 β 轴参考输入 $i_{\beta\text{ref}}$ 同步变化。根据该特性，直接利用式（2-123）去计算瞬态过程中的 $i_{e\beta}$，称为基于参考输入的虚轴电流估计方法。在瞬态过程中，该方法的合理性和可行性分析如下：

首先，根据单相脉冲整流器工作的离散控制特性可知，电流环控制器输出的调制信号 u_{ab} 通过 PWM 模块按控制周期定时更新功率开关管的开关状态。如果电流控制器的动态响应足够快，电流环能够在下一个控制周期进入稳态，则 RI-based IACE 方法所计算的 β 轴估计电流 $i_{e\beta}$ 刚好等于下一个控制周期的 β 轴实际电流。在这种情况下，该方法是可行的。

其次，所提 RI-based IACE 方法计算的 $i_{e\beta}$ 与 $i_{\beta\text{ref}}$ 相等，这也是 i_β 在瞬态过程中的目标值。由图 2-29 可知，i_{ed}、i_{eq} 是 i_s 与 $i_{e\beta}$ 的 $\alpha\beta/dq$ 坐标变换结果，这相当于将 $i_{\beta\text{ref}}$ 作为前馈项引入电流环。前馈控制策略是根据扰动或参考输入的变化进行开环补偿，既能够提高系统性能，抑制扰动，又不会改变系统的闭环特性。因此，该方法存在理论基础。

最后，假定电流环不能在一个控制周期内进入稳态，采用与 2.4.2 小节相同的条件进行仿真验证所提方法的可行性。

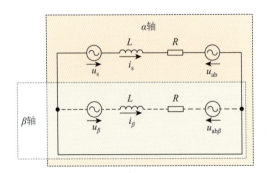

图 2-35　$\alpha\beta$ 坐标系下网侧回路等效结构框图

在第 4 象限 $7\pi/4$ 相角附近，d 轴参考输入 $i_{d\text{ref}}$ 上升，存在 $\Delta I_m > 0$。在 $(3\pi/2, 2\pi)$ 区间，由式（2-109）、式（2-113）可以推导出以下结果：

$$\begin{cases} i_{d\text{ref}}\uparrow, & \delta_{iq}\uparrow \\ i_{q\text{ref}} = 0, & \delta_{id}\uparrow \end{cases} \qquad (2\text{-}124)$$

可见，输入扰动 δ_{iq} 为正，与 $i_{d\text{ref}}$ 正向变化趋势相同。由式（2-102）可知，网侧电流 i_s 的变化率 $\mathrm{d}i_s/\mathrm{d}t$ 将增大，电流环的调节时间将减小。

比较式（2-119）、式（2-124）可知，两者的结论相同。然而，与 FAE 相比，由于 RI-based IACE 方法无瞬态过程，存在以下两点不同之处：

（1）当 i_{dref} 上升瞬间，该方法的 ΔI_m 远大于 FAE 方法的 ΔI_m，则式（2-124）中的 δ_{iq} 会远大于式（2-119）中的 δ_{iq}，该方法 i_s 的变化率 di_s/dt 将更大，即 i_s 将会更快趋于 i_{ref}。

（2）在每个控制时刻，该方法计算 $i_{e\beta}$ 都是与 $i_{\beta ref}$ 相等，即 i_s 的变化并不影响 $i_{e\beta}$。随着 i_s 趋于 i_{ref}，ΔI_m 快速减小并将趋近于 0。一旦进入电流环对输入扰动可抑制范围内，i_s 的变化将完全由电流控制器决定，采用该方法不会因为 β 轴电流估计误差而导致电流环出现超调现象。

采用 RI-based IACE 方法时，$\alpha\beta$ 轴参考输入 i_{ref}、$i_{\beta ref}$，网侧电流 i_s，β 轴估计电流 $i_{e\beta}$ 的仿真波形，如图 2-36 所示。图中，在 i_{ref} 变化的同时，$i_{e\beta}$ 已更新为新的 $i_{\beta ref}$。在 i_{ref} 突增后约 5ms，i_s 和 $i_{e\beta}$ 已同时接近 i_{ref}、$i_{\beta ref}$，电流环进入稳态，且无超调现象。此外，由式（2-123）可知，RI-based IACE 方法同样与电路参数无关。当电感参数失配时，该方法不会对电流环的鲁棒性产生影响。

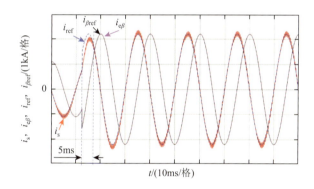

图 2-36　采用 RI-based IACE 方法的电流环瞬态过程仿真结果

综合以上分析可知，采用 RI-based IACE 方法综合了 SOGI 和 FAE 方法的优点。在参考输入变化初期，利用 β 轴电流的估计误差加快了网侧电流 i_s 的变化。一旦 i_s 趋近于参考输入 i_{ref}，电流环的动态性能完全由电流控制器决定。在电流控制器具备良好动态性能的情况下，网侧电流 i_s 不会出现超调现象，从而可改善系统的动态性能。

在脉冲整流器的数字控制算法中，以电流环控制周期 T_c 对式（2-123）进行离散化，k 时刻 β 轴估计电流 $i_{e\beta}(k)$ 为

$$i_{e\beta}(k) = i_{dref}(k)\sin(\omega kT_c) + i_{qref}(k)\cos(\omega kT_c) \qquad （2\text{-}125）$$

可见，$i_{e\beta}(k)$ 的计算仅需 k 时刻的 dq 轴参考输入 i_{dref}、i_{qref} 及网侧电压 u_s 的相角信息 ωkT_c，计算简单，且易于在数字控制器中实现。

当脉冲整流工作在单位功率因数状态下，q 轴参考输入 i_{qref} 为 0，$i_{e\beta}(k)$ 可简化为

$$i_{e\beta}(k) = i_{dref}(k)\sin(\omega kT_c) \qquad （2\text{-}126）$$

RI-based IACE 方法的结构框图，如图 2-37 所示。网侧电压角频率 ω 通过已有的 PLL 模块获得；d 轴参考输入 i_{dref} 等于电压环输出；q 轴参考输入一般被设定为常量。

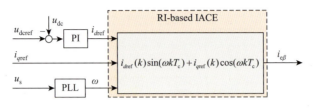

图 2-37　RI-based IACE 方法的结构框图

2.4.4　实验验证

通过 RI-based IACE 方法与 SOGI、FAE 方法进行实验对比研究，以验证本节 RI-based IACE 方法的正确性和有效性。实验系统的控制结构框图，如图 2-38 所示。

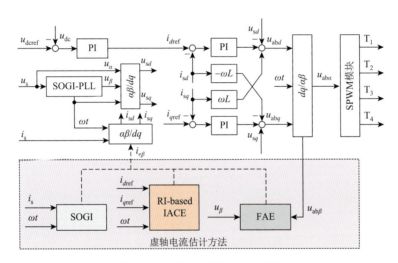

图 2-38　实验系统控制结构框图

图中，控制算法首先采用 PI-based DCC 算法，PI 控制器参数在使用 SOGI 作为虚轴电流估计方法时，进行了很好的调整，并在整个实验过程中保持不变，以确保实验结果具有可对比性。

1. 稳态实验

单相两电平脉冲整流器工作在额定负载的状态下，分别采用 SOGI、FAE 及 RI-based IACE 方法进行验证。三种方法 i_s 的 THD 值接近，分别为 4.95%、4.80%、4.81%。稳态实验结果表明，三种虚轴电流估计方法对系统的稳态性能无影响。图 2-39(a)表示 RI-based IACE 的稳态实验结果，网侧电流 i_s 均为正弦交流波形。由局部放大图可知，i_s 均与 u_s 同相，实现了对 i_s 的无稳态误差控制。

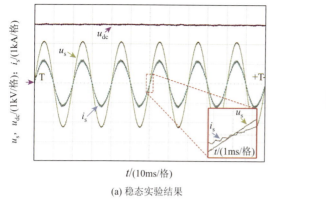

(a) 稳态实验结果

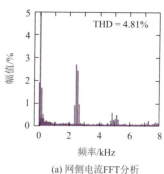

(a) 网侧电流FFT分析

图 2-39　稳态实验及网侧电流 FFT 分析结果

2. 瞬态实验

在仅保留电流环的情况下，分别改变 dq 轴参考电流 i_{dref}、i_{qref} 进行实验对比验证，以验证不同算法对电流环动态性能的影响。

当 q 轴参考电流 i_{qref} 为 0A，d 轴参考电流 i_{dref} 在网侧电压 u_s 的正峰值处从 1095A（满载）突升至 2190A（重载）时，网侧电压 u_s、网侧电流 i_s 及 α 轴参考输入 i_{ref} 的实验波形如图 2-40(a)所示。其中，i_{ref} 是 i_{dref}、i_{qref} 的 $dq/\alpha\beta$ 坐标变换结果。

当 i_{dref} 为 1095A，i_{qref} 在网侧电压 u_s 的 $7\pi/4$ 相角处从 0A 突升至 1095A 时，网侧电压 u_s、网侧电流 i_s 及 α 轴参考输入 i_{ref} 的实验波形如图 2-40(b)所示。

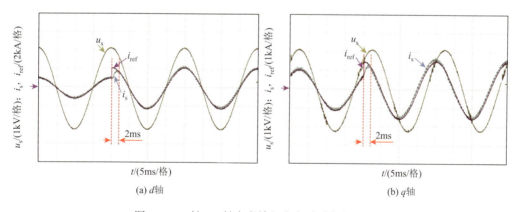

(a) d 轴　　　　　　　　　　　　　　(b) q 轴

图 2-40　d 轴、q 轴参考输入突变时瞬态实验结果

3. 鲁棒性实验

为了测试所提 RI-based IACE 方法对控制器鲁棒性的影响，让脉冲整流器工作在额定负载状态下，即网侧电感参数摄动比 $\lambda = 1.5$，网侧电感值在标称值 L 与 $1.5L$ 之间周期性地切换。网侧电压 u_s、网侧电流 i_s、参考电流 i_{ref} 及电感参数变化标识信号 L_{mark} 的实验波形，如图 2-41 所示。图中，L_{mark} 为高电平时，$L_a = L$；L_{mark} 为低电平时，$L_a = 1.5L$。当网侧电感值变大后，电流环经过一个短暂的瞬态过程后，i_s 能实现对 i_{ref} 的无差跟踪。

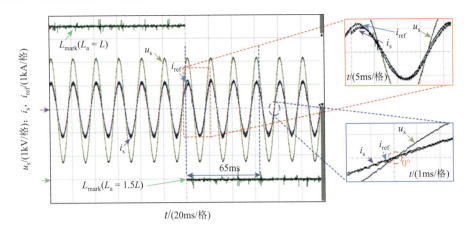

图 2-41　鲁棒性实验结果

基于统一采用 PI-based DCC 算法的前提，将 SOGI、FAE 与 RI-based IACE 方法的实验结果进行分析，对比结果如表 2-3 所示。

表 2-3　三种虚轴电流估计方法的实验结果对比

性能指标	SOGI	FAE	RI-based IACE
计算时间/μs	5	1.8	1.6
编程复杂度	复杂	一般	简单
参数敏感性	否	是	否
参数整定	是	否	否
网侧电流 THD 值/%	4.95	4.80	4.81
电流环调节时间/ms	22	19	2
瞬态过程中网侧电流存在超调现象	是	是	否

从脉冲整流器的稳态性能来看，分别使用 SOGI、FAE 和 RI-based IACE 方法时，标称系统网侧电流谐波含量相近。从脉冲整流器的动态性能来看，采用 RI-based IACE 方法时，电流环的动态响应速度最快，且网侧电流在瞬态过程中基本无超调现象。采用 SOGI 方法时，电流环的动态响应速度最慢。采用 FAE 方法时，电流环动态响应速度快于 SOGI 方法，慢于 RI-based IACE 方法。FAE 和 SOGI 方法在瞬态过程中，网侧电流均会出现超调现象。由此表明，基于参考输入的虚轴电流估计方法主要会影响电流环的动态性能。从三种方法对系统鲁棒性的影响来看，SOGI 和 RI-based IACE 方法对网侧电感参数不敏感，对控制器的鲁棒性无影响。FAE 方法对网侧电感参数敏感，会导致系统鲁棒性恶化。从三种方法的编程复杂度、参数整定等方面来看，RI-based IACE 方法不需要参数整定，易于在数字控制器中实现。

参 考 文 献

[1] 冯晓云. 电力牵引交流传动及其控制系统[M]. 北京：高等教育出版社，2009.

[2] 王成智，邹旭东，贾凯，等. 滤波器在单相 PWM 整流器中的应用[J]. 高电压技术，2008，34（5）：942-948.

[3] 王兆安，刘进军. 电力电子技术[M]. 5 版. 北京：机械工业出版社，2009.

[4] Ma J P，Wang X F，Blaabjerg F，et al. Multisampling method for single-phase grid-connected cascaded H-bridge inverters[J]. IEEE Transactions on Industrial Electronics，2020，67（10）：8322-8334.

[5] 马俊鹏. 电力牵引网侧单相三电平变流器模型预测控制算法研究[D]. 成都：西南交通大学，2018.

[6] 程佩青. 数字信号处理教程[M]. 3 版. 北京：清华大学出版社，2007.

[7] 邹仁. 四象限变流器瞬态电流控制的仿真研究[J]. 机车电传动，2003（6）：17-20.

[8] 宋文胜，冯晓云. 电力牵引交流传动控制与调制技术[M]. 北京：科学出版社，2014.

[9] Wolf C M，Degner M W，Briz F. Analysis of current sampling errors in PWM，VSI drives[C]//2013 IEEE Energy Conversion Congress and Exposition. New York：IEEE，2013：1770-1777.

[10] Kulkarni A，John V. A novel design method for SOGI-PLL for minimum settling time and low unit vector distortion[C]//IECON 2013-39th Annual Conference of the IEEE Industrial Electronics Society. New York：IEEE，2013：274-279.

[11] Bahrani B，Rufer A，Kenzelmann S，et al. Vector control of single-phase voltage-source converters based on fictive-axis emulation[J]. IEEE Transactions on Industry Applications，2011，47（2）：831-840.

第3章　单相脉冲整流器的鲁棒控制

3.1　鲁棒控制基本原理简述

3.1.1　反馈系统频域分析

标准的 SISO 反馈系统框图，如图 3-1 所示。图中，r 表示参考输入；e 表示跟踪误差；y 表示系统输出；u_c 表示控制器输出，u_p 表示被控对象输入；d_i 表示输入扰动；d 表示输出扰动；n 表示测量噪声；G、P 分别表示控制器和被控对象。

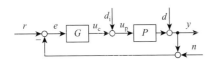

图 3-1　标准 SISO 反馈系统框图

定义系统的开环传递函数 L、灵敏度函数 S 和补灵敏度函数 T：

$$L = PG \tag{3-1}$$

$$S = (1+L)^{-1} \tag{3-2}$$

$$T = 1 - S = L(1+L)^{-1} \tag{3-3}$$

假定反馈系统是稳定的，则以下等式成立：

$$e = r - y = Sr - S(d+n) - SPd_i \tag{3-4}$$

$$u_c = GS(r - n - d) - Td_i \tag{3-5}$$

$$u_p = GSr - GS(n+d) + Sd_i \tag{3-6}$$

$$y = Tr - Tn + Sd + SPd_i \tag{3-7}$$

式（3-4）～式（3-7）显示了反馈系统的基本优点和固有的设计目标。

好的反馈系统设计应在需要的频段上达到高的开环和可能的控制器增益。由于被控对象 P 的增益不能通过控制器 G 的设计改变，同时开环增益 L 也不可能在任意频域范围内取任意高。因此，控制器设计必须从性能折衷和设计限制两方面进行综合考虑。

性能折衷主要体现在减小控制器 G 的输出 u_c 和干扰误差在存在模型不确定性时稳定性之间的折衷。假定被控对象模型乘性摄动模型表示为：$(1+\Delta)P$。其中，Δ 是稳定的，且 $\Delta = 0$ 时，反馈系统是稳定的，存在特征方程矩阵的行列式：

$$|1 + (1+\Delta)PK| = |1 + PK||1 + \Delta T| \tag{3-8}$$

无右半平面极点，则摄动的反馈系统稳定。这相当于在 Δ 影响显著的频率上（一般呈现为高频特性），要求 $\bar{\delta}(T) \ll 1$。

此外，性能折衷还与减小测量噪声 n 有关。由于抑制干扰 d 要求 $\bar{\delta}(L)$ 在较大频率范围内具备高增益，由式（3-2）、式（3-3）可知，这会导致在同频率范围内，S 趋近于 0，T 趋近于 1，进一步由式（3-7）可推导出：

$$y = Tr - Tn + Sd + SPd_i \approx r - n \tag{3-9}$$

可见，在同频率范围内，对测量噪声 n 来说，相当于是"全通"的。幸运的是，参考输入 r 常呈低频特性，测量噪声 n 常呈现高频特性。为了抑制测量噪声 n 对系统输出 y 的影响，在测量噪声 n 的特征频率范围内要求 $\overline{\delta}(T) \ll 1$，即存在 $\underline{\delta}(L) \gg 1$。

与此同时，在同频率范围内，如果超过被控对象 P 带宽以外存在高开环增益，即 $\overline{\delta}(P) \ll 1, \overline{\delta}(L) \gg 1$。由式（3-5）可推导出：

$$u_c = GS(r - n - d) - Td_i \approx P^{-1}(r - n - d) - d_i \tag{3-10}$$

可见，控制器输出 u_c 将增大，这可能导致被控对象饱和，这也就要求 $\overline{\delta}(G) \leqslant N$。

综上所述，由于输入扰动 d_i 和输出扰动 d 通常呈现低频特性，系统摄动及测量噪声主要呈现高频特性。对于反馈系统设计来说，良好的控制性能要求在反馈系统在某低频段$(0, \omega_l)$内满足：

$$\underline{\delta}(PG) \gg 1, \quad \underline{\delta}(G) \gg 1 \Rightarrow \overline{\delta}(S) \ll 1 \Rightarrow \underline{\delta}(L) \gg 1 \tag{3-11}$$

好的鲁棒性能和强的噪声抑制能力要求反馈系统在某高频段(ω_h, ∞)内满足：

$$\overline{\delta}(PG) \ll 1, \quad \overline{\delta}(G) \leqslant N \Rightarrow \overline{\delta}(T) \ll 1 \Rightarrow \overline{\delta}(L) \ll 1 \tag{3-12}$$

其中，ω_h 必须大于 ω_l，两者之间不能出现交叠现象，才能让开环增益满足要求。

由式（3-11）、式（3-12）可知，鲁棒控制器设计的主要目的是寻找控制器 G，使得开环增益 $\underline{\delta}(L)$ 和 $\overline{\delta}(L)$ 的边界，如图 3-2 所示。图中，在低频范围内，$\overline{\delta}(L)$ 离开控制性能要求的边界；在高频范围内，$\underline{\delta}(L)$ 离开鲁棒性能要求的边界。其中，为了便于控制器设计，性能边界可由灵敏度函数 S 的倒数 $1/S$ 体现，鲁棒边界可由补灵敏度函数 T 体现，这可通过函数在频域上的奇异值特性曲线表示，而 ω_h 和 ω_l 的选取主要取决于工程师对被控对象的干扰特性、模型不确定性及测量噪声等方面的分析与了解程度。

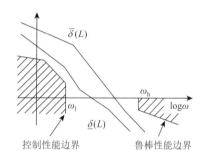

图 3-2 反馈系统期望的开环增益示意图

3.1.2 H_∞ 控制标准问题

图 3-1 所示的标准 SISO 反馈系统，控制器 G 的设计可基于不同的目标，例如，跟踪性能要求跟踪误差 e 尽可能小；扰动抑制要求对输入扰动 d_i 和输出扰动 d 的敏感性低；如果系统存在不确定性，则要求系统在一定的不确定性界内保持闭环系统的内稳定，然而这与跟踪性能的要求相矛盾。利用经典控制理论，难以综合多种性能指标进行协调设计。为了兼顾系统控制性能和鲁棒性能，H_∞ 控制将图 3-1 所示系统结构中的信号分为 4 类。

（1）系统外部进入的信号，如参考输入 r、输入扰动 d_i、输出扰动 d、测量噪声 n。

（2）可测量到的系统信号，如被控对象输出 y。

（3）控制器的输入和输出信号，如被控对象输出 y、控制器输出 u_c。

（4）性能变量，如跟踪误差 e 及其他的性能指标。

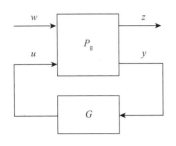

图 3-3　广义反馈系统框图

将上述 4 类信号的关系用图 3-3 所示的框图进行重新描述，得到用于 H_∞ 标准控制问题描述的广义反馈系统结构。图 3-3 中，w 表示用来对控制性能及模型不确定性进行评价的外界干扰输入向量，包括参考输入；z 表示用来对控制性能及模型不确定性进行评价的被控（评价）输出向量；y 表示向控制器 G 提供的输入，如测量值、跟踪误差等；u 表示向被控对象提供的指令，即被控对象输入；P_g 表示广义被控对象的传递函数矩阵，不仅包含了被控对象，还包括了规划系统期望特性所附加的加权函数；G 表示待设计控制器。

H_∞ 范数是最优控制理论中最有效的性能指标之一，是在频域中针对传递函数矩阵设计提出和定义的。对于稳定传递函数矩阵 P，其 H_∞ 范数定义为

$$\|P\|_\infty \triangleq \sup_\infty \bar\delta \left[P(\mathrm{j}\omega) \right] \tag{3-13}$$

式中，$\bar\delta \left[P(\mathrm{j}\omega) \right]$ 为传递函数阵 P 的最大奇异值的上确界。当 P 为标量函数时，H_∞ 范数表示在整个频域范围内传递函数的最大振幅（增益）。

H_∞ 鲁棒控制的目的是设计镇定控制器 G，使得图 3-3 中 w 到 z 的闭环传递函数矩阵 T_{zw} 的 H_∞ 范数 $\|T_{zw}\|_\infty$ 达到设定标准。H_∞ 范数的重要性质来自小增益定理的应用，而小增益定理是在 H_∞ 控制器设计过程中系统鲁棒稳定判据的基础，可描述为：在如图 3-4 所示的互联系统中，M 为已知系统，Δ 为系统的不确定性，假定二者都是稳定的有理函数矩阵，并设 $\gamma>0$，则系统鲁棒稳定的充要条件是以下两个条件之一成立：

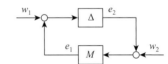

图 3-4　小增益定理一般性系统结构框图

（1）当 $\|\Delta\|_\infty \leqslant 1/\gamma$ 时，则 $\|M\|_\infty < \gamma$ 成立。

（2）当 $\|\Delta\|_\infty < 1/\gamma$ 时，则 $\|M\|_\infty \leqslant \gamma$ 成立。

在处理鲁棒控制问题时，主要涉及不确定鲁棒稳定性和控制性能等两种不同指标，需要在数学上转换为同一类型的指标。利用传递函数的 H_∞ 范数来衡量性能指标时，通过加权函数加入假想的不确定性 Δ 后，可方便地将控制性能问题转换为鲁棒稳定问题。对于图 3-3 所描述系统来说，可通过 LFT 统一将系统的不确定性分离后，得到如图 3-5 所示系统结构框图。利用小增益定理可知，只要 Δ 满足 $\|\Delta\|_\infty \leqslant 1/\gamma$，当 $\|T_{zw}\|_\infty < \gamma$ 时，则系统鲁棒稳定，从而可以推导出控制器求解方程或不等式，最后求解获得符合设计指标的控制器。

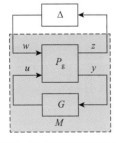

图 3-5　H_∞ 控制标准结构框图

H_∞ 最优控制问题是指对于广义被控对象 P_g 设计镇定的控制器 G，使得系统内部稳定，且 $\|T_{zw}\|_\infty$ 达到极小，即

$$\min_G \|T_{zw}\|_\infty = \gamma_0 \tag{3-14}$$

H_∞ 次优控制问题是指对于广义被控对象 P_g 和 γ 设计镇定的控制器 G，使得系统内部

稳定，且 $\|T_{zw}\|_\infty$ 满足：

$$\|T_{zw}\|_\infty = \gamma \quad (\gamma_0 < \gamma) \tag{3-15}$$

H_∞ 标准控制问题是指对于广义被控对象 P_g，判断是否存在镇定的控制器 G，使得系统内部稳定，且 $\|T_{zw}\|_\infty$ 满足：

$$\|T_{zw}\|_\infty < 1 \tag{3-16}$$

如果存在，则求取控制器。

式（3-14）~式（3-16）中，存在：

$$\gamma_0 \leq \gamma < 1 \tag{3-17}$$

可见，H_∞ 控制问题可以最终统一到 H_∞ 标准控制问题，关键在于如何根据控制问题和目标构建广义被控对象 P_g，以获得 w 到 z 的闭环传递函数 T_{zw}。

对于图 3-5 所示系统，设广义反馈系统的状态空间可表示为

$$\begin{bmatrix} \dot{x} \\ z \\ y \end{bmatrix} = P_g \begin{bmatrix} x \\ w \\ u \end{bmatrix} \tag{3-18}$$

式中，$P_g = \begin{bmatrix} P_{g11} & P_{g12} \\ P_{g21} & P_{g22} \end{bmatrix} = \begin{bmatrix} A_g & B_{g1} & B_{g2} \\ \hline C_{g1} & D_{g11} & D_{g12} \\ \hline C_{g2} & D_{g21} & D_{g22} \end{bmatrix}$。则 w 到 z 的闭环传递函数 T_{zw} 为

$$T_{zw} = \mathrm{LFT}(P_g, G) = P_{g11} + P_{g12}G(I - P_{g22}G)^{-1}P_{g21} \tag{3-19}$$

在式（3-19）的基础上，构建 Riccati 方程（或不等式）或采用 LMI 方法，可求解出符合设计指标的控制器 G。虽然 Riccati 方程和 LMI 方法的求解过程烦琐，但幸运的是，随着计算机辅助设计技术的迅速发展，利用 Matlab 工具软件可在鲁棒控制问题的分析、设计、求解方面获得强有力辅助，从而让 H_∞ 控制问题的求解变得方便和快捷。

3.2 H_∞ 混合灵敏度电流控制

本小节将单相脉冲整流器作为研究对象，将网侧电感参数摄动纳入系统输出乘性不确定性进行分析，并给出输出乘性不确定性上界的确定方法。通过灵敏度加权函数规划系统的控制性能，利用补灵敏度加权函数确保系统鲁棒稳定，构建广义反馈系统，从而将 H_∞ 混合灵敏度优化控制问题转化为 H_∞ 标准控制问题。

3.2.1 控制问题分析

灵敏度函数 S 体现了系统控制性能、干扰抑制能力；补灵敏度函数 T 体现了系统鲁棒稳定、高频噪声抑制能力；传递函数 GS 体现了待设计控制器输出能量大小及对输入扰动抑制能力。H_∞ 混合灵敏度控制是通过灵敏度加权函数 W_S、抗饱和加权函数 W_{GS} 及补灵敏度加权函数 W_T 对系统性能进行统一规划和设计，最终转换为 H_∞ 标准控制问题进行控

制器求解。对于图 3-1 所示标准 SISO 反馈系统来说，H_∞ 混合灵敏度控制从三个方面进行综合考虑。

（1）期望待设计控制器使闭环系统稳定且干扰对跟踪误差 e 的影响小，根据鲁棒性能评价指标要求，广义反馈系统需满足：

$$\left\| W_{\mathrm{S}} S \right\|_\infty \leqslant 1 \tag{3-20}$$

该问题也称为灵敏度极小化问题，这与经典控制理论中在时域上根据系统标称模型实现跟踪误差 e 最小化的控制器设计思路一致。

（2）期望待设计控制器使闭环系统稳定且输入扰动 d_{i} 对输出 y 的影响小，根据系统鲁棒稳定条件，广义反馈系统需满足：

$$\left\| W_{\mathrm{GS}} GS \right\|_\infty \leqslant 1 \tag{3-21}$$

（3）期望待设计控制器使闭环系统稳定且输出扰动 d 对输出 y 的影响小，根据系统鲁棒稳定条件，广义反馈系统需满足：

$$\left\| W_{\mathrm{T}} T \right\|_\infty \leqslant 1 \tag{3-22}$$

H_∞ 混合灵敏度控制方法是否有效，控制器是否能满足系统性能的预期要求，这些都取决于加权函数的选择，加权函数和系统标称模型一同构建了广义被控系统模型。由于待设计控制器的阶数将会与广义被控系统的阶数相同，在保证设计性能的前提下，尽量减少系统的评价指标，并使用低阶加权函数，以降低控制器阶数。

在单相脉冲整流器数字控制系统中，为了避免出现过调制，会对 PWM 模块的调制函数 u_{m} 进行限幅处理，在规划适当的灵敏度函数 S 和补灵敏度函数 T 的情况下，控制器输出信号大小是可控的。同时，调制函数 u_{m} 通过 PWM 模块输出的脉冲调制信号是等幅不等宽的脉冲信号，对系统外部产生输入扰动具备强抗干扰能力。因此，基于 dq 电流解耦控制的框架，可仅选择灵敏度加权函数 W_{S} 及补灵敏度加权函数 W_{T} 分别对系统控制性能和鲁棒性能进行规划，即满足式（3-20）、式（3-22）所示条件。

在 dq 电流解耦控制框架下，网侧系统的频域模型为

$$P_d = P_q = P_0 = \frac{1}{Ls + R} = \left[\begin{array}{c|c} -\dfrac{R}{L} & \dfrac{1}{L} \\ \hline 1 & 0 \end{array} \right] = \left[\begin{array}{c|c} A_{\mathrm{n}} & B_{\mathrm{n}} \\ \hline C_{\mathrm{n}} & D_{\mathrm{n}} \end{array} \right] \tag{3-23}$$

式中，P_0 为网侧回路的标称模型。

式（3-23）所示的单相脉冲整流器网侧线性模型在正常工作情况下是确定的，但网侧电阻及电感会存在参数摄动现象。由于网侧等效电阻 R 很小，其参数的变化对系统性能基本没有影响，仅需要分析网侧电感参数摄动对系统的影响。

对于式（3-23）所示的系统模型为 1 阶惯性环节，网侧电感 L 的参数摄动可转化为系统输出乘性不确定性以便于分析与处理。具备输出乘性不确定性的实际系统模型 P 可表示为

$$P = \left(I + \Delta W_{\mathrm{m}} \right) P_0 \quad \left(\left\| \Delta \right\|_\infty < 1 \right) \tag{3-24}$$

式中，W_{m} 为具备输出乘性不确定性系统在频域上的摄动上界；Δ 为摄动系数，$\left\| \Delta \right\|_\infty < 1$ 表示全频域内 Δ 的最大增益小于 1，以确保输出乘性不确定性不会超过 W_{m} 的范围。

　　具备输出乘性不确定性的电流环闭环控制框图如图 3-6 所示。图中，z_m 表示系统在输出乘性不确定性上界条件下的输出，d_m 表示输出乘性不确定性对系统产生的扰动。

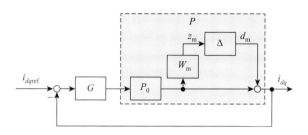

图 3-6　具备输出乘性不确定性的电流环闭环框图

　　根据小增益定理可知：当 $\|\Delta\|_\infty < 1$ 时，电流环闭环系统鲁棒稳定条件是要求 d_m 到 z_m 的传递函数 T_m 满足：

$$\left\| T_m \right\|_\infty = \left\| W_m[1-(1+P_0 G)^{-1}] \right\|_\infty \leqslant 1 \tag{3-25}$$

　　将式（3-3）代入式（3-25）可推导出，具备输出乘性不确定性的电流环闭环系统鲁棒稳定性条件为

$$\left\| W_m T \right\|_\infty \leqslant 1 \tag{3-26}$$

　　对比式（3-22）、式（3-26）可知，具备输出乘性不确定性的系统稳定问题可统一到抑制系统输出扰动的鲁棒稳定问题，即当补灵敏度加权函数 W_T 包含系统输出乘性不确定性上界函数 W_m 时，可统一通过 W_T 确保系统鲁棒稳定。

　　综合式（3-20）、式（3-22）、式（3-26）可知，针对基于 dq 电流解耦框架下的电流环 H_∞ 混合灵敏度控制问题，待设计控制器 G 使得系统满足控制性能且能够保持系统鲁棒稳定，需要满足的条件为

$$\left\| \begin{matrix} W_S S \\ W_T T \end{matrix} \right\|_\infty \leqslant \gamma \quad (0 < \gamma \leqslant 1, \ W_m \in W_T) \tag{3-27}$$

3.2.2　加权函数选择

　　由式（3-27）所示条件可知，加权函数选择是确定灵敏度加权函数 W_S、补灵敏度加权函数 W_T、输出乘性不确定性上界函数 W_m 的频域模型，以便后续进行控制器求解。其中，W_T 应包含 W_m。W_S 应呈低通特性，对其高频增益不做特别要求，一般小于 0dB。W_T 应呈高通特性，对其低频增益不做特别要求，一般小于 0dB。W_S 的穿越频率 f_{WS} 对应于图 3-2 中的 ω_l，W_T 的穿越频率 f_{WT} 对应于图 3-2 中的 ω_h，且存在 $f_{WS} < f_{WT}$。

　　首先，确定输出乘性不确定性上界函数 W_m。采用与 2.2.6 小节对网侧电感参数的同样设定，重写网侧电感标称参数 L 与实际参数 L_a 的关系如下：

$$L_a = \lambda L \quad (\lambda > 0) \tag{3-28}$$

式中，λ 为电感参数摄动比。

定,同时能很好地抑制进入电流环的谐波信号,补灵敏度加权函数 W_{T} 在该高频范围内增益应足够高,其穿越频率 f_{WT} 也应小于网侧电流的最低谐波频率。由图 3-2 的分析可知,穿越频率 f_{WS}、f_{WT} 分别对应图 3-2 中的 ω_{l}、ω_{h},且两者之间不能出现交叠现象,若仅以网侧电流的最低谐波频率确定 f_{WS}、f_{WT} 将会极大地减小 W_{S} 的带宽,从而会影响电流环的动态性能。由于网侧电流的低频谐波分量在直流侧 LC 串联谐振网络和/或数字控制算法中加入的陷波器作用下得到了较大抑制,因此可将穿越频率 f_{WT} 的特征频率点移至最低高频谐波附近。

综合以上分析,灵敏度加权函数 W_{S} 的穿越频率 f_{WS} 的选择原则确定为: $f_{\mathrm{WS}} \leqslant 2f$,$f$ 表示网侧电压频率。补灵敏度加权函数 W_{T} 的穿越频率 f_{WT} 的选择原则确定为: $f_{\mathrm{WS}} < f_{\mathrm{WT}} \leqslant 2f_{\mathrm{pwm}}$,$f_{\mathrm{pwm}}$ 表示 PWM 模块的三角载波频率。

后续实验所用半实物实验平台的网侧电压频率为 50Hz,开关频率为 1.25kHz,采样频率为 20kHz。在综合考虑系统的控制性能和鲁棒性能的情况下,通过软件仿真和实验验证,加权函数 W_{S}、W_{T} 的穿越频率 f_{WS} 和 f_{WT} 分别确定为 80Hz 和 2.5kHz。W_{S} 的低频增益和 W_{T} 的高频增益确定为 60dB,即电流环的控制精度和扰动抑制能力期望控制在 0.1% 左右。W_{S}、W_{T} 的传递函数最终确定为

$$W_{\mathrm{S}}(s) = \frac{0.9s + 219.1}{s + 0.2191} = \left[\begin{array}{c|c} -0.2191 & 16 \\ \hline 13.68 & 0.9 \end{array}\right] = \left[\begin{array}{c|c} A_{\mathrm{WS}} & B_{\mathrm{WS}} \\ \hline C_{\mathrm{WS}} & D_{\mathrm{WS}} \end{array}\right] \qquad (3\text{-}38)$$

$$W_{\mathrm{T}}(s) = \frac{1000s + 3.243\times10^{7}}{s + 3.604\times10^{7}} = \left[\begin{array}{c|c} -3.604\times10^{7} & 2.621\times10^{5} \\ \hline -1.373\times10^{5} & 1000 \end{array}\right] = \left[\begin{array}{c|c} A_{\mathrm{WT}} & B_{\mathrm{WT}} \\ \hline C_{\mathrm{WT}} & D_{\mathrm{WT}} \end{array}\right] \qquad (3\text{-}39)$$

W_{S}、W_{T}、W_{m} 的幅频特性曲线,如图 3-8 所示。图中,补灵敏度加权函数 W_{T} 在全频域范围内包含了系统输出乘性不确定性上界 W_{m},在高频范围内考虑了系统未建模高频特性。

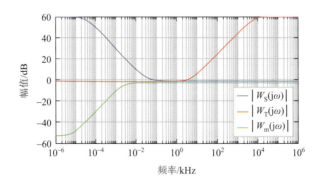

图 3-8　加权函数及乘性不确定性上界的幅频特性曲线

3.2.3　H_∞ 控制器求取

灵敏度加权函数 W_{S}、补灵敏度加权函数 W_{T} 和被控系统标称模型 P_0 共同构建的广义反馈系统如图 3-9 所示。图中,待设计控制器 G 的输出 u_{c} 为广义系统控制器的输出 u;跟踪误差 e 为广义系统控制器的输入 y;$[z_{\mathrm{S}}, z_{\mathrm{T}}]^{\mathrm{T}}$ 构成广义系统的被控(评价)输出向量

z，分别对控制性能和鲁棒性能进行评价。不考虑输入扰动 d_i 的情况，输出扰动 d、测量噪声 n、输出乘性不确定性 d_m 对系统影响，都可通过补灵敏度加权函数 W_T 进行规划，即可仅将参考输入 i_{dqref} 作为广义系统的外界输入向量 w。

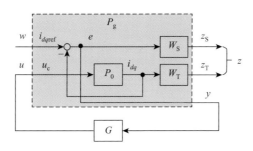

图 3-9　dq 坐标下电流环广义反馈系统框图

图 3-9 中，广义被控对象 P_g 与待设计控制器 G 的输入输出关系可表示为

$$\begin{cases}\begin{bmatrix}z\\y\end{bmatrix}=P_g\begin{bmatrix}w\\u\end{bmatrix}\Rightarrow\begin{bmatrix}z_S\\z_T\\\hline e\end{bmatrix}=P_g\begin{bmatrix}i_{dqref}\\\hline u_c\end{bmatrix}\\u=Gy\Rightarrow u_c=Ge\end{cases}\qquad(3\text{-}40)$$

式中，$w=\begin{bmatrix}i_{dqref}\end{bmatrix}, u=\begin{bmatrix}u_c\end{bmatrix}, y=\begin{bmatrix}e\end{bmatrix}=\begin{bmatrix}i_{dqref}-i\end{bmatrix}, z=\begin{bmatrix}z_S\\z_T\end{bmatrix}$。

综合式（3-23）、式（3-38）、式（3-39）可推导出广义控制对象 P_g 的状态方程为

$$P_g=\begin{bmatrix}W_S & -W_S P_0\\0 & W_T P_0\\1 & -P_0\end{bmatrix}=\left[\begin{array}{c|c}A_g & B_g\\\hline C_g & D_g\end{array}\right]=\left[\begin{array}{c|cc}A_g & B_{g1} & B_{g2}\\\hline C_{g1} & D_{g11} & D_{g12}\\C_{g2} & D_{g21} & D_{g22}\end{array}\right]\qquad(3\text{-}41)$$

式中，$A_g=\begin{bmatrix}A_n & 0 & 0\\-B_{WS}C_n & A_{WS} & 0\\B_{WT}C_n & 0 & A_{WT}\end{bmatrix}$, $B_g=\begin{bmatrix}B_{g1} & B_{g2}\end{bmatrix}=\left[\begin{array}{c|c}0 & B_n\\B_{WS} & -B_{WS}D_n\\0 & B_{WS}D_n\end{array}\right]$,

$C_g=\begin{bmatrix}C_{g1}\\C_{g2}\end{bmatrix}=\left[\begin{array}{ccc}-D_{WS}C_n & C_{WS} & 0\\D_{WT}C_n & 0 & C_{WT}\\\hline -C_n & 0 & 0\end{array}\right]$, $D_g=\begin{bmatrix}D_{g11} & D_{g12}\\D_{g21} & D_{g22}\end{bmatrix}=\left[\begin{array}{c|c}D_{WS} & -D_{WS}D_n\\0 & -D_{WT}D_n\\\hline 1 & -D_n\end{array}\right]$。

将式（3-41）所示的广义控制对象 P_g 代入 Matlab 软件中 "hinfsyn" 函数，分别设置测量输出数量 nmeas、控制输入数量 ncont 为 1，进行滚动寻优。求解获得 H_∞ 最优控制器 G 的传递函数为

$$G_d(s)=G_q(s)=G(s)=\frac{6.7272\times10^6(s+3.604\times10^7)(s+30.91)}{(s+0.2191)(s+1.648\times10^6)(s+3.919\times10^7)},\quad\gamma=0.909<1\quad(3\text{-}42)$$

式中，$\gamma=0.909$ 表示在 H_∞ 最优控制器求解过程中所能获得的性能上限，即能够获得 γ 最小值。可见，所求解的电流控制器为 3 阶，比常用的 PI 控制器阶数高。在数字控制器

中，对控制器离散后，需要存储前两次的历史信息，这并不会对微控制器带来太大的计算负担。

将式（3-42）所示的电流控制器 G 代入电流环闭环系统，绘制加权函数 W_S、W_T 与灵敏度函数 S、补灵敏度函数 T 的奇异值特性曲线，如图 3-10 所示。图中，$1/\sigma(S)$ 表示具有输出乘性不确定闭环系统的灵敏度函数 S 奇异值倒数的特性曲线，代表了系统的控制性能。$\sigma(W_S)$ 表示灵敏度加权函数的奇异值特性曲线，代表了控制器设计时期望的控制性能。$\sigma(T)$ 表示具有乘性输出不确定性闭环系统的补灵敏度函数 T 的奇异值特性曲线，代表了系统的鲁棒性能。$\sigma(1/W_T)$ 表示补灵敏度加权函数倒数的奇异值特性曲线，代表了控制器设计时期望的鲁棒性能边界。

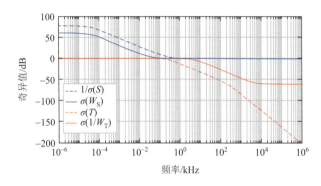

图 3-10 H_∞ 混合灵敏度控制器性能奇异值特性曲线

图 3-10 中，$1/S$ 的最小奇异值在低频范围内始终位于 W_S 的上方，说明系统控制性能高于预期控制性能边界。T 的最大奇异值在高频范围内始终位于 $1/W_T$ 的上方，说明系统的鲁棒性能在预期鲁棒边界之内，系统鲁棒稳定。

进一步地，具有输出乘性不确定性系统的开环传递函数 L、灵敏度加权函数 W_S、补灵敏度加权函数倒数 $1/W_T$ 的奇异值特性曲线，如图 3-11 所示。图中，在低频范围内，L 位于 W_S 上方；在高频范围内，L 位于 W_T 下方。由此说明，所设计的控制器符合图 3-2 所示的设计要求。

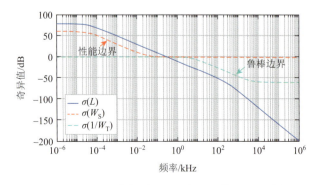

图 3-11 H_∞ 混合灵敏度控制器开环传递函数奇异值特性曲线

综合图 3-10、图 3-11 所示的仿真结果可知，式（3-42）所示的 H_∞ 控制器 G 符合预期设计要求。

本章所提的基于 dq 电流解耦策略下的 H_∞-MS DCC 算法的控制框图，如图 3-12 所示。与 PI-based DCC 算法控制框图相比，H_∞-MS DCC 算法利用 H_∞ 控制器替代了 PI 控制器，避免了烦琐的 PI 参数调优过程。

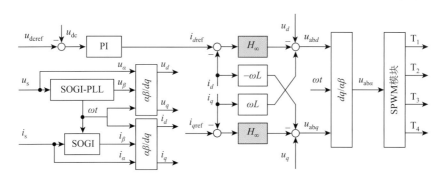

图 3-12　H_∞-MS DCC 算法控制框图

3.3　H_∞ 回路成型鲁棒控制

H_∞ 回路成型方法将控制设计的诸多约束转化为对开环传递函数的塑型设计问题，并利用正规化互质因式摄动系统的鲁棒镇定控制器来求解最终控制器。该方法建立在对范数、系统不确定性以及鲁棒性定量描述的基础上，通过重塑系统频率特性曲线来保证控制系统的鲁棒性能及控制品质。与传统的回路成型方法相比，它无须考虑控制对象的相位信息，设计结果具有明确的判断标准。

3.3.1　控制问题分析

由图 2-8 可知，单相 PWM 整流器电流环控制系统，存在如下等量关系：

$$e_{dq}i_{dqref}^{-1} = i_{sdq}d_{dq}^{-1} = (I + G_{dq}K_{dq})^{-1} \tag{3-43}$$

$$i_{sdq}n_{dq}^{-1} = -(I + G_{dq}K_{dq})^{-1}G_{dq}K_{dq} \tag{3-44}$$

式中，$G_{dq}K_{dq}$ 为电流开环传递函数。

当 $G_{dq}K_{dq}$ 的最大奇异值远大于 1 时，由式（3-43）可得

$$(I + G_{dq}K_{dq})^{-1} \approx (G_{dq}K_{dq})^{-1} \tag{3-45}$$

同理，当 $G_{dq}K_{dq}$ 的最大奇异值远小于 1 时，由式（3-44）可得

$$-(I + G_{dq}K_{dq})^{-1}G_{dq}K_{dq} \approx G_{dq}K_{dq} \tag{3-46}$$

　　由式（3-45）、式（3-46）可知：单相 PWM 整流器可通过调整电流开环幅频特性，进而达到调整电流闭环系统幅频特性的目的。

　　此外，式（3-45）决定整流器系统的跟踪精度以及抗干扰性能，式（3-46）决定系统的噪声抑制效果。根据小增益定理可知，在受控对象数学模型存在参数摄动的情况下，具备良好鲁棒性（跟踪、干扰、噪声）的闭环系统，式（3-45）、式（3-46）范数必须小于某一充分小的正数[2]，然而，两式范数不能同时满足充分小。对此，可通过保持受控对象的开环幅频特性为期望的低频较高、高频较低趋势，从而兼顾两等量关系[3]。

　　H_∞回路成型控制算法在标称模型 G_{dq} 的基础上，串联前、后级补偿器 W_{fdq}、W_{bdq}，构成系统期望开环传递函数 G_{sdq}。进而，对 G_{sdq} 进行正规化互质因式分解，求解关于互质因式范数最小化问题，得出中间控制器 K_{mdq}。结合中间控制器 K_{mdq} 与前、后级补偿器，组成最终 H_∞回路成型控制器 K_{dq}。H_∞回路成型算法设计框图，如图 3-13 所示。

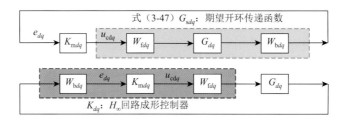

图 3-13　H_∞回路成型算法设计框图

　　由图 3-13 可知，G_{sdq} 传递函数表达式为

$$G_{sdq} = W_{bdq} G_{dq} W_{fdq} \tag{3-47}$$

　　G_{sdq} 正规化左互质因式可表示为

$$G_{sdq} = M^{-1} N \tag{3-48}$$

式中，矩阵 M、N 属于 RH_∞空间，且满足

$$\begin{cases} MM^{\mathrm{T}} + NN^{\mathrm{T}} = I \\ \left\| \begin{bmatrix} M & N \end{bmatrix} \right\|_\infty = \left\| \begin{bmatrix} M & N \end{bmatrix}^{\mathrm{T}} \right\|_\infty = 1 \end{cases} \tag{3-49}$$

　　由式（3-49）可知，单相 PWM 整流器电流环数学模型由网侧等效电阻与网侧等效电感决定。但结合实际情况，网侧等效电阻对控制效果影响较小，通常仅考虑网侧等效电感参数摄动。在 G_{sdq} 的基础上，由网侧等效电感参数摄动引起的左互质因式摄动模型为 $G_{\Delta dq}$，其表达式为

$$\begin{cases} G_{\Delta dq} = (M + \Delta_M)^{-1} (N + \Delta_N) \\ \left\| \Delta_M, \Delta_N \right\|_\infty < \varepsilon \end{cases} \tag{3-50}$$

式中，Δ_M、Δ_N 为左互质因式分解的摄动量；ε 为互质因式不确定性范数界。

　　单相 PWM 整流器 H_∞回路成型鲁棒控制器设计问题可归结为：针对电流环互质因式

摄动模型 $G_{\Delta dq}$，求解一个真实有理的控制器 K_{mdq}，使得该闭环系统内稳定，且满足：

$$\left\| \begin{bmatrix} K_{mdq}(I-G_{sdq}K_{mdq})^{-1}M^{-1} \\ (I-G_{sdq}K_{mdq})^{-1}M^{-1} \end{bmatrix} \right\|_\infty \leqslant \gamma = \varepsilon^{-1} \tag{3-51}$$

式中，γ 为鲁棒稳定裕度；ε 为不确定性范数界。

由式（3-51）可知，H_∞ 回路成型控制器求解与互质因式有关，这将增加鲁棒问题分析复杂度。对于正规化互质因式求解，可转化成无互质因式关系式，即联立式（3-48）、式（3-49）、式（3-51）可得

$$\left\| \begin{bmatrix} K_{mdq} \\ I \end{bmatrix}(I-G_{sdq}K_{mdq})^{-1}\begin{bmatrix} I & G_{sdq} \end{bmatrix} \right\|_\infty \leqslant \gamma = \varepsilon^{-1} \tag{3-52}$$

3.3.2　控制器求解

H_∞ 回路成型作为基于频域成型的设计技术，补偿器的选择直接决定电流环系统幅频特性，从而决定整流器系统控制性能。

假设单相 PWM 整流器整流桥由理想开关器件构成，仅考虑网侧电压 u_s、电流 i_s 基波含量，根据能量守恒定理，整流器输入输出功率相等，可得直流侧电压 u_{dc}，如式（3-53）所示[4]：

$$u_{dc} \approx U_{dc} + u_{wdc} \approx U_{dc} + \frac{U_{sm}I_{sm}}{4\omega C_d U_{dc}}\sin(2\omega t - \varphi) \tag{3-53}$$

式中，U_{sm}、I_{sm} 分别为网侧电压、网侧电流基波幅值；φ 为网侧电压与网侧电流之间的相位差；U_{dc} 为直流侧电压 u_{dc} 直流分量；u_{wdc} 为直流侧电压 u_{dc} 波动分量。

由式（3-53）可知，u_{dc} 含有 2 倍网侧电压基波角频率的纹波分量。为保持 u_{dc} 恒定，电压外环采用 PI 控制器 $H_{PI}(s)$ 跟踪直流侧参考电压 u_{dcref}，$H_{PI}(s)$ 如式（3-54）所示：

$$H_{PI}(s) = K_{OP} + \frac{K_{OI}}{s} \tag{3-54}$$

式中，K_{OP}、K_{OI} 分别为 $H_{PI}(s)$ 的比例系数、积分系数。

将 $s = j\omega_i$ 代入式（3-54），联立式（3-53），可得由 PI 控制器输出有功电流参考值 i_{dref}，如式（3-55）所示：

$$i_{dref} = \sqrt{K_P^2 + \frac{K_I^2}{\omega_i^2}}\left[u_{dcref} - U_{dc} - \frac{U_s I_s}{4\omega C_d U_{dc}}\sin(2\omega t - \theta)\right] \tag{3-55}$$

式中，ω_i 值与输入到 $H_{PI}(s)$ 的信号频率一致。

通过式（3-55）可知，2 倍网侧电压角频率纹波分量在 i_{dref} 中仍然存在，经电流内环，必将导致网侧电流谐波含量增加。同理，当网侧电压、电流含有高次（高于基波频率）谐波分量时，则 i_{dref} 含有高次谐波分量。网侧电压基波角频率 $\omega = 50\text{Hz}$，为降低 i_{dref} 中纹波分量以及高次谐波分量对网侧电流谐波的影响，将待设计电流闭环带宽 ω_b 确定为式（3-56）所示范围。

$$\omega_b \leqslant 2\omega = 100\text{Hz} \approx 628\text{rad/s} \tag{3-56}$$

将 H_∞ 回路成型算法前置补偿器 W_{fdq} 设为[5]

$$W_{fdq} = \begin{bmatrix} W_{fd} & \\ & W_{fq} \end{bmatrix} = A_W \frac{s + B_W}{s} I \tag{3-57}$$

式中，A_W、B_W 为补偿器系数。

A_W 决定开环系统的低频增益与 ω_b。一方面，A_W 越大，低频增益越高，则由式（3-43）可知，系统跟踪精度越好。由于电流环输入 i_{dqref} 为直流，单相 PWM 整流器系统对低频增益要求不严格；另一方面，A_W 越大，系统 ω_b 越大。根据自动控制理论可知，系统 ω_b 大，响应速度快。因此，A_W 越大，控制效果越好。B_W 仅改变 W_{fdq} 在开环特性曲线转折点的位置，对系统带宽 ω_b 以及低频增益影响较小。

后置补偿器 W_{bdq} 决定开环系统高频特性，一方面高频噪声对单相 PWM 整流器系统主要控制性能影响较小，另一方面，在前置补偿器 W_{fdq} 将带宽范围确定后，系统开环幅频特性曲线在高于带宽频率部分下降速度快、幅值低，则由式（3-44）可知，系统本身具有一定噪声抑制能力。

综合考虑直流电压纹波分量与高次谐波、系统动态响应速度、高频噪声，通过仿真与半实物实验平台验证后选取频域模型，如式（3-58）所示：

$$\begin{cases} W_{fdq} = \begin{bmatrix} W_{fd} & 0 \\ 0 & W_{fq} \end{bmatrix}, & W_{bdq} = \begin{bmatrix} 1 & 0 \\ 0 & 1 \end{bmatrix} \\ W_{fd} = W_{fq} = 2\dfrac{s + 70}{s} \end{cases} \tag{3-58}$$

根据表 3-1 数据，将式（2-31）、式（3-58）代入式（3-47）得出 G_{sdq}，进一步可以得出 G_{sdq} 的状态矩阵、输入矩阵、输出矩阵，分别用 A_R、B_R、C_R 表示。将 A_R、B_R、C_R 代入代数 Riccati 方程：

$$A_R^T X + X A_R - X B_R B_R^T X + C_R^T C_R = 0 \tag{3-59}$$

$$A_R Z + Z A_R^T - Z C_R^T C_R Z + B_R B_R^T = 0 \tag{3-60}$$

通过 Matlab 软件，求得以上代数 Riccati 方程唯一半正定解，分别表示为 X、Z。由此，中心控制器 K_{mdq} 可表示为

$$K_{mdq} = \left[\begin{array}{c|c} A_R + HC_R + \gamma^2 B_R B_R^T X W^{-T} & -H \\ \hline \gamma^2 B_R^T X W^{-T} & 0 \end{array} \right] \tag{3-61}$$

式中，$H = -Z C_R^T$，$W = I + ZX - \gamma^2 I$，W 中鲁棒稳定裕度 γ 表达式为

$$\gamma = \sqrt{1 - \sigma_{\max}(XZ)} \tag{3-62}$$

式中，$\sigma_{\max}(XZ)$ 为 XZ 最大奇异值。

综合补偿器与中间控制器，构成 H_∞ 回路成型控制器 K_{dq}，如式（3-63）所示：

$$\begin{cases} K_{dq} = W_{fdq} K_{mdq} W_{bdq} = \begin{bmatrix} K_d & \\ & K_q \end{bmatrix} \\ K_d = K_q = \dfrac{2.211s^2 + 280.3s + 8786}{s^2 + 69.37s} \end{cases} \tag{3-63}$$

3.3.3 频域分析及验证

H_∞ 回路成型控制算法相对传统的回路成型控制而言，无须涉及受控对象相位信息。根据经典控制理论，幅值裕度 h 的定义为：对于闭环稳定系统，如果系统开环幅频特性再增大 h 倍，则系统处于临界稳定状态。通过 H_∞ 回路成型算法，所得不确定性范数界 ε，与经典控制理论中幅值裕度存在如下联系。

假设存在系统 P 以及通过 H_∞ 回路成型算法得出的控制器 K，根据黎曼（Riemann）半球定理可知[6]

$$\varepsilon \leqslant \frac{|I - PK|}{\sqrt{I + |P|^2}\sqrt{I + |K|^2}} \quad \forall \omega \tag{3-64}$$

因此，当 $PK(\mathrm{j}\omega) = h \in R^+$，存在

$$(1-h)^2 \geqslant \varepsilon^2 \left(1 + |P|^2\right)\left(1 + \frac{h^2}{|P|^2}\right) \geqslant \varepsilon^2 (1+h)^2 \tag{3-65}$$

则系统的幅值裕度为

$$h \geqslant \frac{1+\varepsilon}{1-\varepsilon} \ \text{或} \ h \leqslant \frac{1-\varepsilon}{1+\varepsilon} \tag{3-66}$$

当不确定性范数界 ε 为 0.5 时，则幅值裕度为 3，对应的鲁棒稳定裕度为 2。当不确定性范数界 ε 为 0.25 时，则幅值裕度为 4/3，对应的鲁棒稳定裕度为 4。根据幅值裕度定义可知，此时系统开环幅值再增加 4/3 倍，则系统处于临界稳定状态，已接近临界稳定状态，闭环系统极点靠近 s 坐标系统右半平面。由此可得，通常定义鲁棒稳定裕度大于 0.25，即要求控制系统幅值裕度大于 1。单相 PWM 整流器系统 H_∞ 回路成型鲁棒直接电流（H_∞ loop shaping robust direct current，H_∞-LS RDC）控制策略计算得出鲁棒稳定裕度 γ 为 1.4906，其幅值裕度为 5。同时根据幅值裕度定义可知，其值为大于 0 的正数，结合式（3-66）可知，ε 必须小于 1。因此，H_∞ 回路成型算法鲁棒稳定裕度须大于 1。

采用 H_∞ 回路成型算法的任意研究对象，根据鲁棒稳定裕度 γ，可直接判断系统是否具备良好的鲁棒性，即鲁棒稳定裕度满足 $1 \leqslant \gamma \leqslant 3$，则表明该控制器可使闭环系统具有良好的鲁棒性，否则，需重新调整补偿器。

将式（3-59）、式（3-60）的解代入式（3-62），求得单相 PWM 整流器系统鲁棒稳定裕度 γ 为 $1.4906 \in [1, 3]$。因此，表明设计所得 H_∞ 回路成型控制器可保证系统在参数摄动情况下具有良好的鲁棒性。

图 3-14 给出了 5 组 W_{fdq} 参数的 H_∞ 回路成型电流环脉冲传递函数幅频特性曲线。由图 3-14 可知，当 A_W 为 2.0，B_W 为 70，ω_b 为 506rad/s 时，符合带宽设计范围。闭环幅频特性曲线在 506rad/s 后衰减明显，可有效降低直流电压纹波与谐波分量对网侧电流谐波的影响。开环幅频特性曲线在 506rad/s 后幅值较低，控制系统具有一定噪声抑制能力。

当 A_W 为 2.0，B_W 分别加减 10，开环幅频特性曲线与 ω_b 改变小。当 B_W 为 70，A_W 增加，ω_b 增加相对明显。

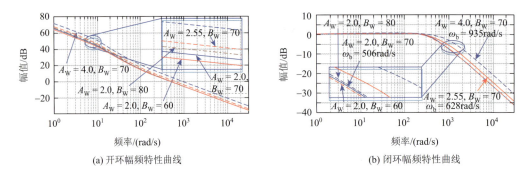

(a) 开环幅频特性曲线　　　　　　　　　　　　(b) 闭环幅频特性曲线

图 3-14　H_∞ 回路成型电流环脉冲传递函数幅频特性曲线

3.3.4　实验验证

图 3-15 给出了 H_∞-LS RDC 控制系统结构框图。半实物实验系统电路参数，如表 3-1 所示。H_∞ 回路成型算法电流控制器如式（3-63）所示。

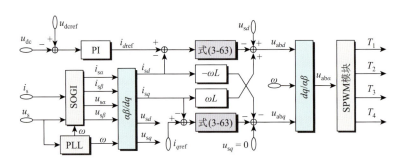

图 3-15　H_∞-LS RDC 控制系统结构框图

表 3-1　单相 PWM 整流器实验系统参数

参数	标称值	参数	标称值
网侧电压 u_s/V	220	直流侧电容 C_d/μF	4700
网侧等效电感 L/mH	4.76	负载电阻 R_L/Ω	12
网侧等效电阻 R/Ω	0.068	采样频率 f_s/kHz	20
直流侧参考电压 u_{dcref}/V	400	开关频率 f_{pwm}/kHz	2

图 3-16 给出了稳态情况下，两种直接电流控制策略的网侧电压 u_s、电流 i_s、直流侧电压 u_{dc} 实验波形。由图 3-16 的局部放大图可知，两种控制策略网侧电压、电流同相运行，均可实现单位功率因数。

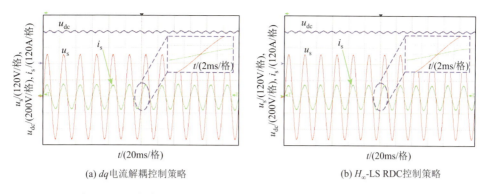

(a) dq 电流解耦控制策略

(b) H_∞-LS RDC 控制策略

图 3-16 稳态情况下网侧电压、网侧电流、直流侧电压的实验波形

图 3-17 给出了两种直接电流控制策略网侧电流 FFT 分析结果。由图 3-17（a）可知，dq 电流解耦控制策略网侧电流 THD 为 3.96%。由图 3-17（b）可知，H_∞-LS RDC 控制策略网侧电流 THD 为 3.39%。实验结果表明：H_∞-LS RDC 控制策略的稳态性能与 dq 电流解耦控制策略一样优越，且网侧电流 i_s 谐波含量较低。

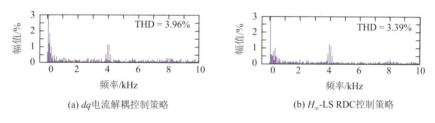

(a) dq 电流解耦控制策略

(b) H_∞-LS RDC控制策略

图 3-17 稳态情况下网侧电流 FFT 分析结果

图 3-18 给出了 d 轴有功参考电流 i_{dref} 从 80A 突增到 160A 时，两种直接电流控制策略的有功参考电流 i_{dref}、有功电流 i_{sd}、网侧电流 i_s 实验波形。由图 3-18（a）可知，dq 电流解耦控制策略的有功电流 i_{sd} 调节时间约为 73ms。由图 3-18（b）可知，H_∞-LS RDC 控制策略的有功电流 i_{sd} 调节时间约为 15ms。实验结果表明：H_∞-LS RDC 控制策略的电流内环动态性能优于 dq 电流解耦控制策略。

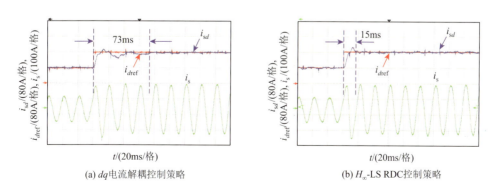

(a) dq 电流解耦控制策略

(b) H_∞-LS RDC控制策略

图 3-18 有功参考电流突变时，有功参考电流、有功电流、网侧电流实验波形

图 3-19 给出了负载电阻从 12Ω 突增至 24Ω 时，两种直接电流控制策略的有功电流 i_{sd}、无功电流 i_{sq}、直流侧电压 u_{dc}、网侧电流 i_s 实验波形。由图 3-19（a）可知，dq 电流解耦控制策略直流电压 u_{dc} 调节时间为 165ms。由图 3-19（b）可知，H_∞-LS RDC 控制策略直流电压 u_{dc} 调节时间为 120ms。虽然电压外环动态性能主要由外环 PI 控制器决定，但实验结果表明：在相同的外环 PI 参数下，H_∞-LS RDC 控制策略的电压外环动态性能优于 dq 电流解耦控制策略。

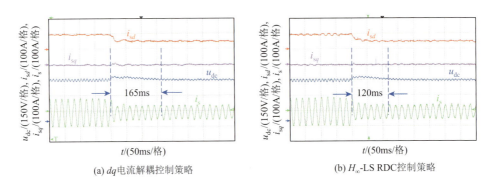

(a) dq 电流解耦控制策略　　　　　　　　(b) H_∞-LS RDC 控制策略

图 3-19　负载突变时，有功电流、无功电流、直流侧电压、网侧电流实验波形

图 3-20 给出了网侧等效电感参数突减 25% 时，两种直接电流控制策略的有功电流 i_{sd}、无功电流 i_{sq}、直流侧电压 u_{dc}、网侧电流 i_s 实验波形。由图 3-20 可知，dq 电流解耦控制策略的有功电流 i_{sd} 波动峰峰值为 38A，无功电流 i_{sq} 波动峰峰值为 50A，调节时间为 100ms。H_∞-LS RDC 控制策略 i_{sd} 波动峰峰值为 22A，i_{sq} 波动峰峰值为 23A，调节时间为 18ms。实验结果表明：在网侧等效电感参数突减情况下，H_∞-LS RDC 控制策略有功与无功电流波动小，无功电流调节时间短，鲁棒性优于 dq 电流解耦控制策略。

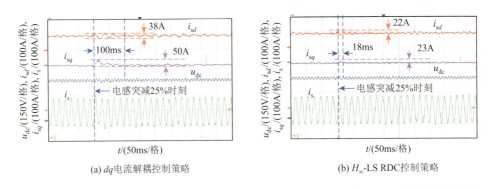

(a) dq 电流解耦控制策略　　　　　　　　(b) H_∞-LS RDC 控制策略

图 3-20　网侧等效电感突减 25% 时，有功电流、无功电流、直流侧电压、网侧电流实验波形

图 3-21 给出了网侧等效电感参数突增 25% 时，两种直接电流控制策略的有功电流 i_{sd}、无功电流 i_{sq}、直流侧电压 u_{dc}、网侧电流 i_s 实验波形。由图 3-21（a）可知，dq 电流解耦控制策略 i_{sd} 波动峰峰值为 22A，i_{sq} 波动峰峰值为 38A，调节时间为 70ms。由图 3-21（b）

可知，H_∞-LS RDC 控制策略的 i_{sd} 几乎无变化，i_{sq} 波动峰峰值为 15A，调节时间为 10ms。实验结果表明：在网侧等效电感参数突增情况下，H_∞-LS RDC 控制策略的鲁棒性优于 dq 电流解耦控制策略。

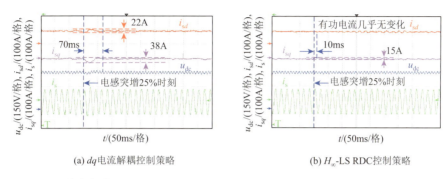

(a) dq 电流解耦控制策略　　　　　　　　　　　(b) H_∞-LS RDC 控制策略

图 3-21　网侧等效电感突增 25%时，有功电流、无功电流、直流侧电压、网侧电流实验波形

表 3-2 给出了网侧等效电感参数变化情况下，两种直接电流控制策略的网侧电流 FFT 分析结果。由表 3-2 可知，在网侧等效电感参数减小 25%时，dq 电流解耦控制策略的网侧电流 THD 为 5.93%，H_∞-LS RDC 控制策略的网侧电流 THD 为 4.62%。在网侧等效电感参数增加 25%时，dq 电流解耦控制策略的网侧电流 THD 为 5.03%，H_∞-LS RDC 控制策略的网侧电流 THD 为 4.06%。两种情况下，H_∞-LS RDC 控制策略网侧电流 THD 均低于 dq 电流解耦控制策略。此外，与稳态情况相比，dq 电流解耦控制策略在网侧等效电感参数减小与增加 25%情况下，网侧电流 THD 增幅分别为 1.97%、1.07%，而 H_∞-LS RDC 控制策略对应的 THD 增幅分别为 1.23%、0.67%，增幅较小。实验结果表明：在网侧等效电感参数变化情况下，H_∞-LS RDC 控制策略的鲁棒性优于 dq 电流解耦控制策略。

表 3-2　网侧等效电感参数变化情况下，网侧电流 FFT 分析结果

控制策略	dq 电流解耦	H_∞-LS RDC
稳态情况（THD）	3.96%	3.39%
电感减小 25%（THD）	5.93%	4.62%
电感增加 25%（THD）	5.03%	4.06%

以上实验结果均证明了所提方法的优越性。同时，注意到根据书中提出的补偿器选取依据，H_∞ 回路成型控制器相比于传统 dq 电流解耦控制策略的 PI 控制器阶数高 1 阶，它在 DSP 中运行时间为 4.67μs，相应的 PI 控制器运行时间为 3.17μs。可以看出所提控制策略计算时间略大于传统的 dq 电流解耦控制策略，但两者运行时间较短，对 DSP 芯片造成的计算压力可忽略。此外，对于补偿器的选取与 dq 电流解耦控制策略中 PI 控制器参数选取方法类似，也需要设计人员具备丰富的经验，进行一定工作量的调试。实验结果证明，书中所提补偿器选取依据能有效应用于单相 PWM 整流器。

3.4　μ 综合直接电流控制

3.4.1　结构奇异值定义

在实际系统中，系统的数学模型与实际系统往往存在着差异，无论这些差异采用何种方式表示都可描述为不确定性。鲁棒控制系统的设计必须体现这种结构化的不确定性，否则将导致设计系统存在一定的保守性。20 世纪 80 年代初，多伊尔提出了结构奇异值（简称 μ）方法的基本思想，可以有效地降低鲁棒控制系统设计的保守性，将鲁棒稳定性和鲁棒性能统一处理。μ 方法基本思想可简述为：当控制系统存在 r 个摄动 $\Delta_i\{i=1, 2,\cdots, r\}$，闭环系统可以转换成如图 3-22 所示的结构化摄动系统框图。假设 $\Delta = \mathrm{diag}\{\Delta_1, \Delta_2,\cdots, \Delta_r\}$ 为稳定矩阵，$\det(I-M\Delta)=0$ 的分子多项式是闭环系统的特征多项式，且根等于闭环极点。那么，当摄动 $\Delta = 0$ 时，该系统稳定。此时，图 3-22 所示系统可等效为开环状态，则 M 本身也需为稳定矩阵，且 $\det(I-M\Delta)=1\neq 0$。若逐渐增大摄动 Δ，由极点的连续性可知，闭环系统在变得不稳定之前其极点必须穿越虚轴。由此可得，率先破坏闭环稳定性的摄动必定满足 $\det(I-M\Delta)=0$ 的 Δ 中范数最小的摄动，该范数恰好反映了在保持闭环稳定的范围内所容许的摄动上限值，称为稳定裕度。显然，稳定裕度由摄动的对

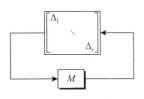

图 3-22　结构化（对角化）
　　　摄动系统框图

角结构 Δ 和矩阵 M 决定，其倒数可以定义为结构奇异值[7]（structured singular value，SSV）。

设传递函数 $M(s)$ 为复数矩阵，对某一固定频率 ω_{g}，考察矩阵 $M\in C^{n\times n}$ 以及对角分块矩阵集合 $\nabla\subset C^{n\times n}$，并存在

$$\begin{cases} \nabla = \{\Delta\,|\,\Delta = \mathrm{diag}\{\delta_1 I_{r1},\cdots,\delta_s I_{rs},\Delta_1,\cdots,\Delta_F\}\} \\ \delta_i\in C,\Delta_j\in C^{m_j\times m_j},\displaystyle\sum_{i=1}^{s}r_i+\sum_{j=1}^{F}m_j=n \end{cases} \tag{3-67}$$

则定义矩阵 M 的结构奇异值为

$$\mu_{\nabla}(M)=\frac{1}{\min\{\sigma_{\max}(\Delta)\,|\,\Delta\in\nabla,\det(I-M\Delta)=0\}} \tag{3-68}$$

若 ∇ 为空集，则 $\mu_{\nabla}(M)=0$。式中 $\sigma_{\max}(\Delta)$ 表示 Δ 的最大奇异值。根据式（3-68）可知，若

$$\sigma_{\max}(\Delta)<\frac{1}{\mu_{\nabla}(M)},\quad\forall\Delta\in\nabla \tag{3-69}$$

则有

$$\det(I-M\Delta)\neq 0,\quad\forall\Delta\in\nabla \tag{3-70}$$

同理，若存在 $\Delta\in\nabla$，使得

$$\sigma_{\max}(\Delta)\geqslant\frac{1}{\mu_{\nabla}(M)},\quad\forall\Delta\in\nabla \tag{3-71}$$

则

$$\det(I - M\Delta) = 0, \forall \Delta \in \nabla \tag{3-72}$$

3.4.2　系统参数不确定模型

由式（2-29）可知，电流环标称数学模型由网侧等效电阻、网侧等效电感确定。由于运行工况切换、外界环境改变、功率器件老化、测量误差等因素，电路参数值会存在不确定性，该不确定参数可由一有界范围表征。定义网侧等效电阻、等效电感摄动参数 R_p、L_p，如式（3-73）所示：

$$\begin{cases} R_p = R(1 + p_R \Delta_R) \\ L_p = L(1 + p_L \Delta_L) \end{cases} \tag{3-73}$$

式中，R、L 分别为网侧等效电阻、等效电感标称值；$p_R \Delta_R$、$p_L \Delta_L$ 分别为两参数相对摄动范围，摄动量 Δ_R、Δ_L 满足 $\|\Delta_R\| \leqslant 1$、$\|\Delta_L\| \leqslant 1$。若 p_L 取为 0.1，则表示网侧等效电感参数处于 $[0.9L, 1.1L]$ 区间。

为分离网侧等效电感以及网侧等效电阻摄动参数中的摄动量 Δ_R、Δ_L，需利用线性分式变换，将式（3-73）中两不确定参数表示为

$$\begin{cases} R_p = R(1 + p_R \Delta_R) = F_U(M_R, \Delta_R) \\ \dfrac{1}{L_p} = \dfrac{1}{L} - \dfrac{p_L}{L}(1 + p_L \Delta_L)^{-1} = F_U(M_L, \Delta_L) \\ M_L = \begin{bmatrix} -p_L & 1/L \\ -p_L & 1/L \end{bmatrix}, \quad M_R = \begin{bmatrix} 0 & R \\ p_R & R \end{bmatrix} \end{cases} \tag{3-74}$$

式中，$F_U(M_R, \Delta_R)$、$F_U(M_L, \Delta_L)$ 分别为网侧等效电阻、网侧等效电感的上线性分式变换不确定形式。

根据式（3-74）可知，单相 PWM 整流器线性分式变换不确定系统结构如图 3-23 所示。

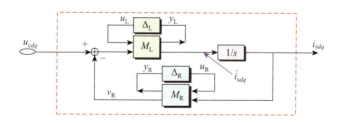

图 3-23　线性分式变换不确定系统结构

图 3-23 中，y_R、u_R 分别为 Δ_R 的输入、输出信号；v_R 为 M_R 的输出信号；y_L、u_L 分别为 Δ_L 的输入、输出信号。

由图 3-23 可知，整流器系统存在输入输出关系，如式（3-75）所示：

$\alpha\beta$ 坐标与 dq 坐标的变换关系，如式（3-82）所示：

$$\begin{bmatrix} x_d \\ x_q \end{bmatrix} = \begin{bmatrix} \cos\omega t & \sin\omega t \\ -\sin\omega t & \cos\omega t \end{bmatrix} \begin{bmatrix} x_\alpha \\ x_\beta \end{bmatrix} \tag{3-82}$$

联立式（3-81）与式（3-82），可得

$$\begin{cases} i_{sd} = I_{sm}\cos\varphi + \sum_{k=2(偶数)}^{\infty} I_{sm(k+1)}\cos(k\omega t - \varphi_{k+1}) \\ i_{sq} = -I_{sm}\sin\varphi + \sum_{k=2(偶数)}^{\infty} I_{sm(k+1)}\sin(k\omega t - \varphi_{k+1}) \end{cases} \tag{3-83}$$

由式（3-83）可知，通过 $\alpha\beta/dq$ 坐标变换后，网侧电流 dq 坐标基波分量为直流信号。高次谐波分量由 $\alpha\beta$ 坐标下的奇次谐波分量变为 dq 坐标下偶次谐波，频率值减小了基波频率 ω（约 314rad/s）。根据自动控制理论可知，系统响应速度与带宽成正比，但带宽增大会增加系统超调量，并削弱控制系统对网侧电流高次谐波分量的抑制能力。综合考虑响应速度与网侧电流谐波抑制能力，将整流器电流环系统带宽 ω_b 取值范围确定为 $\omega_b \leqslant 2\omega$。

i_{dqref} 到 e_{dq} 与 d_{dq} 到 i_{sdq} 传递函数均由灵敏度函数 $S_1(s)$ 表示。加权函数 W_{edq} 可表征对 $S_1(s)$ 的性能加权，$S_1(s)$ 奇异值越小，系统跟踪精度越高，抗干扰能力越强。dq 控制系统输入电流为直流量，同时外界干扰往往表现出低频特性，因此，在低频段 $S_1(s)$ 幅值越小越好。根据加权函数选取原则，W_{edq} 的倒数在低频段应小于 $S_1(s)$，W_{edq} 需具有低通特性，高频则无严格要求。

W_{udq} 表示对 i_{dqref} 到 u_{cdq} 传递函数的加权，可控制系统输出量大小，从而避免系统在工作过程中饱和以及控制量过大造成执行器损害。

根据鲁棒最优控制理论可知，应用鲁棒控制方法设计出的控制器，其阶次与包含加权函数的广义系统一致。为降低控制器阶次，便于硬件实现，通常 W_{edq} 取为一阶传递函数，W_{udq} 取为较小常数。W_{edq} 的高频、穿越频率、低频增益可通过仿真软件 Matlab 中"makeweight"函数确定后，再转化为一阶传递函数形式。结合系统带宽 ω_b 设定范围以及加权函数选取规则，通过仿真软件与半实物实验平台验证后确定加权函数，如式（3-84）所示：

$$\begin{cases} W_{edq} = \begin{bmatrix} W_{ed} & 0 \\ 0 & W_{eq} \end{bmatrix} = \left(\dfrac{0.14s + 252}{s + 3.58} \right) I \\ W_{udq} = \begin{bmatrix} W_{ud} & 0 \\ 0 & W_{uq} \end{bmatrix} = \begin{bmatrix} 0.001 & 0 \\ 0 & 0.001 \end{bmatrix} \end{cases} \tag{3-84}$$

鉴于对 μ 综合问题直接求解较为困难，引入尺度变换矩阵，通过有效近似 $D\text{-}K$ 迭代算法，将式（3-79）μ 综合控制器问题转化为

$$\inf_{K_{dq}(s)} \inf_{D \in D_\omega} \sup_{\omega \in R} \overline{\sigma}[DF_1(P_{dq}, K_{dq})D^{-1}(j\omega)] \tag{3-85}$$

式中，D_ω 为稳定可逆的最小相位矩阵；D 为尺度矩阵集合元素，且在任一频率点相互独立。

整流器网侧等效电阻对系统控制性能影响较小，网侧等效电感参数摄动是整流器系统不确定性的显著表征。因此，主要考虑网侧等效电感参数摄动，取 p_L 为 0.3，p_R 为 0.0001。基于式（3-84）中加权函数，通过内联矩阵函数"sysic"，表示出广义开环系统 P。设置 D-K 迭代次数为 4，利用 μ 分析与综合工具箱中"dkit"函数求解控制器 K_{dq}。为方便工程实现，采用 Schur 均衡模型降阶算法，将控制器 K_{dq} 表示为 3 阶传递函数，如式（3-86）所示：

$$\begin{cases} K_{dq} = \begin{bmatrix} K_d & 0 \\ 0 & K_q \end{bmatrix}, \quad K_d = K_q \\ K_d = \dfrac{2.14 \times 10^4 s^2 + 1.18 \times 10^6 s + 1.31 \times 10^7}{s^3 + 1.67 \times 10^4 s^2 + 5.18 \times 10^5 s + 1.73 \times 10^6} \end{cases} \tag{3-86}$$

D-K 迭代求解 μ 综合鲁棒控制器是一种交互式的设计过程。第 1 步先固定 D，用 H_∞ 理论求解关于 K_{dq} 最小化的最优解。第 2 步固定 K_{dq}，利用凸优化理论，逐频求解确定最小化 D_ω，反复迭代，直到满足鲁棒稳定与鲁棒性能要求为止。

图 3-26 给出了单相 PWM 整流器 μ 综合控制策略的 D-K 迭代结构奇异值 μ 曲线。由图 3-26 可知，第 1 次迭代结果，在 $[10^{-2}, 10^1]$ 区间结构奇异值 μ 曲线值较大，峰值为 20.525，大于 1，说明控制系统未达到鲁棒稳定与鲁棒性能要求。经过 4 次迭代后，结构奇异值 μ 曲线在 $[10^{-2}, 10^4]$ 区间，峰值为 0.895，均小于 1，说明采用 μ 综合控制器的闭环系统达到了鲁棒稳定与鲁棒性能要求。

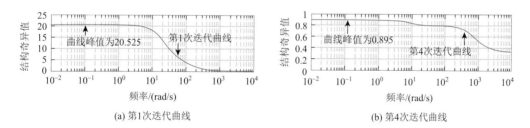

(a) 第1次迭代曲线　　　　　　　　　　(b) 第4次迭代曲线

图 3-26　D-K 迭代结构奇异值 μ 曲线

图 3-27 给出了单相 PWM 整流器 μ 综合电流闭环系统脉冲传递函数幅频特性曲线。由图 3-27 可知，系统带宽为 608(rad/s)，设计所得闭环系统满足带宽选取范围。

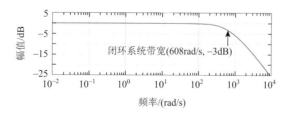

图 3-27　μ 综合电流闭环脉冲传递函数幅频特性曲线

3.4.4 实验验证

为验证 μ 综合 DCC 策略的正确性与有效性，将该控制策略与 dq 电流解耦控制策略在半实物实验平台上进行实验对比研究。控制结构中式（3-63）替换为式（3-86）即为所提 μ 综合 DCC 策略控制结构。为公平比较电流环各项控制性能，设置 2 种电流控制策略电压外环 PI 控制器参数相同。半实物实验系统主电路参数，如表 3-3 所示。

表 3-3 单相 PWM 整流器半实物实验系统参数

参数	标称值	参数	标称值
网侧电压幅值 u_{sm}/V	2200	网侧等效电感 L/mH	2.2
直流侧参考电压 u_{dcref}/V	3000	直流侧等效负载 R_L/Ω	7.5
直流侧支撑电容 C_d/μF	3000	采样频率 f_s/kHz	20
网侧等效电阻 R/Ω	0.068	开关频率 f_{pwm}/kHz	1.25

图 3-28 给出了稳态情况下，2 种电流控制策略直流侧电压 u_{dc}、网侧电压 u_s、网侧电流 i_s 实验波形。由图 3-28 可以看出，2 种电流控制策略直流侧电压恒定，网侧电压与网侧电流相位一致，均能保持在单位功率因数状态下运行。

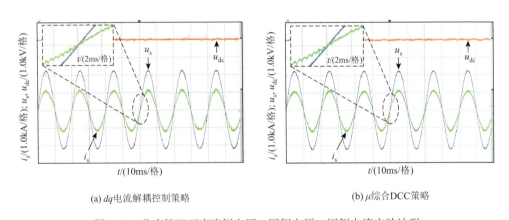

(a) dq 电流解耦控制策略   (b) μ 综合 DCC 策略

图 3-28 稳态情况下直流侧电压、网侧电压、网侧电流实验波形

表 3-4 两种电流控制策略网侧电流 FFT 分析结果

控制策略	dq 电流解耦控制策略	μ 综合 DCC 策略
稳态情况（THD）	4.56%	4.53%

表 3-4 给出了稳态情况下，2 种电流控制策略网侧电流 FFT 分析结果。由表 3-4 可知，dq 电流解耦控制策略网侧电流 THD 值为 4.56%，而相应的 μ 综合 DCC 策略 THD 为 4.53%。

稳态性能对比实验结果表明：2 种电流控制策略的网侧电流谐波含量基本一致，μ 综合 DCC 策略可实现与 dq 电流解耦控制策略同样优越的稳态性能。同时表明文中根据 dq 坐标系下电流高次谐波含量，确定闭环系统带宽的依据能有效应用于整流器控制系统。

图 3-29 给出了 2 种电流控制策略有功参考电流 i_{dref} 从 0.8kA 到 1.2kA 突变情况下，网侧电压 u_s、网侧电流 i_s、有功参考电流 i_{dref}、有功电流 i_{sd} 实验波形。由图 3-29（a）可知，dq 电流解耦控制策略有功电流调节时间约为 64ms。由图 3-29（b）可知，μ 综合 DCC 策略有功电流调节时间约为 24ms。在有功电流参考突变情况下，μ 综合 DCC 策略动态性能较优于 dq 电流解耦控制策略。

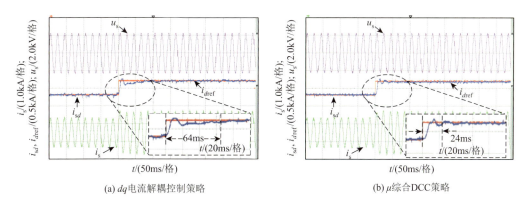

(a) dq电流解耦控制策略　　　　　　　　　　　(b) μ综合DCC策略

图 3-29　参考电流突变情况下，网侧电压、网侧电流有功参考电流、有功电流实验波形

图 3-30 给出了直流侧等效负载从 7.5Ω 突变为 15Ω 情况下，2 种电流控制策略的直流侧电压 u_{dc}、网侧电流 i_s、有功电流 i_{sd}、无功电流 i_{sq} 实验波形。由图 3-30（a）可以看出，采用 dq 电流解耦控制策略的整流器控制系统，直流侧电压恢复到稳态值所需调节时间约为 220ms，而图 3-30（b）采用 μ 综合 DCC 策略的直流侧电压调节时间约为 170ms。对比结果说明在负载电阻突变情况下，μ 综合 DCC 策略动态响应速度更快。

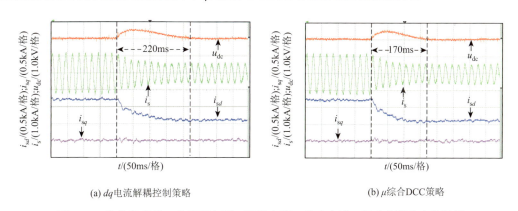

(a) dq电流解耦控制策略　　　　　　　　　　　(b) μ综合DCC策略

图 3-30　负载突变时，直流侧电压、网侧电流、有功电流、无功电流的实验波形

图 3-31 给出了在给定直流侧等效负载情况下，网侧等效电感参数突变 30%，2 种电流控制策略的直流侧电压 u_{dc}、网侧电流 i_s、有功电流 i_{sd}、无功电流 i_{sq} 实验波形。由图 3-31（a）可知，dq 电流解耦控制策略在网侧等效电感参数从 130%L 突变到 100%L 时，有功电流

i_{sd} 波动幅值为 0.20kA，无功电流 i_{sq} 波动幅值为 0.22kA；网侧等效电感值从 100%L 恢复到 130%L 时，有功电流 i_{sd} 波动幅值为 0.18kA，无功电流 i_{sq} 波动幅值为 0.21kA。由图 3-31（b）可知，μ 综合 DCC 策略在网侧等效电感值从 130%L 突变到 100%L 时，有功电流 i_{sd} 波动幅值为 0.13kA，无功电流 i_{sq} 波动幅值为 0.20kA；网侧等效电感值从 100%L 突变到 130%L 时，有功电流 i_{sd} 波动仅在 10ms 内有 0.11kA 幅值波动，随即恢复到稳定状态，无功电流 i_{sq} 波动幅值为 0.13kA。

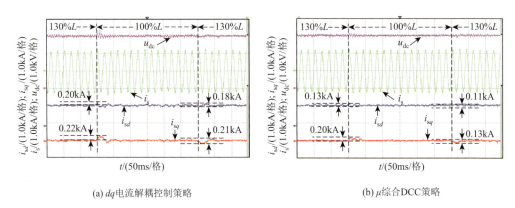

(a) dq电流解耦控制策略　　　　　　　　　(b) μ综合DCC策略

图 3-31　在给定直流侧等效负载情况下，网侧等效电感突变时，
直流侧电压、网侧电流、有功、无功电流的实验波形

图 3-32 给出了在 2 倍给定直流侧等效负载情况下，网侧等效电感参数突变30%，2 种电流控制策略的直流侧电压 u_{dc}、网侧电流 i_s、有功电流 i_{sd}、无功电流 i_{sq} 的实验波形。由图 3-32（a）可知，dq 电流解耦控制策略在网侧等效电感值从 130%L 突变到 100%L 时，有功电流 i_{sd} 波动幅值为 0.08kA，无功电流 i_{sq} 波动幅值为 0.13kA；网侧等效电感值从 100%L 突变到 130%L 时，有功电流 i_{sd} 波动幅值为 0.09kA，无功电流 i_{sq} 波动幅值为 0.08kA。由图 3-32（b）可知，μ 综合 DCC 策略在网侧等效电感值从 130%L 突变到 100%L 时，有功电流 i_{sd} 波动幅值为 0.06kA，无功电流 i_{sq} 波动幅值为 0.07kA。网侧等效电感值从 100%L 突变到 130%L 时，有功电流 i_{sd} 波动幅值为 0.05kA，无功电流 i_{sq} 波动幅值为 0.06kA。

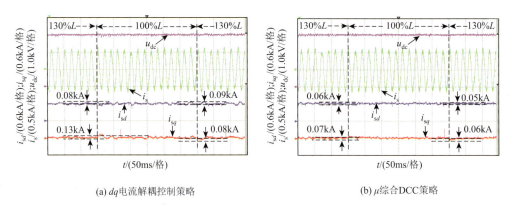

(a) dq电流解耦控制策略　　　　　　　　　(b) μ综合DCC策略

图 3-32　在 2 倍给定直流侧等效负载情况下，网侧等效电感突变时，
直流侧电压、网侧电流、有功、无功电流的实验波形

鲁棒性对比实验结果表明：在不同的工况下，网侧电感参数摄动对 2 种电流控制策略的无功电流影响较大；μ 综合 DCC 策略对应的有功电流 i_{sd}、无功电流 i_{sq} 波动幅值均小于 dq 电流解耦控制策略，鲁棒性较强。

通过半实物实验平台，给出了单相 PWM 整流器 2 种电流控制策略动态性能等方面的对比分析结果，如表 3-5 所示。

表 3-5　两种控制策略实验结果对比

控制策略	dq 电流解耦控制策略	μ 综合 DCC 策略
网侧电流 THD/%	4.56	4.53
给定电流突变调节时间/ms	64	24
负载突变调节时间/ms	220	170
网侧等效电感参数摄动时鲁棒性	良	优

3.5　单相脉冲整流器 H_∞ 改进型功率控制

直接功率控制直接对整流器系统网侧瞬时有功功率、无功功率进行控制，具有动态响应速度快的优点，近年来已成为单相 PWM 整流器控制领域的研究热点。本节从功率控制的角度出发，首先给出传统功率前馈解耦控制数学模型。在分析改进的功率控制结构的基础上，给出比例积分改进型直接功率（proportional-integral modified direct power，PI-MDP）控制策略。该策略取消了 $\alpha\beta/dq$ 坐标变换环节与锁相环 PLL 模块。为提升系统鲁棒性能，采用基于 PI-MDP 控制结构的 H_∞ 改进型直接功率（H_∞ modified direct power，H_∞-MDP）控制策略。利用性能加权函数分别约束功率控制系统跟踪性能以及控制能量，并构建出广义被控系统，进一步将功率控制器设计转化为 H_∞ 控制问题。最后，对传统功率前馈解耦控制策略、PI-MDP 控制策略以及 H_∞-MDP 控制策略开展实验对比研究。

3.5.1　传统功率前馈解耦控制数学模型

基于 dq 坐标控制框架的网侧脉冲整流器系统将网侧矢量定向到 d 轴，即 $u_{sd} = u_{sm}$，$u_{sq} = 0$。根据式（2-27），忽略较小的网侧电阻，可得输入端电压 u_{ab} 的 d 轴、q 轴坐标分量，如式（3-87）所示：

$$\begin{cases} u_{abd} = u_{sd} - L\dfrac{\mathrm{d}i_{sd}}{\mathrm{d}t} + \omega L i_{sq} \\[2mm] u_{abq} = -L\dfrac{\mathrm{d}i_{sq}}{\mathrm{d}t} - \omega L i_{sd} \end{cases} \tag{3-87}$$

在式（3-87）两端均乘以 u_{sd}，可得

$$\begin{cases} u_{sd}u_{abd} = u_{sd}^2 - L\dfrac{\mathrm{d}(u_{sd}i_{sd})}{\mathrm{d}t} + \omega L u_{sd}i_{sq} \\ u_{sd}u_{abq} = -L\dfrac{\mathrm{d}(u_{sd}i_{sq})}{\mathrm{d}t} - \omega L u_{sd}i_{sd} \end{cases} \tag{3-88}$$

定义单相 PWM 整流器瞬时有功功率 P 与无功功率 Q，如式（3-89）所示[5]：

$$\begin{cases} P = \dfrac{u_{sm}i_{sm}\cos\varphi}{2} = \dfrac{u_{s\alpha}i_{s\alpha} + u_{s\beta}i_{s\beta}}{2} = \dfrac{u_{sd}i_{sd} + u_{sq}i_{sq}}{2} \\ Q = \dfrac{u_{sm}i_{sm}\sin\varphi}{2} = \dfrac{u_{s\beta}i_{s\alpha} - u_{s\alpha}i_{s\beta}}{2} = \dfrac{u_{sq}i_{sd} - u_{sd}i_{sq}}{2} \end{cases} \tag{3-89}$$

联立式（3-88）与式（3-89），可得

$$\begin{cases} u_{abd} = u_{sd} - \dfrac{2L}{u_{sd}}\dfrac{\mathrm{d}P}{\mathrm{d}t} + \dfrac{2\omega LQ}{u_{sd}} = u_{sm} - \dfrac{2L}{u_{sm}}\dfrac{\mathrm{d}P}{\mathrm{d}t} + \dfrac{2\omega LQ}{u_{sm}} \\ u_{abq} = -\dfrac{2L}{u_{sd}}\dfrac{\mathrm{d}Q}{\mathrm{d}t} - \dfrac{2\omega LP}{u_{sd}} = -\dfrac{2L}{u_{sm}}\dfrac{\mathrm{d}Q}{\mathrm{d}t} - \dfrac{2\omega LP}{u_{sm}} \end{cases} \tag{3-90}$$

由式（3-90）可知，输入电压的 d 轴、q 轴分量分别由动态分量（微分项）以及稳态分量组成，其中 PI 控制器输出为动态分量。由此，可得传统功率前馈解耦控制内环数学模型，如式（2-42）所示。

3.5.2　改进型功率控制数学模型

根据 KVL 可知，图 2-1（a）中网侧电压动态平衡方程为

$$L\frac{\mathrm{d}i_s}{\mathrm{d}t} = u_s - Ri_s - u_{ab} \tag{3-91}$$

为构造出滞后于网侧电压、网侧电流 90° 的虚拟正交分量，在功率控制中采用 SOGI 得出 $\alpha\beta$ 信号。忽略高次谐波，由 SOGI 构建的 $\alpha\beta$ 坐标系下网侧电压、网侧电流的 α 轴、β 轴分量可表示为

$$\begin{cases} u_{s\alpha} = u_{sm}\cos(\omega t) = u_s \\ u_{s\beta} = u_{sm}\sin(\omega t) \end{cases} \tag{3-92}$$

$$\begin{cases} i_{s\alpha} = i_{sm}\cos(\omega t - \varphi) = i_s \\ i_{s\beta} = i_{sm}\sin(\omega t - \varphi) \end{cases} \tag{3-93}$$

根据式（3-89）可得有功功率 P、无功功率 Q 对时间 t 的微分，如式（3-94）所示：

$$\begin{cases} \dfrac{\mathrm{d}P}{\mathrm{d}t} = \dfrac{1}{2}\left(u_{s\alpha}\dfrac{\mathrm{d}i_{s\alpha}}{\mathrm{d}t} + i_{s\alpha}\dfrac{\mathrm{d}u_{s\alpha}}{\mathrm{d}t} + u_{s\beta}\dfrac{\mathrm{d}i_{s\beta}}{\mathrm{d}t} + i_{s\beta}\dfrac{\mathrm{d}u_{s\beta}}{\mathrm{d}t} \right) \\ \dfrac{\mathrm{d}Q}{\mathrm{d}t} = \dfrac{1}{2}\left(u_{s\beta}\dfrac{\mathrm{d}i_{s\alpha}}{\mathrm{d}t} + i_{s\alpha}\dfrac{\mathrm{d}u_{s\beta}}{\mathrm{d}t} - u_{s\alpha}\dfrac{\mathrm{d}i_{s\beta}}{\mathrm{d}t} - i_{s\beta}\dfrac{\mathrm{d}u_{s\alpha}}{\mathrm{d}t} \right) \end{cases} \tag{3-94}$$

联立式（3-91）～式（3-93），可将图 2-1（a）在 $\alpha\beta$ 坐标系下网侧电压动态平衡方程表示为

$$
\begin{cases}
L\dfrac{\mathrm{d}i_{s\alpha}}{\mathrm{d}t} = u_{s\alpha} - Ri_{s\alpha} - u_{ab\alpha} \\[3mm]
L\dfrac{\mathrm{d}i_{s\beta}}{\mathrm{d}t} = u_{s\beta} - Ri_{s\beta} - u_{ab\beta}
\end{cases}
\tag{3-95}
$$

式中，$u_{ab\beta}$ 为整流桥网侧输入电压 u_{ab} 的 β 分量。

将式（3-92）、式（3-95）代入式（3-94），可得

$$
\begin{cases}
\begin{aligned}
\dfrac{\mathrm{d}P}{\mathrm{d}t} &= \dfrac{u_{sm}^2}{2L} - \dfrac{RP}{L} - \omega Q - \dfrac{1}{2L}(u_{s\alpha}u_{ab\alpha} + u_{s\beta}u_{ab\beta}) \\[2mm]
&= \dfrac{u_{sm}^2}{2L} - \dfrac{RP}{L} - \omega Q - \dfrac{1}{2L}u_P \\[2mm]
\dfrac{\mathrm{d}Q}{\mathrm{d}t} &= \omega P - \dfrac{RQ}{L} + \dfrac{1}{2L}(u_{s\alpha}u_{ab\beta} - u_{s\beta}u_{ab\alpha}) \\[2mm]
&= \omega P - \dfrac{RQ}{L} + \dfrac{1}{2L}u_Q
\end{aligned}
\end{cases}
\tag{3-96}
$$

式中，u_P、u_Q 分别为有功功率调制信号、无功功率调制信号。

联立式（3-92）、式（3-96），可得

$$
\begin{bmatrix} u_P \\ u_Q \end{bmatrix} =
\begin{bmatrix} u_{s\alpha} & u_{s\beta} \\ -u_{s\beta} & u_{s\alpha} \end{bmatrix}
\begin{bmatrix} u_{ab\alpha} \\ u_{ab\beta} \end{bmatrix} =
u_{sm}
\begin{bmatrix} \cos(\omega t) & \sin(\omega t) \\ -\sin(\omega t) & \cos(\omega t) \end{bmatrix}
\begin{bmatrix} u_{ab\alpha} \\ u_{ab\beta} \end{bmatrix}
\tag{3-97}
$$

由式（3-97）可知，其三角函数矩阵即为整流器 dq 电流解耦控制结构中的 $\alpha\beta/dq$ 坐标变换关系。

根据电流控制中 $\alpha\beta/dq$ 坐标逆变换矩阵关系，可得

$$
\begin{bmatrix} u_{ab\alpha} \\ u_{ab\beta} \end{bmatrix} =
\dfrac{1}{u_{sm}}
\begin{bmatrix} \cos(\omega t) & -\sin(\omega t) \\ \sin(\omega t) & \cos(\omega t) \end{bmatrix}
\begin{bmatrix} u_P \\ u_Q \end{bmatrix}
\tag{3-98}
$$

将式（3-98）中 $1/u_{sm}$ 分子分母同时乘以 u_{sm}，并联立式（3-92），整理可得

$$
\begin{bmatrix} u_{ab\alpha} \\ u_{ab\beta} \end{bmatrix} =
\dfrac{1}{u_{sm}^2}
\begin{bmatrix} u_{s\alpha} & -u_{s\beta} \\ u_{s\beta} & u_{s\alpha} \end{bmatrix}
\begin{bmatrix} u_P \\ u_Q \end{bmatrix}
\tag{3-99}
$$

式中，$u_{ab\alpha}$ 即为整流桥电压调制输入信号。

为求取式（3-99）中 $u_{ab\alpha}$，需得出未知电压调制信号 u_P、u_Q。分别定义整流器改进型功率系统的有功、无功控制器输出信号为 v_P、v_Q，如式（3-100）所示：

$$
\begin{cases}
v_P = \dfrac{u_{sm}^2}{2L} - \omega Q - \dfrac{1}{2L}u_P \\[3mm]
v_Q = \omega P + \dfrac{1}{2L}u_Q
\end{cases}
\tag{3-100}
$$

联立式（3-96）与式（3-100），可得单相 PWM 整流器改进型功率环标称数学模型，如式（3-101）所示：

$$\begin{cases} \dfrac{\mathrm{d}P}{\mathrm{d}t} = -\dfrac{R}{L}P + v_{\mathrm{P}} \\ \dfrac{\mathrm{d}Q}{\mathrm{d}t} = -\dfrac{R}{L}Q + v_{\mathrm{Q}} \end{cases} \tag{3-101}$$

根据式（3-101），可得功率环状态空间表达式，如式（3-102）所示：

$$\begin{bmatrix} \dot{P} \\ \dot{Q} \\ P \\ Q \end{bmatrix} = \begin{bmatrix} -\dfrac{R}{L} & 0 & 1 & 0 \\ 0 & -\dfrac{R}{L} & 0 & 1 \\ 1 & 0 & 0 & 0 \\ 0 & 1 & 0 & 0 \end{bmatrix} \begin{bmatrix} P \\ Q \\ v_{\mathrm{P}} \\ v_{\mathrm{Q}} \end{bmatrix}, \quad G_{\mathrm{NP}} = G_{\mathrm{NQ}} = \begin{bmatrix} -\dfrac{R}{L} & 1 \\ 1 & 0 \end{bmatrix} \tag{3-102}$$

式中，P、Q 为控制系统状态变量；v_{P}、v_{Q} 为输入变量；G_{NP}、G_{NQ} 分别为整流器系统有功环、无功环标称模型。

由式（3-101）可知，功率环标称模型闭环控制结构框图，如图 3-33 所示。图中，e_{P}、e_{Q} 分别为有功功率、无功功率跟踪误差，K_{P}、K_{Q} 分别为待设计有功功率、无功功率控制器。由图 3-33 可知，e_{P}、e_{Q} 分别经功率控制器 K_{P}、K_{Q} 输出，即为式（3-101）中 v_{P}、v_{Q}。

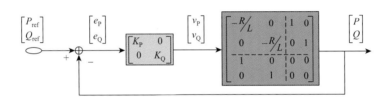

图 3-33　功率环标称模型闭环控制结构框图

根据式（3-100），可将 u_{P}、u_{Q} 表示为

$$\begin{cases} u_{\mathrm{P}} = u_{\mathrm{sm}}^{2} - 2L(\omega Q + v_{\mathrm{P}}) \\ u_{\mathrm{Q}} = 2L(v_{\mathrm{Q}} - \omega P) \end{cases} \tag{3-103}$$

由此，可得 PI-MDP 控制策略的结构框图，如图 3-34 所示。

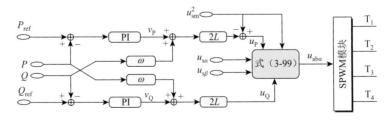

图 3-34　PI-MDP 控制策略的结构框图

相比于传统功率前馈解耦控制策略，PI-MDP 控制策略无须 $\alpha\beta/dq$ 坐标逆变换与锁相

环，即可得出整流桥调制输入信号 $u_{ab\alpha}$，控制结构更为简便，以期进一步加快系统动态响应速度。

3.5.3 H_∞ 控制问题分析与控制器实现

为增强整流器系统在参数摄动情况下的鲁棒性，利用 H_∞ 控制器取代图 3-34 中功率环 PI 控制器，该算法针对由受控对象标称模型以及性能加权函数所构成的广义被控对象，进行控制器设计。

由式（3-102）可知，整流器功率环标称模型 G_{NP}、G_{NQ} 参数一致，且控制系统通常设置有功、无功控制器相同。为方便表述，下面仅对有功功率控制器 K_P 进行分析。

根据式（3-102）可知，整流器功率数学模型由网侧等效电阻与网侧等效电感确定。网侧等效电阻对系统控制性能影响较小，网侧等效电感参数摄动是整流器系统不确定性的显著表征。将运行工况切换、外界环境改变、功率器件老化、测量误差等因素，导致的电路参数不确定性由一有界范围表征。设网侧等效电感摄动范围为[−30%, 30%]，其乘性不确定表达式 G_P 为[8]

$$\begin{cases} G_P = (I + \Delta W_P)G_{NP} \\ W_P = (0.033s + 6.9)/(s + 13.96) \end{cases} \tag{3-104}$$

式中，I 为单位矩阵；$\|\Delta\|_\infty \leqslant 1$；$W_P$ 为乘性不确定加权函数。

整流器功率控制系统跟踪精度利用灵敏度加权函数 W_{eP} 进行约束，利用控制输出加权函数 W_{uP} 对 v_P 幅值进行限制。功率环广义闭环控制框图，如图 3-35 所示。图 3-35 中：d_P 为外界干扰；Z_{eP}、Z_{uP} 分别表示系统跟踪性能、控制能量评价输出。

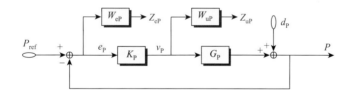

图 3-35　功率环广义闭环控制框图

定义 P_{ref} 到 e_P 传递函数为功率环的灵敏度函数 $S_P(s)$，如式（3-105）所示。根据图 3-35 可知，$S_P(s)$ 也可表示 d_P 到 P 的传递函数，因此，系统对外界干扰抑制性能同样利用 W_{eP} 进行规划。

$$S_P(s) = e_P(P_{ref})^{-1} = P(d_P)^{-1} = (I + G_P K_P)^{-1} \tag{3-105}$$

设控制系统外部输入 ω_i 由 P_{ref} 与 d_P 构成，外部输出 Z_o 由 Z_{eP} 与 Z_{uP} 构成。由此，图 3-35 中考虑加权函数的 H_∞ 控制框架，如式（3-106）所示：

$$\begin{cases} \begin{bmatrix} Z_o \\ e_P \end{bmatrix} = \begin{bmatrix} \begin{bmatrix} Z_{eP} \\ Z_{uP} \end{bmatrix} \\ e_P \end{bmatrix} = P_P \begin{bmatrix} P_{ref} \\ d_P \\ v_P \end{bmatrix} = P_P \begin{bmatrix} \omega_i \\ v_P \end{bmatrix} \\ v_P = K_P e_P \end{cases} \tag{3-106}$$

式中，P_P 为广义被控对象状态矩阵，其表达式为

$$P_P = \begin{bmatrix} W_{eP} & -W_{eP} & -W_{eP} G_P \\ 0 & 0 & W_{uP} \\ I & -I & -G_P \end{bmatrix} \tag{3-107}$$

为降低 H_∞ 控制器阶次，便于硬件实现，选取性能加权函数 W_{eP}、W_{uP} 为一阶传递函数，如式（3-108）所示[9]：

$$\begin{cases} W_{eP} = g \dfrac{s+a}{s+b} = \left[\begin{array}{c|c} -b & g \\ \hline a-b & g \end{array} \right] = \left[\begin{array}{c|c} A_e & B_e \\ \hline C_e & D_e \end{array} \right] \\ W_{uP} = h \dfrac{s+c}{s+d} = \left[\begin{array}{c|c} -d & h \\ \hline c-d & h \end{array} \right] = \left[\begin{array}{c|c} A_u & B_u \\ \hline C_u & D_u \end{array} \right] \end{cases} \tag{3-108}$$

式中，a、b、g 与 c、d、h 分别为加权函数 W_{eP}、W_{uP} 的系数。

通过计算，可得式（3-106）中广义被控对象状态矩阵 P_P 及其标准化状态空间表达式为

$$P_P = \left[\begin{array}{ccc|ccc} A_g & 0 & 0 & 0 & & B_g \\ -B_e C_g & A_e & 0 & B_e & B_e & -B_e D_g \\ 0 & 0 & A_u & 0 & 0 & B_u \\ \hline -C_g D_e & C_e & 0 & D_e & D_e & -D_e D_g \\ 0 & 0 & C_u & 0 & 0 & D_u \\ -C_g & 0 & 0 & I & -I & -D_g \end{array} \right] = \left[\begin{array}{c|c} P_{PA} & P_{PB} \\ \hline P_{PC} & P_{PD} \end{array} \right] = \left[\begin{array}{c|c|c} A_1 & B_1 & B_2 \\ \hline C_1 & D_{11} & D_{12} \\ \hline C_2 & D_{21} & D_{22} \end{array} \right] \tag{3-109}$$

式中，A_g、B_g、C_g、D_g 为 G_P 的状态空间矩阵。

单相 PWM 整流器功率环 H_∞ 控制问题可描述为：针对广义被控对象 P_P，寻求动态控制器 K_P，满足闭环系统内稳定，且满足 $\|T_{z\omega}(s)\|_\infty < 1$。其中，$T_{z\omega}$ 表示广义被控对象外部输入 ω_i 到外部输出 Z_o 的传递函数。利用线性分式变换，可将 $T_{z\omega}$ 记为 $F_l(P_P, K_P)$。

H_∞ 控制算法利用加权函数在频域中对控制系统各项性能指标进行刻画。灵敏度加权函数 W_{eP} 表征对 $S_P(s)$ 的性能加权，$S_P(s)$ 幅值越小，系统跟踪精度越高，抗干扰能力越强。若 $S_P(s)$ 幅值为 -40dB，则表示整流器功率跟踪误差为给定有功功率的 $1/100$，且控制系统外界干扰信号到系统输出的影响被缩小为原来的 $1/100$。系统输入功率信号为直流量，同时，外界干扰通常表现出低频特性，则在低频段 $S_P(s)$ 越小，跟踪误差越小，干扰抑制能力越强。根据加权函数选取原则，W_{eP} 应小于 $S_P(s)$ 的倒数，因此，W_{eP} 须具备低通特性[2]。

W_{uP} 表征对 P_{ref} 到 v_P 传递函数的加权，可控制系统输出量大小，从而避免整流器系统在工作过程中产生严重的饱和现象，防止执行器损害。为满足系统鲁棒性要求，W_{uP} 的倒数应大于 $S_P(s)K_P$。

根据自动控制理论可知，控制系统动态响应速度与带宽 ω_{bp} 成正比，调节时间与带宽 ω_{bp} 成反比。但带宽增大可能导致控制系统超调量增加。此外，将整流器系统 PWM 开关频率表示为 f_{pwm}，网侧电流 i_{s} 的高次谐波含量分布在 $2f_{\mathrm{pwm}}$ 附近[1]，由式（3-89）可知，瞬时功率包含网侧电流 i_{s} 分量。系统带宽增大会削弱网侧电流高频谐波分量的抑制能力。考虑控制系统超调量以及对网侧电流 i_{s} 高次谐波的抑制，设定闭环系统带宽 $\omega_{\mathrm{bp}}<2f_{\mathrm{pwm}}$。

综合系统动态响应速度、外界干扰抑制能力、鲁棒性能要求，以及带宽选取范围。通过 Matlab 仿真软件以及半实物实验验证后，确定加权函数各项系数，如式（3-110）所示：

$$\begin{cases} a=1000.0, & b=1.0, & g=0.2 \\ c=1.0, & d=1000.0, & h=2.25\times10^{-4} \end{cases} \tag{3-110}$$

假设控制器 K_{P} 状态空间表达式为

$$K_{\mathrm{P}}=\left[\begin{array}{c|c} A_{\mathrm{k}} & B_{\mathrm{k}} \\ \hline C_{\mathrm{k}} & D_{\mathrm{k}} \end{array}\right] \tag{3-111}$$

由此可得，广义被控对象外部输入 ω_{i} 到输出 Z_{o} 的传递函数 $T_{z\omega}$，如式（3-112）所示：

$$T_{z\omega}=F_{\mathrm{l}}(P_{\mathrm{P}},\,K_{\mathrm{P}})=\begin{bmatrix} A_{\mathrm{T}} & B_{\mathrm{T}} \\ C_{\mathrm{T}} & D_{\mathrm{T}} \end{bmatrix}=P_{\mathrm{PA}}+P_{\mathrm{PB}}K_{\mathrm{P}}(I-P_{\mathrm{PD}}K_{\mathrm{P}})^{-1}P_{\mathrm{PC}} \tag{3-112}$$

式中，

$$\begin{cases} A_{\mathrm{T}}=\begin{bmatrix} A_{\mathrm{l}}+B_{2}R_{\mathrm{p}}D_{\mathrm{k}}C_{2} & B_{2}R_{\mathrm{p}}C_{\mathrm{k}} \\ B_{\mathrm{k}}R_{\mathrm{n}}C_{2} & A_{\mathrm{k}}+B_{\mathrm{k}}R_{\mathrm{n}}D_{22}C_{\mathrm{k}} \end{bmatrix} \\[2mm] B_{\mathrm{T}}=\begin{bmatrix} B_{1}+B_{2}R_{\mathrm{p}}D_{\mathrm{k}}D_{21} \\ B_{\mathrm{k}}R_{\mathrm{n}}D_{21} \end{bmatrix}, \quad R_{\mathrm{p}}=(I-D_{\mathrm{k}}D_{22})^{-1} \\[2mm] C_{\mathrm{T}}=\begin{bmatrix} C_{1}+D_{12}D_{\mathrm{k}}R_{\mathrm{n}}C_{2} & D_{12}R_{\mathrm{p}}C_{\mathrm{k}} \end{bmatrix} \\[2mm] D_{\mathrm{T}}=D_{11}+D_{12}D_{\mathrm{k}}R_{\mathrm{n}}D_{21}, \quad R_{\mathrm{n}}=(I-D_{22}D_{\mathrm{k}})^{-1} \end{cases} \tag{3-113}$$

将式（3-110）代入式（3-108）获得加权函数状态空间。将表 3-6 所示标称参数代入式（3-102）联立式（3-108）、式（3-109），表示出广义被控对象 P_{P} 各项矩阵。利用 Matlab 鲁棒控制工具箱中函数"hinfsyn"，设置式（3-112）中范数 $\|T_{z\omega}(s)\|_{\infty}$ 界为[0.1, 10]，并基于 Riccati 方程对 H_{∞} 控制问题进行滚动寻优，求得 H_{∞} 控制器 K_{P}，如式（3-114）所示：

$$\begin{cases} K_{\mathrm{P}}=K_{\mathrm{Q}}=\dfrac{1.1315\times10^{10}(s+1000)(s+14.29)}{(s+3.959\times10^{6})(s+963.3)(s+1)} \\[3mm] \|T_{z\omega}\|_{\infty}=0.953 \end{cases} \tag{3-114}$$

所得结果显示 $\|T_{z\omega}\|_{\infty}$ 值为 0.953，小于 1。根据小增益定理，可知功率控制系统鲁棒稳定。单相 PWM 整流器 H_{∞}-MDP 控制策略结构框图，如图 3-36 所示。

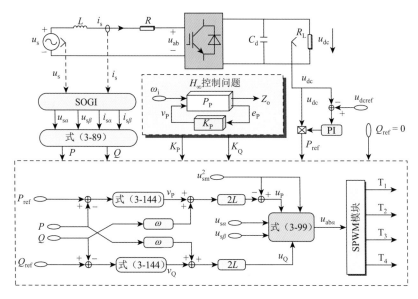

图 3-36　单相 PWM 整流器 H_∞-MDP 控制策略结构框图

图 3-37 给出了 H_∞ 控制闭环幅频特性曲线、加权函数曲线、灵敏度函数曲线。表 3-6 给出了单相 PWM 整流器实验系统参数。

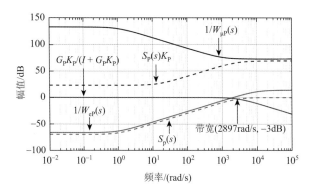

图 3-37　H_∞ 控制闭环幅频特性曲线、加权函数曲线、灵敏度函数曲线

表 3-6　单相 PWM 整流器实验系统参数

参数	标称值	参数	标称值
网侧电压幅值 u_{sm}/V	311	网侧等效电感 L/mH	4.76
给定直流侧电压 u_{dcref}/V	400	直流侧等效负载 R_L/Ω	12
网侧电压频率 f_o/Hz	50	采样频率 f_s/kHz	20
直流侧支撑电容 C_d/μF	4700	开关频率 f_{pwm}/Hz	2000
网侧等效电阻 R/Ω	0.068		

根据图 3-37 以及表 3-6 开关频率 f_{pwm} 可知，整流器系统带宽为 2897rad/s，在预期带宽 $2f_{pwm}$ 内。曲线 $W_{eP} < 1/S_P(s)$、$S_P(s)K_P < 1/W_{uP}$，说明 H_∞ 控制器可使单相 PWM 整流

器系统满足跟踪精度、外界干扰、控制输出能量鲁棒性要求。图 3-37 中，闭环幅频特性曲线 $G_p K_p / (I + G_p K_p)$ 在低于带宽 2897rad/s 时幅值约为 0dB，表明控制系统对给定功率 P_{ref} 跟踪效果良好。灵敏度函数 $S_p(s)$ 曲线频率低于 200rad/s 范围时，幅值小于 20dB，表示该控制系统对低于此频率值的外界干扰至少具有 10 倍抑制效果，在更低频率处，$S_p(s)$ 约为 −66dB，表明功率信号稳态误差可限制在 1/1000 内。

3.5.4　实验验证

为验证所提 H_∞-MDP 控制策略的正确性与有效性，对传统功率前馈解耦控制策略、PI-MDP 控制策略、H_∞-MDP 控制策略开展实验对比研究。为公平对比功率环动态性能，3 种控制策略的电压环采用相同参数。单相 PWM 整流器实验系统参数，如表 3-6 所示。

研究对比 4 种工况，其中工况 1 为稳态性能，工况 2、3 为动态性能，工况 4 为鲁棒性能。

1.　工况 1

图 3-38 给出了整流器系统处于稳态情况下，3 种功率控制策略直流侧电压 u_{dc}、网侧电压 u_s、网侧电流 i_s 实验波形。由图 3-38 可以看出，3 种功率控制策略直流侧电压恒定，网侧电压与网侧电流相位一致，均能保持在单位功率因数状态下运行。

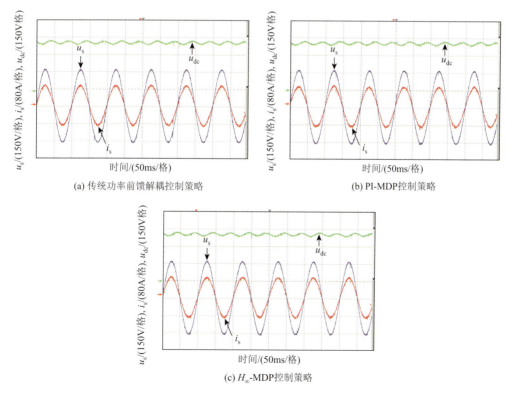

(a) 传统功率前馈解耦控制策略　　　　　(b) PI-MDP控制策略

(c) H_∞-MDP控制策略

图 3-38　稳态情况下直流侧电压、网侧电压、网侧电流实验波形

表 3-7 给出了系统处于稳态情况下，3 种功率控制策略网侧电流 FFT 分析结果。由表 3-7 可知，3 种策略的网侧电流谐波含量基本一致。

表 3-7　稳态情况下，网侧电流 FFT 分析结果

控制策略	传统功率前馈解耦控制	PI-MDP	H_∞-MDP
网侧电流 THD	3.76%	3.75%	3.82%

工况 1 对比结果说明 PI-MDP 控制策略与 H_∞-MDP 控制策略均可实现与传统功率前馈解耦控制策略同样优越的稳态性能，即书中所设计 H_∞ 控制器能有效应用于单相 PWM 整流器系统。

2. 工况 2

图 3-39 给出了 3 种功率控制策略在给定有功功率 P_{ref} 从 15kW 突变到 20kW 情况下，给定有功功率 P_{ref}、有功功率 P，无功功率 Q、网侧电流 i_{s} 的实验波形。由图 3-39（a）可知，传统功率前馈解耦控制策略有功功率调节时间约为 18ms。由图 3-39（b）可知，PI-MDP 控制策略有功功率调节时间约为 8ms。由图 3-39（c）可知，H_∞-MDP 控制策略有功功率调节时间约为 5ms。PI-MDP 控制策略调节时间比传统功率前馈解耦控制调节时间短 10ms，说明采用改进型功率控制结构，可加快系统动态响应速度。同时，相比于 PI-MDP 控制策略动态性能，所提 H_∞-MDP 控制策略动态性能略有提升。

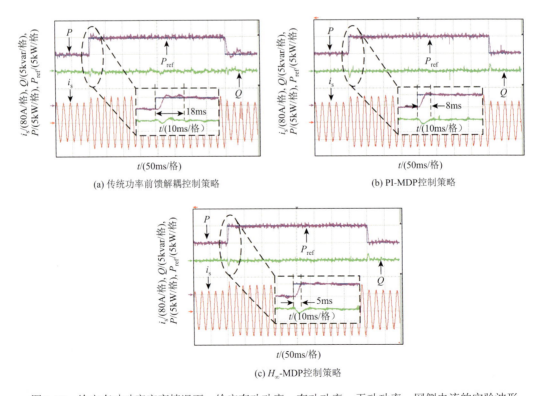

(a) 传统功率前馈解耦控制策略　　　　　　　　(b) PI-MDP控制策略

(c) H_∞-MDP控制策略

图 3-39　给定有功功率突变情况下，给定有功功率、有功功率、无功功率、网侧电流的实验波形

3. 工况 3

图 3-40 给出了直流侧等效负载从 24Ω 突变到 12Ω 情况下，3 种功率控制策略直流侧电压 u_{dc}、网侧电流 i_s、有功功率 P、无功功率 Q 的实验波形。由图 3-40（a）可以看出，采用传统功率前馈解耦控制策略的整流器控制系统，直流侧电压恢复到稳态值所需调节时间约为 85ms，而图 3-40（b）采用 PI-MDP 控制策略的直流侧电压调节时间约为 75ms。对比结果说明改进型控制结构在动态性能方面具有较好的控制效果。图 3-40（c）中，采用 H_∞-MDP 控制策略的直流侧电压调节时间为 66ms。虽然电压外环动态性能由外环 PI 控制器决定，但工况 3 实验结果显示 H_∞-MDP 控制策略电压外环动态性能优于其余 2 种基于 PI 控制器的功率控制策略。

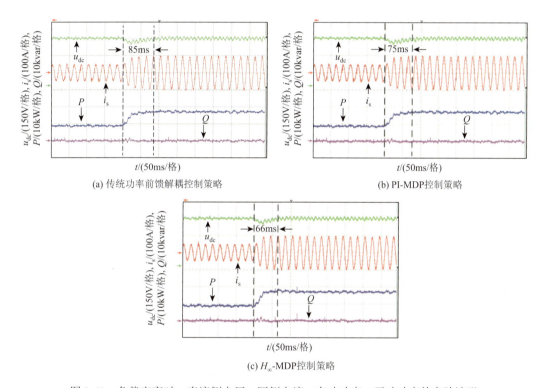

图 3-40　负载突变时，直流侧电压、网侧电流、有功功率、无功功率的实验波形

4. 工况 4

图 3-41 给出了直流侧等效负载恒定情况下，网侧等效电感参数突变 20%时，3 种功率控制策略的网侧电流 i_s、直流侧电压 u_{dc}、有功功率 P、无功功率 Q 实验波形。根据图 3-40 实验波形，将工况 4 实验对比结果在表 3-8 给出。由表 3-8 可知在网侧电感参数摄动情况下，PI-MDP 控制策略的整流器系统鲁棒性优于传统功率前馈解耦控制策略。H_∞-MDP 控制策略对应的 P、Q 波动峰峰值均小于其余 2 种基于 PI 控制器的功率控制策略，所提 H_∞-MDP 控制策略能有效提升整流器系统鲁棒性。

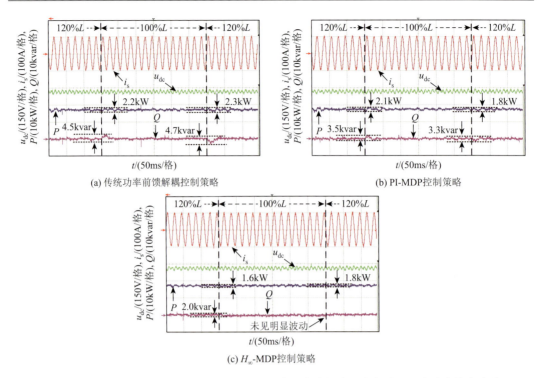

(a) 传统功率前馈解耦控制策略　　　　　　　　　　(b) PI-MDP控制策略

(c) H_∞-MDP控制策略

图 3-41　额定负载情况下，电感突变时，网侧电流、直流侧电压、有功、无功功率的实验波形

表 3-8　工况 4 电感突变时，功率波动实验对比

控制策略		传统功率前馈解耦控制	PI-MDP	H_∞-MDP
120% L 到 100% L 突变时	P/kW	2.2	2.1	1.6
	Q/kvar	4.5	3.5	2.0
100% L 到 120% L 突变时	P/kW	2.3	1.8	1.8
	Q/kvar	4.7	3.3	无明显波动

　　表 3-9 给出了 4 种工况下的实验对比结果。在 DSP 中，传统功率前馈解耦控制、PI-MDP 及 H_∞-MDP 的运行时间分别为 2.42μs、2.22μs 和 4.05μs。可以看出 H_∞-MDP 运行时间略大，但三者运行时间较短，对 DSP 芯片造成的计算压力可忽略。

表 3-9　4 种工况下的实验对比结果

控制策略	传统功率前馈解耦控制	PI-MDP	H_∞-MDP
网侧电流 THD/%	3.76	3.75	3.82
P_{ref} 突变时 P 调节时间/ms	18	8	5
负载突变时 u_{dc} 调节时间/ms	85	75	66
运行时间/μs	2.42	2.22	4.05
电感参数摄动时鲁棒性	良	较好	优

3.6 基于广义内模控制的模型预测直接电流控制

3.6.1 广义内模控制结构

如图 3-42 所示的标准线性时不变反馈系统，对于被控对象 P，存在任意形式的控制器 G 使得闭环系统稳定。假定存在标称控制器 G_0 使得闭环系统内稳定，且 G_0、P 存在左、右互质分解，可分别表示为：$G_0 = \tilde{V}^{-1}\tilde{U} = UV^{-1}$，$P = \tilde{M}^{-1}\tilde{N} = NM^{-1}$。根据 Youla 参数化方法，控制器 G 可表示为

$$G = (\tilde{V} - Q\tilde{N})^{-1}(\tilde{U} + Q\tilde{M}) \tag{3-115}$$

式中，$Q \in H_\infty$，且 $\det(\tilde{V}(\infty) - Q(\infty)\tilde{N}(\infty)) \neq 0$。或者，等价为

$$G = (U + MQ)(V - NQ)^{-1} \tag{3-116}$$

式中，$Q \in H_\infty$，且 $\det(V(\infty) - N(\infty)Q(\infty)) \neq 0$。

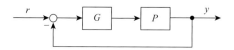

图 3-42 标准线性时不变反馈系统框图

式（3-115）所示控制器的结构框图，如图 3-43 所示。

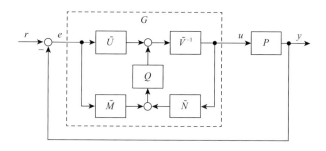

图 3-43 Youla 控制器结构框图

在标准的 Youla 控制器参数化中，存在约束条件[10]：$\tilde{U}N + \tilde{V}M = I$，$\tilde{N}U + \tilde{M}V = I$。同时，标称控制器 G_0 可选择使得系统稳定的观测器。然而，这种约束条件并不易实现。当放松约束条件时，G_0 可选择使得标称系统稳定的控制器，在实际应用中，常采用简单的 PID 控制器。

对比图 3-42 和图 3-43 可知，Youla 控制器参数化等效于用 5 个模块实现图 3-42 中的控制器 G。当 Q 固定时，Youla 参数化后的控制器具备更高阶的控制结构，相比图 3-42

中的控制器 G 没有任何优势，且不利于工程实现。当 Q 采用自适应方法设计时，Youla 控制器参数化结构存在一定的优势。

GIMC 结构是在 Youla 控制器参数化的基础上对反馈系统的控制结构进行重新构造，获得具有一致内稳定性的新控制结构。在实际工程应用中，图 3-42 中的被控对象 P 的精确模型难以获得，常使用标称模型 P_0 进行控制器设计。假定存在控制器 G_0 使得标称被控对象 P_0 的闭环系统稳定，且 G_0、P_0 存在左、右互质分解，可表述如下：$G_0 = \tilde{V}^{-1}\tilde{U} = UV^{-1}$，$P_0 = \tilde{M}^{-1}\tilde{N} = NM^{-1}$。根据 Youla 控制器参数化可得，使得系统稳定的任意控制器 G 均可由式（3-115）或式（3-116）进行描述。当 G_0、P_0 存在左互质分解时，控制器 G 可表述如下：

$$G = (\tilde{V} - Q\tilde{N})^{-1}(\tilde{U} + Q\tilde{M}) \tag{3-117}$$

GIMC 所采用的新控制结构，如图 3-44 所示。

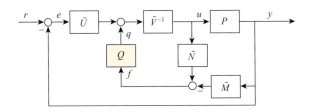

图 3-44　基于左互质分解的 GIMC 结构框图

对比图 3-43 和图 3-44 可知，两种控制结构的参考输入 r 进入系统的位置并不相同，表明两者的系统反馈结构并不等效。然而，y 到 u 的传递函数显然都为 $-G$，因此两种控制结构具有相同的内稳定特性，对于任意的 Q 都需要满足：$Q \in H_\infty$，且 $\det(\tilde{V}(\infty) - Q(\infty)\tilde{N}(\infty)) \neq 0$。

图 3-44 中，基于左互质分解的 GIMC 控制结构存在内外两个反馈回路。其中，内环回路中 Q 的输入 $f = \tilde{N}u - \tilde{M}Pu$。假定标称模型 P_0 能够精确描述系统模型 P，则存在：$P = P_0 = \tilde{M}^{-1}\tilde{N}$。故可推导出，$Q$ 的输入 $f = \tilde{N}u - \tilde{M}\tilde{M}^{-1}\tilde{N}u = 0$。由此可知，$Q$ 的输出 q 也将等于 0。此时系统内环控制回路将不起任何作用，图 3-44 将简化为图 3-42，系统的控制性能由控制器 G_0 决定。

当图 3-44 中的被控对象 P 存在不确定性或/和外部扰动、测量噪声等因素影响时，P 与 P_0 将出现偏差，显然可得 $f \neq 0$，$q \neq 0$，内环控制回路将对闭环系统产生作用。此时，q 与 $\tilde{U}$ 的输出共同作用于 $\tilde{V}^{-1}$，从而改变了被控对象 P 输入 u 的大小。当存在适当的 Q 时，可让其输出 q 趋于 0。由此可见，Q 不影响外环在系统标称状态下的控制性能，但可补偿系统不确定性或/和扰动对系统的不利影响，从而增强系统鲁棒性能，因此常称为鲁棒控制器。

同理，根据 Youla 控制器参数化可进行基于右互质分解的 GIMC 结构的特性分析，当取 $M = I, N = P_0, U = 0, V = I$，基于右互质分解的 GIMC 结构可简化为标准的内模控制结构。然而，基于右互质分解的 GIMC 结构并不具备基于左互质分解的 GIMC 结构的优点[11]，详细分析过程不再赘述。

由以上分析可知，基于左互质分解的 GIMC 结构可基于系统的控制性能和鲁棒性能分别对标称控制器 G_0 和鲁棒控制器 Q 进行设计，其设计步骤一般如下。

（1）根据系统的标称模型 P_0 设计满足系统控制性能的标称控制器 G_0，且 G_0 存在左互质分解：$G_0 = \tilde{V}^{-1}\tilde{U}$。

（2）设计鲁棒控制器 Q 以满足系统对扰动抑制能力、鲁棒性能要求。

上述两种控制器 G_0、Q 均可基于任意控制理论进行设计。

3.6.2　基于 GIMC 的模型预测直接电流控制

1. 标称控制器设计

基于 dq 电流解耦控制框架的电流闭环控制简化框图，图 3-45 所示。图中，G_0 表示闭环系统标称控制器；P_0 表示被控对象的标称模型，其传递函数可表示为

$$P_0(s) = \frac{1}{Ls + R} \tag{3-118}$$

基于 dq 电流解耦控制框架的通用控制器结构，如图 3-46 所示。

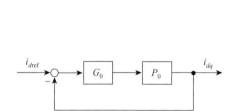

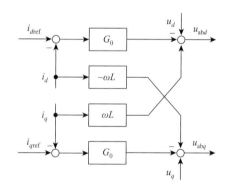

图 3-45　基于 dq 电流解耦控制框架的电流环闭环系统简化框图

图 3-46　基于 dq 电流解耦控制框架的通用控制器框图

图 3-46 中，dq 轴控制器输出 $u_{\mathrm{ab}d}$、$u_{\mathrm{ab}q}$ 可表示为

$$\begin{cases} u_{\mathrm{ab}d} = u_d + \omega L i_q - G_0(s)(i_{d\mathrm{ref}} - i_d) \\ u_{\mathrm{ab}q} = u_q - \omega L i_d - G_0(s)(i_{q\mathrm{ref}} - i_q) \end{cases} \tag{3-119}$$

式中，u_d、$\omega L i_q$ 及 u_q、$\omega L i_d$ 为电压前馈项。

进一步地，对 MP-DCC 算法的分析可知，dq 轴控制器输出 $u_{\mathrm{ab}d}$、$u_{\mathrm{ab}q}$ 的离散时间域模型为

$$\begin{cases} u_{\mathrm{ab}d}(k) = u_d(k) + \omega L i_q(k) - \dfrac{L}{T_c}[i_{d\mathrm{ref}}(k) - i_d(k)] \\ u_{\mathrm{ab}q}(k) = u_q(k) - \omega L i_d(k) - \dfrac{L}{T_c}[i_{q\mathrm{ref}}(k) - i_q(k)] \end{cases} \tag{3-120}$$

式中，T_c 为单相两电平脉冲整流器的控制周期。

比较式（3-119）、式（3-120）可知，采用 MP-DCC 算法获得的标称控制器 G_0 为比例控制器，可表示为

$$G_0 = \frac{L}{T_c} \tag{3-121}$$

2. 鲁棒控制器设计

由式（3-121）可知，标称控制器 G_0 对网侧电感参数敏感。当网侧电感参数摄动时，会导致系统控制性能下降，鲁棒性能变差。本节将 G_0 将代入 GIMC 结构，设计鲁棒控制器 Q，以增强系统鲁棒性能。

由式（3-118）、式（3-121），可推导出 G_0、P_0 的左互质分解可分别表示为

$$G_0 = \frac{L}{T_c} = \tilde{V}^{-1}\tilde{U} = 1 \times \frac{L}{T_c} \Rightarrow \tilde{V}^{-1} = 1, \quad \tilde{U} = \frac{L}{T_c} = G_0 \tag{3-122}$$

$$P_0 = \frac{1}{Ls + R} = \tilde{M}^{-1}\tilde{N} = 1 \times \frac{1}{Ls + R} \Rightarrow \tilde{M} = 1, \quad \tilde{N} = \frac{1}{Ls + R} = P_0 \tag{3-123}$$

将式（3-122）、式（3-123）代入图 3-44 可得，基于 GIMC 结构的电流环闭环控制框图如图 3-47 所示。

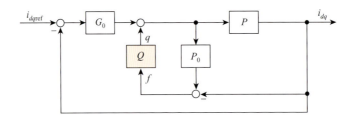

图 3-47　基于 GIMC 控制结构的电流环闭环控制框图

网侧电感 L 的参数摄动可转化为系统输出乘性不确定性进行分析和处理。同时，由 2.4.1 小节对 dq 坐标系下电流环的不完全解耦模型的分析可知，dq 轴电流估计误差对电流环的影响可等效为输入扰动。在考虑 dq 轴电流估计误差、网侧电感参数摄动的情况下，基于 GIMC 结构的电流环闭环控制框图如图 3-48 所示。图中，d_i 表示由电流估计误差产生的输入扰动，W_{d_i} 表示 d_i 的频域模型，d_m 表示系统输出乘性不确定性的输出，W_m 为系统输出乘性不确定性上界。

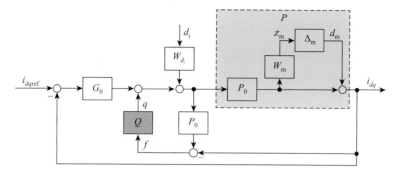

图 3-48　考虑输入扰动和系统不确定性的基于 GIMC 控制结构的电流环闭环控制框图

图 3-48 中，鲁棒控制器 Q 可基于任意控制理论进行设计。系统鲁棒稳定的条件是满足：

$$\left\|\begin{matrix} W_{d_i} T_{yd_i} \\ W_m T_{z_m d_m} \end{matrix}\right\|_\infty < 1 \tag{3-124}$$

式中，$W_{d_i} T_{yd_i}$ 为输入扰动 d_i 到输出 i_{dq} 的传递函数；$T_{z_m d_m} W_m$ 为系统输出不确定性输出 d_m 到输出 i_{dq} 的传递函数。由 3.2.2 小节的分析可知，系统的乘性摄动上界的幅值增益存在 $\|W_m\|_\infty < 1$，可统一归入输出扰动 d 进行处理。传递函数 $T_{z_m d_m}$ 等效于补灵敏传递函数 T_{yd}，即输出扰动 d 到输出 i_{dq} 的传递函数。进一步地，由 2.4.1 小节对 dq 轴电流估计误差产生的输入扰动的分析可知，W_{d_i} 的幅值增益为常量，存在 $|W_{d_i}| = \omega L < 1$。因此，图 3-48 所示系统鲁棒稳定条件可简化为

$$\left\|\begin{matrix} T_{yd_i} \\ T_{yd} \end{matrix}\right\|_\infty < 1 \tag{3-125}$$

图 3-48 可简化为如图 3-49 所示结构。

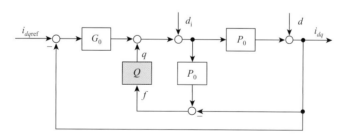

图 3-49　考虑输入、输出扰动的基于 GIMC 控制结构的电流环闭环控制框图

图 3-49 中，鲁棒控制器 Q 可采用 H_∞ 混合灵敏度方法进行设计，但可预期设计过程较为烦琐，且控制器阶数较高，这将增加在数字控制器中电流环的计算时间，不利于工程应用，因而需要简化鲁棒控制器 Q 的结构。由图 3-49 可知，闭环系统输出 i_{dq} 可表示为

$$i_{dq} = T_{yr} i_{dqref} + T_{yd_i} d_i + T_{yd} d \tag{3-126}$$

式中，

$$T_{yr} = \frac{i_{dq}}{i_{dqref}} = \frac{P_0 G_0}{1 + P_0 G_0} \tag{3-127}$$

$$T_{yd_i} = \frac{i_{dq}}{d_i} = \frac{(1 - P_0 Q) P_0}{1 + P_0 G_0} \tag{3-128}$$

$$T_{yd} = \frac{i_{dq}}{d} = \frac{1 - P_0 Q}{1 + P_0 G_0} \tag{3-129}$$

式（3-127）为标准反馈系统结构的传递函数，与鲁棒控制器 Q 无关，再次表明鲁棒控制器 Q 不会影响外环的控制性能。

由式（3-128）、式（3-129）可知，为了抑制输入扰动 d_i、输出扰动 d 对输出 i_{dq} 的影响，需要 T_{yd_i}、T_{yd} 在 d_i、d 的特征频率范围内的增益应足够小。显然，当鲁棒控制器 Q 满足

$$Q = P_0^{-1} \tag{3-130}$$

时，存在 $1 - P_0 Q = 0$，可推导出 $T_{yd_i} = 0$，$T_{yd} = 0$，系统必然满足式（3-125）所示的鲁棒稳定条件。

将式（3-118）代入式（3-130），可推导出理想鲁棒控制器 Q_0 的频域模型为

$$Q_0(s) = Ls + R \tag{3-131}$$

式中，Q_0 为非正则有理传递函数，物理上不可实现。这可通过增加控制器的极点实现 Q_0 的正则有理化，即相当于串联滤波器。

在 dq 坐标系下，被控对象 i_s 的有效分量呈低频（直流）特性。因此，选择使得鲁棒控制器 Q_0 正则有理化的滤波器应为低频增益为 0dB 的低通滤波器，滤波器 F_{LPF} 的一般频域模型可表示为：$F_{LPF}(s) = \dfrac{1}{(\tau s + 1)^n}$，$(n = 1, 2, 3, \cdots)$。其中，$\tau$ 决定了 F_{LPF} 的转折频率/转角频率 ω_{LPF}，存在 $\omega_{LPF} = \dfrac{1}{\tau}$。当 τ 越小，ω_{LPF} 越大，F_{LPF} 的带宽越宽。考虑系统动态性能，要求取 $\tau < 1$ 即可，具体取值范围需要根据系统特性进一步考虑。n 决定了 F_{LPF} 在高频区域（$\omega \gg \omega_{LPF}$）幅值增益的下降斜率为 $-20n$dB/dec。n 增大可减小环路高频区域的幅值增益，有利于更有效抑制高频噪声。然而，随着 n 的增大，数字控制器中的程序计算时间也会增加。结合工程实际，n 一般选择为 1～3。本章选择 $n = 1$，以最小化内环控制结构的计算时间。根据上述分析，可确定选用滤波器 F_{LPF} 的频域模型可表示为

$$F_{LPF}(s) = \frac{1}{\tau s + 1} \tag{3-132}$$

综合式（3-131）、式（3-132）可得，待设计鲁棒控制器 Q 的频域模型为

$$Q(s) = Q_0(s) F_{LPF}(s) = \frac{Ls + R}{\tau s + 1} \tag{3-133}$$

式中，τ 为待确定参数。

采用式（3-133）所示的鲁棒控制器 Q 后，电流环闭环特性将会发生变化，需要代入闭环系统进行分析，以确定 τ 的取值范围。

将式（3-133）代入式（3-128）、式（3-129）可推导出，传递函数 T_{yd_i}、T_{yd} 分别为

$$T_{yd_i}(s) = \frac{\tau s}{\left(Ls + R + \dfrac{L}{T_c}\right)(\tau s + 1)} \tag{3-134}$$

$$T_{yd}(s) = \frac{\tau s(Ls + R)}{\left(Ls + R + \dfrac{L}{T_c}\right)(\tau s + 1)} \tag{3-135}$$

由式（3-134）、式（3-135）中 T_{yd_i}、T_{yd} 的零极点分布可知，T_{yd_i} 呈带通特性，T_{yd} 呈高通特性。当 $\tau < 1$ 时，可推导出，系统必然满足式（3-125）所示的鲁棒稳定条件。由此可知，τ 的取值可以任意小，低通滤波器 F_{LPF} 的转折频率 ω_{LPF} 可任意大。然而，上述分析均是基于脉冲整流器的低频线性模型，网侧回路中还存在未建模的高频分量，因此并不能据此直接确定 τ 的取值。

由脉冲整流器的工作原理及 3.2.2 小节对网侧电流谐波分量的分析可知，dq 轴电流存在基于网侧电压频率的低频偶次谐波分量及基于开关频率的高频偶次谐波分量。由图 3-49 可知，网侧电流的谐波分量将会通过闭环系统输出端的电流采样传感器进入内外环回路，因此可将谐波分量等效为测量噪声 n 进行分析。在仅考虑噪声 n 条件下，电流环闭环控制结构，如图 3-50 所示。

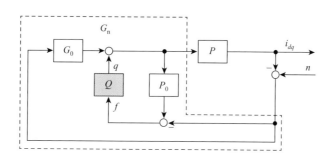

图 3-50　仅考虑噪声 n 的基于 GIMC 控制结构的电流环闭环控制结构

比较图 3-43、图 3-50 可知，测量噪声 n 到被控对象 P 的传递特性 G_n 与 Youla 控制器参数化控制结构一致。为了简化分析过程，忽略阻值很小的网侧电阻 R，将式（3-122）、式（3-123）、式（3-133）代入式（3-117）可推导出，G_n 的频域模型为

$$G_n(s) = \frac{L(T_c + \tau)s + L}{T_c \tau s} \tag{3-136}$$

综合式（3-118）、式（3-136）可推导出，图 3-50 中，测量噪声 n 到系统输出 i_{dq} 的闭环传递函数 T_{yn} 的频域模型为

$$T_{yn}(s) = \frac{i_{dq}}{n} = \frac{(T_c + \tau)s + 1}{(T_c s + 1)(\tau s + 1)} \tag{3-137}$$

可见，T_{yn} 为二阶系统，呈低通特性，存在一个实零点，其转折频率 $\omega_z = \dfrac{1}{T_c + \tau}$；存在

两个实极点，其转折频率分别为 $\omega_{p1} = \dfrac{1}{T_c}$，$\omega_{p2} = \dfrac{1}{\tau} = \omega_{LPF}$。由于存在 $T_c \ll 1$，$0 < \tau < 1$，可推导出：$\omega_z > \omega_{p1}$，$\omega_z > \omega_{p2} = \omega_{LPF}$。可见，滤波器参数 τ 的取值范围会影响闭环传递函数 T_{yn} 的带宽。当 $\tau < T_c$ 时，T_{yn} 的带宽基本上取决于脉冲整流器的控制周期 T_c。当 $\tau > T_c$ 时，闭环回路带宽基本上取决于滤波器参数 τ。为了抑制网侧电流谐波对电流环性能的影响，T_{yn} 在网侧电流谐波特征频率范围内增益应足够小，即 T_{yn} 带宽应足够小。然而，T_{yn} 带宽过小必然影响系统的动态性能。因此，T_{yn} 的带宽应该在满足对网侧电流谐波抑制要求的前提下尽量大。根据 3.2.2 小节的分析结论，可以确定 T_{yn} 的带宽应小于 2 倍网侧电压基波角频率 ω_0。

由于采用 PWM 调制模块的脉冲整流器的开关频率恒定，且远大于网侧电压频率，T_{yn} 的带宽只能通过滤波器参数 τ 来调整，即需要满足的条件为：$\omega_{p2} = \omega_{LPF} = \dfrac{1}{\tau} < 2\omega_0 \ll \omega_{p1} = \dfrac{1}{T_c}$。考虑式（3-132）所选择滤波器 F_{LPF} 的转折频率后的幅值增益下降斜率较小，为 -20dB/dec，因此，F_{LPF} 的转折频率应尽量远离网侧电流最低谐波角频率 $2\omega_0$。根据上述分析，并综合考虑内环动态性能和系统鲁棒性能，滤波器 F_{LPF} 的 τ 参数选取原则确定为

$$\frac{1}{2\omega_0} \ll \tau \ll 1 \tag{3-138}$$

式中，τ 的取值大小需要根据电流环谐波分量特性进行选择，主要与采样频率、开关频率及输出功率相关，能够通过实验结果简单确定。经仿真和实验验证，滤波器的转折频率 ω_{LPF} 建议设置在 0.2～0.6 倍网压角频率范围内，即 $(0.2 \sim 0.6)\omega_0$。

本章所提的 GIMC-based MP-DCC 算法控制框图，如图 3-51 所示。图中，虚轴电流估计方法采用 SOGI 方法。

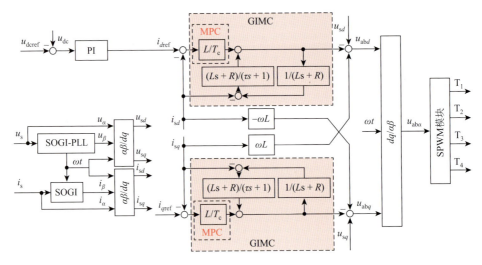

图 3-51　GIMC-based MP-DCC 算法控制框图

3.6.3　实验验证

1. 半实物实验

将 PI-based DCC、H_∞-MS DCC、MP-DCC 及本章所提 GIMC-based MP-DCC 算法从稳态性能、PI 控制器数量、电流环参数调节、动态性能和鲁棒性能等方面进行分析，实验对比结果如表 3-10 所示。

表 3-10　四种控制算法的实验结果对比

性能指标	PI-based DCC	H_∞-MS DCC	MP-DCC	GIMC-based MP-DCC
网侧电流 THD 值/%	5.46	5.38	5.10	5.07
PI 控制器数量	3	1	1	1
电流环参数调节	复杂	无	无	简单
电流环调节时间/ms	62	10	6	8
负载突变时，直流侧电压恢复时间/ms	90	80	72	73
满载时，电感突增 50%，i_q 恢复时间/ms	56	47	——	24
满载时，电感突增 50%，i_q 波动峰值/A	200	90	160	70

实验结果表明，在标称系统状态下，本章所提算法与传统 MP-DCC 算法的稳态和动态性能基本相近，优于 PI-based DCC 和 H_∞-MS DCC 算法。相比于 PI-based DCC 算法，所提算法的电流环调节时间减少 54ms。相比 H_∞-MS DCC 算法，所提算法的电流环调节时间减少 2ms。在电感参数摄动的情况下，MP-DCC 算法的网侧电流出现稳态误差，所提算法在经过短暂的瞬态过程后，网侧电流能恢复原有的稳态值。相比于 PI-based DCC 和 H_∞-MS DCC 算法，所提算法在瞬态过程中网侧电流的波动峰值分别减小 130A、20A，网侧电流恢复时间分别减少 32ms、23ms，表明所提算法能更有效地增强系统的鲁棒性能。

2. 小功率原型样机实验

根据 H_∞ 控制器设计方法对所提的 H_∞-MS DCC 算法的控制器进行重新设计，电流控制器 G 的频域模型为

$$G(s)=\frac{1.2688\times10^6(s+1.153\times10^8)(s+12.14)}{(s+0.2191)(s+6.04\times10^5)(s+1.552\times10^8)} \quad (\gamma=0.909<1) \quad (3\text{-}139)$$

在直流侧负载电流分别为 4A、6A、8A、10A 的条件下，测量 4 种控制算法网侧电流 i_s 的 THD 值，其变化趋势如图 3-52 所示。

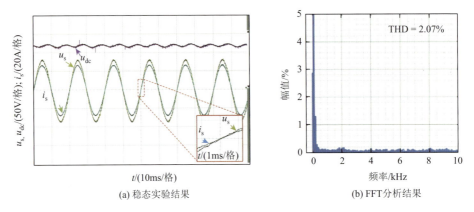

(a) 稳态实验结果　　　　　　　　(b) FFT分析结果

图 3-52　GIMC-based MP-DCC 稳态实验及网侧电流 FFT 分析结果

将 q 轴参考电流 i_{qref} 设 0A，d 轴参考电流 i_{dref} 周期性地在 100%～125%额定电流之间切换。首先使用 SOGI 方法作为虚轴电流估计方法，4 种控制算法的网侧电流 i_s、d 轴参考电流 i_{dref}、d 轴电流 i_d、q 轴电流 i_q 的瞬态实验波形，如图 3-53 所示。

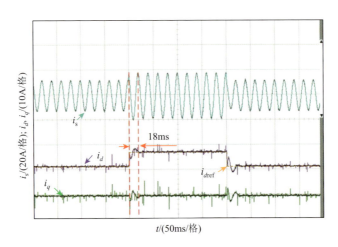

图 3-53　GIMC-based MP-DCC 使用 SOGI 方法时的瞬态实验结果

实验结果表明，GIMC-based MP-DCC 算法能应用于工程实际，且具备更优的稳态性能，以及更快的动态响应速度。

参 考 文 献

[1]　Song W S，Deng Z X，Wang S L，et al. A simple model predictive power control strategy for single-phase PWM converters with modulation function optimization[J]. IEEE Transactions on Power Electronics，2016，31（7）：5279-5289.

[2]　吴敏，何勇，佘锦华. 鲁棒控制理论[M]. 北京：高等教育出版社，2010.

[3]　McFarlane D，Glover K. A loop-shaping design procedure using H/sub infinity/synthesis[J]. IEEE Transactions on Automatic Control，1992，37（6）：759-769.

[4]　高吉磊，张雅静，林飞，等. 单相 PWM 整流器谐波电流抑制算法研究[J]. 中国电机工程学报，2010，30（21）：32-39.

[5]　Prempain E，Postlethwaite I. Static H_∞ loop shaping control of a fly-by-wire helicopter[J]. Automatica（Journal of IFAC），

2005，41（9）：1517-1528.

[6] Vinnicombe G. Uncertainty and Feedback：H_∞ Loop-shaping and the v-gap metric[M]. London：Imperial College Press，2001.

[7] 梅生伟，申铁龙，刘康志. 现代鲁棒控制理论与应用[M]. 2 版. 北京：清华大学出版社，2008：121-129.

[8] Gu D W，Petkov P，Konstantinov M M. Robust Control Design With MATLAB[M]. Berlin：Springer，2005.

[9] Zhong Q C，Liang J，Weiss G，et al. H_∞ control of the neutral point in four-wire three-phase DC-AC converters[J]. IEEE Transactions on Industrial Electronics，2006，53（5）：1594-1602.

[10] Youla D C，Bongiorno J J，Lu C N. Single-loop feedback-stabilization of linear multivariable dynamical plants[J]. Automatica（Journal of IFAC），1974，10（2）：159-173.

[11] Zhou K M，Ren Z. A new controller architecture for high performance，robust，and fault-tolerant control[J]. IEEE Transactions on Automatic Control，2001，46（10）：1613-1618.

第4章 单相脉冲整流器的故障诊断与故障容错

四象限脉冲整流器在列车牵引工况下起整流作用，将单相交流电转换成直流电；在制动工况下起逆变作用，将直流电转换成单相交流电回馈牵引供电网。四象限脉冲整流器的主要功能是，通过控制算法实现在电网电压或负载发生变化时，能够维持中间直流电压的稳定，为电机侧逆变器提供良好的工作条件；同时使电网功率因数接近于1，电网电流尽可能接近正弦，并消除谐波，减少电网对周围环境的电磁污染[1]。

4.1 单相脉冲整流器故障建模与分析

4.1.1 IGBT 模块开路故障影响分析

定义网侧电流流入整流器为参考方向，假设 T_1 管发生开路故障，则单相整流器故障拓扑如图 4-1 所示。当 T_1 管开路时，若网侧电流 i_N 为正，电流可经二极管 D_1 续流，而不影响整流器正常工作。若网侧电流 i_N 为负，则二极管 D_1 无法续流，此时电路拓扑将发生变化。由表 2-1 可得，当 T_1 管开路故障时，若网侧电流 i_N 为负，IGBT 开关控制信号为 (1 0 0 0)、(1 0 0 1) 和 (1 0 1 0) 时，脉冲整流器无法正常运行。

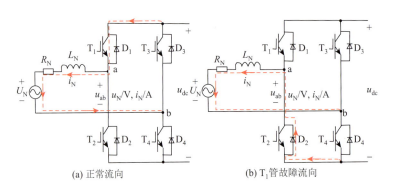

(a) 正常流向   (b) T_1 管故障流向

图 4-1 单相整流器 T_1 管开路故障前后网侧电流流向图

开关控制信号为 (1 0 0 0) 时，T_1 管和 D_3 管导通，网侧电流 i_N 流向如图 4-1（a）所示。此时 $u_{ab}=0$，电容 C_d 向负载供电，直流电压通过负载形成回路释放能量，直流电压下降。另一方面，牵引绕组两端电压 u_N 直接加在电感 L_N 上，对电感 L_N 充电。因此电流幅值增大，电感 L_N 储存能量。

当 T_1 管开路故障时，由于电感电流不能突变，网侧电流通过二极管 D_3 和 D_2 续流。

此时 $u_{LN} = u_N - u_{dc}$，$u_{ab} = -u_{dc}$，牵引绕组和电感 L_N 向直流侧电容充电，电流 i_N 幅值减小，直流侧电压 U_{dc} 增大。由于网侧电流幅值减小，直流侧电压幅值增大的程度有限，且取决于负载大小。

当开关控制信号为(1 0 0 1)时，T_1 管和 T_4 管导通。此时 $u_{LN} = u_N + u_{dc}$，$u_{ab} = u_{dc}$，牵引绕组和直流侧电容均向电感 L_N 充电，电流幅值 i_N 增大，电感 L_N 储存能量，直流侧电压下降。

当 T_1 管开路故障时，由于电感电流不能突变，网侧电流只能通过 T_4 和 D_2 续流。此时 $u_{ab} = 0$，电容 C_d 向负载供电，直流电压通过负载形成回路释放能量，直流电压下降。另一方面，只有牵引绕组两端电压 u_N 加在电感 L_N 上，电感 L_N 充电。因此电流 i_N 幅值相对正常状态减小，电感 L_N 储能量减小。

当开关控制信号为(1 0 1 0)时，整流器故障前后拓扑和网侧电流 i_N 流向同开关信号(1 0 0 0)。开关信号为(1 0 0 0)只出现在死区时间，作用时间相比开关控制信号为(1 0 1 0)时较短。

综上所述，当 T_1 管开路故障时网侧电流 i_N 的正值部分不受影响，负值部分幅值减小，直流侧电压幅值减小，减小幅值与负载大小有关。其余功率开关管开路故障分析类似。其中网侧电压有效值 u_N 为 1550V，牵引绕组漏电感 L_N 为 2.2mH，牵引绕组电阻 R_N 为 0.068Ω。

4.1.2　反并联二极管开路故障影响分析

同样假设反并联二极管 D_1 发生开路故障。定义网侧电流流入整流器为参考方向，当网侧电流为负时，网侧电流流经 T_1 或者 D_2，二极管 D_1 不工作。因此，当网侧电流为负时，二极管 D_1 开路故障不影响单相整流器正常运行。

当网侧电流为正时，若二极管 D_1 发生开路故障且功率开关管 T_2 不导通，则网侧电流将没有流通回路。由于电感电流不能突变，则此时牵引绕组漏感两端电压将急剧增大。由基尔霍夫定律可知，整流器输入端电压 u_{ab} 也将急剧增大。因此整流器功率开关管 T_1 和 T_2 两端所承受的电压也将急剧增大。整流器输入端电压在网侧电流无法流通时能在极短时间内达到 50kV。查询资料得知，IGBT 的闭锁电压为 6.5kV，远远小于牵引绕组漏电感产生的电压冲击。因此，反并联二极管发生开路故障时，将在短时间内引起单相整流器 IGBT 模块发生过压故障。

IGBT 模块过压故障是由过电压引起的 PN 结大量热累积导致的，在极短时间内因热击穿而导致 IGBT 模块短路失效。因此反并联二极管开路故障对于四象限脉冲整流器是一种非常致命的故障。

4.1.3　串联谐振电路故障建模与分析

基于单相脉冲整流器的结构特点，其输出电压含有 2 倍电网频率（100Hz）的脉动电压。因此中间直流回路的串联谐振电路负责滤除该脉动电压，使得中间直流侧电压更加平稳。

当串联谐振电路电感开路故障时，谐振电路开路，谐振电容电压通过放电电阻放电。中间直流回路失去滤除 100Hz 脉动电压的功能，导致中间直流侧电压波动增大。串联谐振电路电感开路故障不会立即引起直流回路电压剧烈波动，但谐振电压输入牵引电机会引起电机定子电流谐波含量、电磁转矩脉动增大，容易造成牵引传动系统二次故障。而牵引电机定子电流谐波和电磁转矩脉动的增大会进一步加剧中间直流侧电压脉动，进而影响四象限脉冲整流器控制，增加网侧电流谐波含量，最终导致牵引传动系统崩溃。在实际运行中，若发生中间直流回路串联谐振电路电感开路故障，牵引控制单元报"中间回路：超过最大允许运行电压"和"电流相位不对称过高"等故障。

中间直流回路串联谐振电路电感短路故障时，谐振电容与支撑电容并联。中间直流回路失去滤除 100Hz 脉动电压的功能，导致中间直流侧电压波动增大。谐振电感短路与开路故障的影响类似，但由于谐振电容值（4.56mF）比支撑电容值（3mF）还大，等效为增大了中间直流回路支撑电容。因此谐振电感发生短路故障时，中间直流侧电压波动幅度较电感开路故障时小，牵引电机定子电流谐波含量也较小。在实际运行中，若发生中间直流回路串联谐振电路电感短路故障，由于故障影响较小，牵引控制单元可能无法及时检测出该故障，造成安全隐患。

中间直流回路串联谐振电路电容开路故障时，谐振电感与放电电阻组成回路。中间直流回路失去滤除 100Hz 脉动电压的功能，导致中间直流侧电压波动增大。谐振电容开路故障与电感开路故障影响类似，但易引起滤波电感与支撑电容并联谐振，导致严重故障。实际运行中牵引控制单元报"中间回路：超过最大允许运行电压"和"电流相位不对称过高"等故障。

中间直流回路串联谐振电路电容短路故障时，中间直流回路拓扑等效为谐振电感与谐振电容并联，此时可能发生 LC 并联谐振，导致直流回路电压波动急剧增大。同时，谐振电容短路时，电容两端电压发生急剧放电现象，极易导致电容损毁。在实际运行中，若发生中间直流回路串联谐振电路电容短路故障，牵引控制单元报"中间回路：超过最大允许运行电压"等故障。

4.1.4　单相 PWM 整流器故障特征总结

T_1 和 T_4（T_2 和 T_3）管故障信号的相似性使其难以正确定位故障的 IGBT 器件。出于同样的原因，对 D_1 和 D_4（D_2 和 D_3）管的故障诊断也是困难的。此外，二极管和 IGBT 之间有时也会出现诊断错误。网侧电流 i_N 不受谐振电感开路和短路影响，其波形与正常情况完全相同，这使得它们很难单独通过 i_N 信号来进行故障诊断。综合以上所述的问题，单相整流器综合故障诊断需要新的方法。

4.2　基于 VMD 和 CRNN 的单相脉冲整流器故障诊断方法

4.2.1　VMD 分解原理

变分模态分解（variational mode decomposition，VMD）[2]假设任何信号都由一系列具有特定中心频率和有限带宽的子信号组成，即内涵模态分量（intrinsic modal functions，IMF）[3]。通过求解变分问题得到了中心频率和带宽的极限，并找到了每个中心频率在频域中对应的有效分量，从而得到了模态函数。

与 Huang 等[4]提出的 IMF 概念不同，VMD 算法在更严格的约束下，重新定义了有限带宽的 IMF，该 IMF 被定义为调幅调频的分量模态函数，其表达式如下：

$$u_k(t) = A_k(t)\cos(\varphi_k(t)) \tag{4-1}$$

式中，$A_k(t)$ 为信号 $u_k(t)$ 的包络幅值；$\varphi_k(t)$ 为瞬时相位。

利用约束变分模型，寻找具有特定稀疏性的 K 个 IMF，使得每个分量的估计带宽之和最小化，并且约束条件是每个分量的和等于原始信号。为了获得带宽有限的 K 个 IMF，首先通过希尔伯特变换获得每个 IMF 分量 $u_k(t)$ 的单边缘谱，然后估计每个 IMF 的中心频率 ω_k，乘以其指数信号 $e^{-j\omega_k t}$，将模态谱调制到相应的基带。最后，计算解析信号梯度的平方范数 L^2，构造了如下变分模式：

$$\begin{cases} \min\limits_{\{u_k\},\{\omega_k\}} \left(\sum_{k=1}^{K} \left\| \partial_t \left[\left(\delta_t + \dfrac{j}{\pi t} \right) * u_k(t) \right] e^{-j\omega_k t} \right\|_2^2 \right) \\ \text{s.t.} \sum_{k=1}^{K} u_k(t) = f(t) \end{cases} \tag{4-2}$$

式中，K 为模态分解的个数；δ_t 为单位脉冲函数；j 为虚数单位；*为卷积操作；∂_t 为偏导数运算；$\{u_k\} = \{u_1, u_2, u_3, \cdots, u_K\}$ 为 K 个 IMF；$\{\omega_k\} = \{\omega_1, \omega_2, \omega_3, \cdots, \omega_K\}$ 为每个分量的中心频率。

为求解上述变分问题，引入惩罚因子 α 和拉格朗日乘子 λ，将约束变分问题转化为非约束变分问题，得到了以下的增广拉格朗日表达式：

$$\begin{aligned} L(\{u_k\}, \{\omega_k\}, \lambda) = {}& \alpha \sum_{k=1}^{K} \left\| \partial_t \left[\left(\delta_t + \frac{j}{\pi t} \right) * u_k(t) \right] e^{-j\omega_k t} \right\|_2^2 \\ & + \left\| f(t) - \sum_{k=1}^{K} u_k(t) \right\|_2^2 + \left\langle \lambda(t), f(t) - \sum_{k=1}^{K} u_k(t) \right\rangle \end{aligned} \tag{4-3}$$

交替方向乘法器算法用于更新和迭代求解式的鞍点，以获得可以将原始信号分解为 K 个 IMF 的最优解。图 4-2 揭示了实现过程。其中，τ 是保真度系数，∧ 代表傅里叶变换，n 是迭代次数。

求解变分模型时，IMF 的中心频率和带宽不断更新，直到满足迭代停止条件，表达式可以在图中看到，其中 ε 是判别精度，取值为 10^{-6}。当迭代停止时，信号的频域特征已经自适应地分离。调制信号 $\hat{u}_k(\omega)$ 通过逆傅里叶变换变换为时域 IMF。

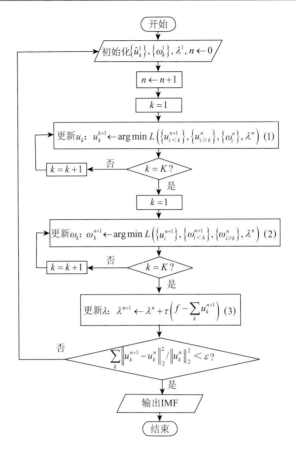

图 4-2 VMD 算法流程图

VMD 是一种用于模态分解和信号处理的自适应、完全非递归方法，这使得 VMD 具有以下 4 个独特的优势。

（1）可以指定所需的模态分解数。

（2）通过 VMD 方法分解出来的 IMF 都具有独立的中心频率，并且在频域上表现出稀疏性的特征，具备稀疏研究的特质。

（3）在对 IMF 求解过程中，通过镜像延拓的方式避免了类似经验模态分解（empirical mode decomposition，EMD）分解中出现的端点效应。

（4）有效避免模态混叠（K 值选取合适的情况下）。

4.2.2 模拟信号分解结果分析

VMD 的原理在前一小节中进行了详细介绍。接下来，将使用图 4-3 中的信号作为原始信号来展示 VMD 分解的性能。该信号由分段正弦、啁啾信号和二次趋势项组成，采样频率为 1000Hz。此外，还添加了一个额外的随机噪声信号来模拟实际情况下噪声的影响。这样的复合信号可以被认为是非常复杂的。

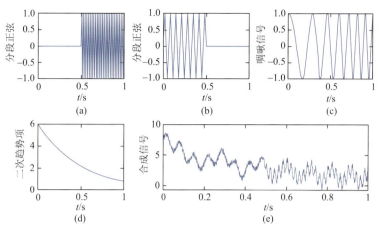

图 4-3　4 个信号分量和合成信号

VMD 分解的效果主要受分解模态数 K 值的选择的影响。如果 K 的值较小，由于 VMD 算法相当于自适应滤波器组，原始信号中的一些重要信息将被过滤，影响后续分类的准确性。然而，当 K 的值较大时，相邻 IMF 的中心频率将彼此接近，从而导致产生模态混叠和额外的噪声。IMF 之间的主要区别在于，每个 IMF 的中心频率彼此不同，并且对应于 FFT 结果。因此，通过观察中心频率与相应频谱的分布来选择合适的 K 值。

图 4-4（a）和图 4-4（b）分别显示了当 $K = 4$ 和 $K = 5$ 时的 VMD 分解结果。当 $K = 5$ 时，在原始信号的频谱中找不到 IMF1 对应的中心频率，这意味着该 IMF 是无用的。为了展示 VMD 方法的优越性，这里选择对在 EMD 和集合经验模态分解（ensemble empirical mode decomposition，EEMD）的基础上进行了很大改进的互补集合经验模态分解（complementary ensemble empirical mode decomposition，CEEMD）分解进行比较。可以说，VMD 和 CEEMD 都表现良好。具体来说，结合频谱可以看出，在 CEEMD 分解之后产生了许多虚假和无用的成分，如 IMF1、IMF2、IMF6、IMF7 和 IMF8，这使得很难选择正确和有用的 IMF。另一方面，得益于 VMD 的优点，即可以选择模态分解的数量，可以根据 FFT 结果将 K 的值选择为 4。与 CEEMD 相比，VMD 的分解结果与合成信号的组成完全一致。在这种意义上，VMD 比 CEEMD 分解在对复杂的混合信号进行分解时更有优势。图 4-5 显示了 T_1 失效时电网侧电流的 VMD 结果，根据 FFT 结果，选择 K 作为 3。可以看出，每个 IMF 的中心频率都可以在原始信号的频谱中找到良好的对应关系，表明 3 是 K 的适当值。其他故障情况相同。

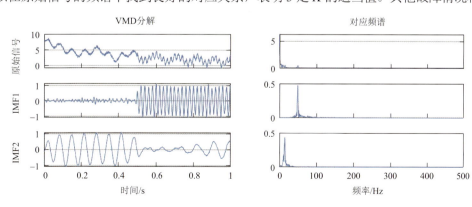

的有效性。dSPACE 可以用实际控制器控制虚拟对象，实现对虚拟环境的极限仿真测试。因此，使用基于 dSPACE 的数据作为测量数据对所提方法的有效性具有更好的验证效果。基于 dSPACE 的数据采集设置如图 4-8 所示。它由 DSP 作为控制算法的执行器，控制芯片为 TMS320F28335，dSPACE 模拟器和上位机作为控制接口。PWM 脉冲信号通过 DS2103 板输入 dSPACE。栅极电压 U_N、整流器电路的输入电流 i_N 和主电路的直流侧电压 U_{dc} 通过 DS2002 板输出到 DSP 的 AD 采样模块，并由示波器显示。dq 电流解耦控制策略以其优异的稳态性能在电机领域得到了广泛的应用。在图 4-8 中，PLL 为锁相环，u_{dc}^* 为给定直流电压，$u_{ab\alpha}$ 为电压调制信号，$\alpha\beta / dq$ 和 $dq / \alpha\beta$ 表示坐标变换关系。

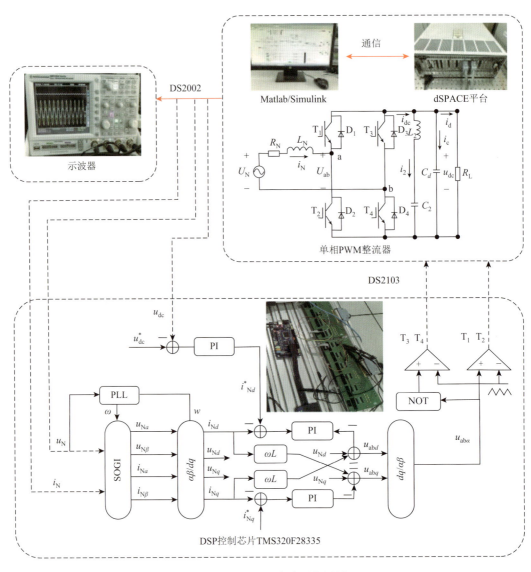

图 4-8 dSPACE 实验平台设置

以半周期数据为样本，为 12 种故障类型中的每一种采集 250 个样本，样本大小为 1000×1。至于训练/测试划分，用于测试的数据百分比为 20%。因此，数据集有 9000 个样本，其中训练集包含 7200 个，测试集包含 1800 个。表 4-1 列出了整流器的故障类型。

表 4-1　整流器的 12 种故障类型

标签	故障种类	标签	故障种类
0	正常	6	D_2 开路
1	T_1 开路	7	D_3 开路
2	T_2 开路	8	D_4 开路
3	T_3 开路	9	串联谐振电路开路
4	T_4 开路	10	谐振电感短路
5	D_1 开路	11	谐振电容短路

为了验证使用双通道的有效性，首先分别在 CNN、CRNN 和 VMD-CRNN 的单通道上进行了实验。对于 1D-CNN 和 CRNN 模型中的卷积模块，1D-CNND 的层数被设置为 2。对于 VMD 和 CRNN 相结合的方法，由于输入的样本量为 1000×3，1D-CNND 的层数相应地增加到三个。每个层由卷积层和最大池化层组成。表 4-2 给出了详细的参数设置和结果。可以看出，无论是电流还是电压的单通道模型，精度都会依次提高。

表 4-2　对比实验结果

模型	1D-CNN（神经元个数）	SRU（神经元个数）	准确率/%
CNN-I	2（12/24）*	—	54.5
SRU-I	—	2（50/50）	55.4
CRNN-I	2（12/24）	2（50/50）	58.3
VMD-CRNN-I	3（12/24/48）	2（50/50）	66.3
CNN-U	2（12/24）	—	33.7
SRU-U	—	2（50/50）	29.9
CRNN-U	2（12/24）	2（50/50）	37.9
VMD-CRNN-U	3（12/24/48）	2（50/50）	43.3

*标识处 2（12/24）是指有两层 CNN，第一层为 12，第二层为 24；其余以此类推。

此外，图 4-9（a）显示了每个模型经过 2000 次迭代后的测试精度。VMD-CRNN 在一定程度上优于 CNN、SRU 和 CRNN。CNN 网络是第一个实现收敛的网络，最高准确率为 54.5%。这是因为在没有任何预处理的情况下，直接从同一传导区间的数据中提取的特征非常相似，因此分类性能很难进一步提高。图 4-9（b）揭示了每个模型在 2000 次迭代中的测试损失。从图 4-9（c）和图 4-9（d）可以得出类似的结论：VMD-CRNN 优于 CNN 和 CRNN。另一方面，与 CNN 相比，CRNN 在准确性和损失值方面都有所提高，尤其是在损失值方面。在综合考虑准确性和鲁棒性后，选择 VMD-CRNN 作为后续实验的模型。

　　为了更清楚地展现实验结果，混淆矩阵可以用来评估分类器分类的准确性。混淆矩阵的大小为 $n_{classes} \times n_{classes}$，其中每列表示分类器对样本的类预测，每行表示样本所属的真实类。

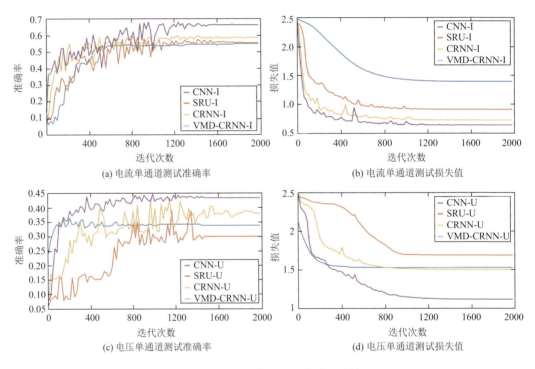

(a) 电流单通道测试准确率　　　　　　　(b) 电流单通道测试损失值

(c) 电压单通道测试准确率　　　　　　　(d) 电压单通道测试损失值

图 4-9　2000 次迭代后对比实验测试结果

　　VMD-CRNN 电流数据集的混淆矩阵如图 4-10(a)所示，从中可以看出，标签 $y_n \in \{1,2,3,4,5,6,7,8\}$ 可以在一定程度上被正确分类，而标签 $y_n \in \{0,9,10,11\}$ 彼此之间被错误识别。原因是 IGBT 和二极管的故障特性主要反映在电流中，而串联谐振电路的故障特性对电流不敏感。图 4-10(b)显示了 VMD-CRNN 电压数据集，它揭示了与 VMD-CRNN 电流数据集完全相反的情况，因为串联谐振电路的故障特征主要反映在电压上。从表 4-2 中可以看出，所有比较方法的最大准确率为 66.3%，这意味着，无论哪种方式，都不适合使用单通道模型进行完整的故障诊断。从图 4-10 中可以明显看出，VMD-CRNN 电压数据集和 VMD-CRNN 电流数据集表现出互补的特性。因此，双通道模型被应用于以下实验中。

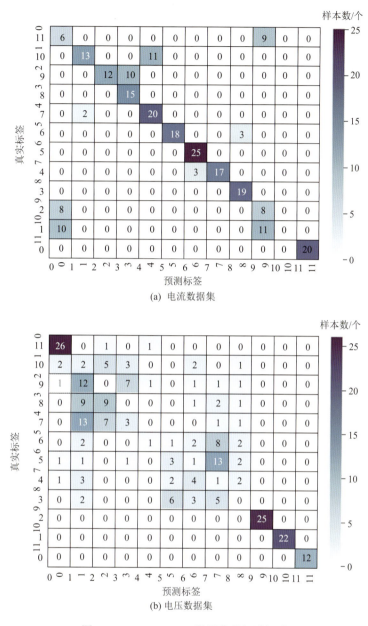

(a) 电流数据集

(b) 电压数据集

图 4-10　VMD-CRNN 数据集的混淆矩阵

用于故障识别的 CRNN 框架将三个 1D-CNN 层与两个 SRU 层相结合。该框架不仅具有 96.27% 的故障类型识别率，而且实现了最佳的鲁棒性。这些结果表明，与单通道模型和使用不经过信号处理的数据作为输入相比，所提出的方法将信号处理与深度学习相结合，具有明显的优势。1D-CNN 层在时域中处理数据，从而产生包含大多数故障信息的特征可以被视为时域中的等变表示。此外，SRU 具有挖掘用于对时间序列建模的隐藏时序信息的能力。具体而言，VMD-DCRNN 的混淆矩阵如图 4-11 所示，从中可以看出，VMD-DCRNN 对每种故障类型的差异都很敏感。在 1800 个测试样本中，1733 个样本被正确分类。总共有 13 个样本的故障类型应属于 T_3 故障,被识别为 T_2 故障,原因是 T_2 和 T_3 具有相似的故障特征。因此,VMD-DCRNN 提取的特征将是相似的,从而产生分类错误。其他样本分类错误也是出于这个原因。然而,大多数样本可以被正确地分类,表明 VMD-DCRNN 对单相整流器的故障诊断是有效的。

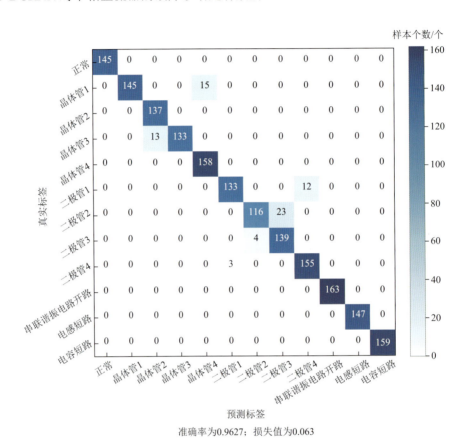

准确率为0.9627;损失值为0.063

图 4-11　VMD-DCRNN 的混淆矩阵

4.3　基于传感器故障估计的单相脉冲整流器容错控制

4.3.1　基于网侧电流和直流链电压传感器故障估计的整流器容错控制

1. 牵引整流器的线性切换系统模型

由于现代工业系统逐渐变得复杂且庞大,针对现代系统的控制器设计也随之变得复杂,这除了体现在系统的非线性、时变性、不确定性,还体现在系统的结构和行为复杂或系统由多子系统集成。故一个复杂系统往往同时具有连续和离散变量系统的特性,这类系统被命名为混杂系统。线性切换系统就是众多混杂系统之一,其模型一般可表示为[6]

$$\begin{cases} \dot{x} = A_{\sigma(t)}x + B_{\sigma(t)}u \\ y = C_{\sigma(t)}x + D_{\sigma(t)}u \end{cases} \quad (4\text{-}11)$$

式中，$\left\{ (A_{\sigma(t)}, B_{\sigma(t)}, C_{\sigma(t)}, D_{\sigma(t)}) : \sigma(t) \in N \right\}$ 是一个矩阵族。其中，$N = \{1, 2, \cdots, n\}$，$\sigma(t) : R \to N$ 为时间 t 的分段函数，表示开关信号。给定任意一个时刻 t_0，若 $\sigma(t_0) = i$，则表明第 i 个子系统被激活。

为了搭建整流器的线性切换系统模型，首先应建立开关函数 S_0 与标准线性切换系统的切换函数 $\sigma(t)$ 之间的关系，如表 4-3 所示。

表 4-3　整流器线性切换系统中的切换函数 $\sigma(t)$

S_0	1	−1	0
$\sigma(t)$	1	2	3

根据表 4-3 中的对应关系所定义的开关信号 $\sigma(t)$，整流器的状态空间模型可写为

$$\dot{x} = A_{\sigma}x + B_{\sigma}u \quad (4\text{-}12)$$

其中

$$A_1 = \begin{pmatrix} -\dfrac{R_N}{L_N} & -\dfrac{1}{L_N} \\ \dfrac{1}{C} & 0 \end{pmatrix}, \quad A_2 = \begin{pmatrix} -\dfrac{R_N}{L_N} & \dfrac{1}{L_N} \\ -\dfrac{1}{C} & 0 \end{pmatrix}$$

$$A_3 = \begin{pmatrix} -\dfrac{R_N}{L_N} & 0 \\ 0 & 0 \end{pmatrix}, \quad B_{\sigma} = \begin{pmatrix} \dfrac{1}{L_N} & 0 \\ 0 & -\dfrac{1}{C} \end{pmatrix} \quad (4\text{-}13)$$

A_1、A_2、A_3 表示三种不同状态下 A_σ 的取值。此外，整流器的输出方程可写为 $y = C_\sigma x$，其中 $C_\sigma = I_2$，故其标准线性切换系统模型可写为

$$\begin{cases} \dot{x} = A_{\sigma}x + B_{\sigma}u \\ y = C_{\sigma}x \end{cases} \quad (4\text{-}14)$$

为了进一步研究传感器故障对系统造成的影响，并最终实现对传感器故障的估计，在式（4-14）所示的整流器模型中增加传感器故障和外部扰动项，可得到如下所示的含有位置输入项的整流器线性切换系统模型。

$$\begin{cases} \dot{x} = A_{\sigma}x + B_{\sigma}u \\ y = Cx + F_s f_s + D_d d_d \end{cases} \quad (4\text{-}15)$$

由于除了矩阵 A 以外，剩余所有矩阵都只有一种取值，故为了简化书写，将除了矩阵 A 以外的所有矩阵的下标 σ 省略。式（4-15）中，f_s 和 d_d 分别为未知传感器故障项和未知外部扰动项，矩阵 F_s 和 D_d 分别反映了传感器故障和外部扰动是如何作用于系统的。上述矩阵的定义如下：

$$f_s = \begin{bmatrix} f_i \\ f_u \end{bmatrix}, d_d = \begin{bmatrix} d_i \\ d_u \end{bmatrix}, \quad F_s = I_2, \quad D_d = I_2 \tag{4-16}$$

式中，f_i 和 f_u 分别为网侧电流传感器故障和直流链电压传感器故障；d_i 和 d_u 分别为有界的外部电流扰动和外部电压扰动。

2. 基于传感器故障估计的整流器容错控制算法设计

在设计故障估计算法之前，一个十分关键的步骤是对整流器模型［式（4-15）］进一步进行数学上的恒等变换，即建立其增广广义模型，如下：

$$\begin{cases} \overline{E}\dot{\overline{x}}(t) = \overline{A}_\sigma \overline{x}(t) + \overline{B}u(t) + \overline{F}f(t) \\ y(t) = \overline{C}\overline{x}(t) \end{cases} \tag{4-17}$$

其中

$$\begin{cases} \overline{x}(t) = \begin{bmatrix} x(t) \\ \psi(t) \end{bmatrix}, \quad f(t) = \begin{bmatrix} f_s(t) \\ d_d(t) \end{bmatrix} \\ \overline{E} = \begin{pmatrix} I_2 & 0_{2\times2} \\ 0_{2\times2} & 0_{2\times2} \end{pmatrix}, \quad \overline{A}_\sigma = \begin{pmatrix} A_\sigma & 0_{2\times2} \\ 0_{2\times2} & -I_2 \end{pmatrix} \\ \overline{B} = \begin{bmatrix} B \\ 0_{2\times2} \end{bmatrix}, \quad \overline{C} = \begin{bmatrix} C & I_2 \end{bmatrix} \\ \overline{F} = \begin{pmatrix} 0_{2\times2} & 0_{2\times2} \\ F_s & D_d \end{pmatrix} \\ \psi(t) = \begin{bmatrix} \psi_i(t) \\ \psi_u(t) \end{bmatrix} = F_s f_s(t) + D_d d_d(t) \end{cases} \tag{4-18}$$

由式（4-17）不难看出，整流器的模型经过恒等变形后，传感器故障 f_s 已经成为新的增广系统中的一个状态变量，故若能实现对该增广系统进行状态变量观测，即可实现对故障的观测，且与此同时还可以获得原系统状态变量的观测值。所以，本章后续工作的重心即为如何对（4-17）所示的复杂系统设计状态观测算法。

首先，为了减少待观测的变量的个数，引入坐标变换矩阵 $\overline{T}$：

$$\overline{T} = \begin{pmatrix} (\overline{C}^\perp)^{\mathrm{T}} \\ \overline{C} \end{pmatrix} = \begin{pmatrix} \overline{T}_{1_{2\times2}} & \overline{T}_{2_{2\times2}} \\ \overline{T}_{3_{2\times2}} & \overline{T}_{4_{2\times2}} \end{pmatrix} \tag{4-19}$$

式中，$\overline{C}^\perp$ 是 $\overline{C}$ 的正交矩阵。$\overline{C}^\perp$ 和 $\overline{C}$ 满足：

$$\overline{C}^\perp \overline{C} = 0 \tag{4-20}$$

值得注意的是，根据线性代数的相关知识，$\overline{C}^\perp$ 的解不唯一，在本节中，$\overline{C}^\perp$ 的选取如下所示：

$$\overline{C}^{\perp} = \begin{pmatrix} -1 & 0 \\ 0 & -1 \\ 1 & 0 \\ 0 & 1 \end{pmatrix} \tag{4-21}$$

则本节所取的变换矩阵 $\overline{T}$ 为

$$\overline{T} = \begin{pmatrix} -1 & 0 & 1 & 0 \\ 0 & -1 & 0 & 1 \\ 1 & 0 & 1 & 0 \\ 0 & 1 & 0 & 1 \end{pmatrix} \tag{4-22}$$

将变换矩阵 $\overline{T}$ 乘在方程的两侧，可得

$$\begin{cases} \overline{E}^{(1)}\dot{\overline{x}}^{(1)} = \overline{A}_{\sigma}^{(1)}\overline{x}^{(1)} + \overline{B}u + \overline{F}f(t) \\ y = \overline{C}^{(1)}\overline{x}^{(1)} = \overline{x}_{2}^{(1)} \end{cases} \tag{4-23}$$

其中

$$\begin{cases} \overline{E}^{(1)} = \overline{E}\,\overline{T}^{-1}, \quad \overline{A}_{\sigma}^{(1)} = \overline{A}_{\sigma}\overline{T}^{-1}, \quad \overline{C}^{(1)} = \overline{C}\,\overline{T}^{-1} = [0_{2\times2}\ I_2] \\ \overline{x}^{(1)} = \left[\left(\overline{x}_1^{(1)}\right)^{\mathrm{T}}\ \left(\overline{x}_2^{(1)}\right)^{\mathrm{T}}\right]^{\mathrm{T}} \end{cases} \tag{4-24}$$

由式（4-23）易知 $y = \overline{x}_2^{(1)}$，这就意味着 $\overline{x}_2^{(1)}$ 是直接可测的，所以 $\overline{x}_2^{(1)}$ 是系统中不需要观测的变量，故系统中需要观测的状态变量只有 $\overline{x}_1^{(1)}$。

此外，应指出的是 $\overline{x}_1^{(1)}$ 实际上在不同子系统间切换时是连续的，这极大程度上减小了后续算法稳定性分析的难度，理由如下：

$$\overline{x}^{(1)}\left(t_k^+\right) = \overline{T}\overline{x}\left(t_k^-\right) = \overline{T}\,\overline{T}^{-1}x^{(1)}\left(t_k^-\right) = x^{(1)}\left(t_k^-\right) \tag{4-25}$$

式中，t_k 表示系统在不同子系统间切换的时刻，且 $k \in [0, +\infty]$。

实际上，式（4-25）也可以从其他角度进行分析，由于 $\overline{x}_1^{(1)}$ 实际上是由网侧电流 i_{N} 和直流链电压 U_{dc} 经过线性变换得到的变量，i_{N} 是流经网侧电感 L_{N} 的电流，U_{dc} 是电容 C 两端的电压。根据基本的电路原理可知，上述两个变量均不能发生突变，故其线性组合 $\overline{x}_1^{(1)}$ 必定是连续的。

既然在式（4-23）中，状态变量 $x^{(1)}$ 已经被分为需要观测的 $\overline{x}_1^{(1)}$ 和不需要观测（直接可测）的 $\overline{x}_2^{(1)}$ 两部分，则算法设计的下一步的目标即为将系统解体，一分为二。

在对系统进行解体之前，本章引入一个额外的变换矩阵 $\overline{V}$ 使系统解体后的结构更为简洁，矩阵 $\overline{V}$ 的结构如下：

$$\overline{V} = \begin{pmatrix} \overline{T}_1^{-1} & \overline{T}_2^{-1} \\ 0_{2\times2} & I_2 \end{pmatrix} \tag{4-26}$$

根据线性代数的基本知识，易知 $\overline{V}$ 满秩，故其一定是可逆的，则可对其逆矩阵进行定义，如下所示：

$$\overline{V}^{-1} = \begin{pmatrix} \overline{V}_{1_{2\times2}}^{-1} & \overline{V}_{2_{2\times2}}^{-1} \\ \overline{V}_{3_{2\times2}}^{-1} & \overline{V}_{4_{2\times2}}^{-1} \end{pmatrix} \tag{4-27}$$

在式（4-23）两端同时乘以矩阵 $\bar{V}^{-1}$，有

$$
\begin{cases}
\bar{E}^{(2)}\dot{\bar{x}}^{(1)} = \bar{A}_\sigma^{(2)}\bar{x}^{(1)} + \bar{B}^{(2)}u + \bar{F}^{(2)}f \\
y = \bar{x}_2^{(1)}
\end{cases}
\tag{4-28}
$$

其中

$$
\begin{cases}
\bar{E}^{(2)} = \bar{V}^{-1}\bar{E}^{(1)}, \quad \bar{A}_\sigma^{(2)} = \bar{V}^{-1}\bar{A}_\sigma^{(1)}, \\
\bar{B}^{(2)} = \bar{V}^{-1}\bar{B}, \quad \bar{F}^{(2)} = \bar{V}^{-1}\bar{F}
\end{cases}
\tag{4-29}
$$

为了将系统进行解体，需要计算出矩阵 $\bar{E}^{(2)}$ 的值，从而将矩阵 $\bar{E}^{(2)}$ 进行合理的行列分割以完成对系统的分解。矩阵 $\bar{E}^{(2)}$ 的计算步骤如下。

由于矩阵 $\bar{V}^{-1}$ 是矩阵 $\bar{V}$ 的逆矩阵，则一定有 $\bar{V}^{-1}\bar{V} = I_4$ 成立，即

$$
\begin{pmatrix}
\bar{V}_{1_{2\times2}}^{-1} & \bar{V}_{2_{2\times2}}^{-1} \\
\bar{V}_{3_{2\times2}}^{-1} & \bar{V}_{4_{2\times2}}^{-1}
\end{pmatrix}
\begin{pmatrix}
\bar{T}_1 & \bar{T}_2^{-1} \\
0_{2\times2} & I_2
\end{pmatrix}
= I_4
\tag{4-30}
$$

根据矩阵的乘法规则，可得

$$
\begin{pmatrix}
\bar{V}_1^{-1}\bar{T}_1 & \bar{V}_1^{-1}\bar{T}_2^{-1} + \bar{V}_2^{-1} \\
\bar{V}_3^{-1}\bar{T}_1 & \bar{V}_3^{-1}\bar{T}_2^{-1} + \bar{V}_4^{-1}
\end{pmatrix}
= I_4
\tag{4-31}
$$

将式（4-31）进行恒等变形，可得

$$
\begin{bmatrix}
\bar{V}_1^{-1} \\
\bar{V}_3^{-1}
\end{bmatrix}
\begin{bmatrix}
\bar{T}_1^{-1} & \bar{T}_2^{-1}
\end{bmatrix}
= I_4 -
\begin{bmatrix}
\bar{V}_2^{-1} \\
\bar{V}_4^{-1}
\end{bmatrix}
\begin{bmatrix}
0_{2\times2} & I_2
\end{bmatrix}
\tag{4-32}
$$

将式（4-32）等式两边进行整理，有

$$
\underbrace{
\begin{pmatrix}
\bar{V}_1^{-1}\bar{T}_1^{-1} & \bar{V}_1^{-1}\bar{T}_2^{-1} \\
\bar{V}_3^{-1}\bar{T}_1^{-1} & \bar{V}_3^{-1}\bar{T}_2^{-1}
\end{pmatrix}
}_{\bar{V}^{-1}\bar{E}^{(1)}}
=
\begin{pmatrix}
I_2 & -\bar{V}_2^{-1} \\
0_{2\times2} & I_2 - \bar{V}_4^{-1}
\end{pmatrix}
\tag{4-33}
$$

观察式（4-33）并将其与式（4-29）进行比对，不难发现实际上式（4-33）左侧即为矩阵 $\bar{E}^{(2)}$，故矩阵 $\bar{E}^{(2)}$ 的求解过程已完毕。

在求得矩阵 $\bar{E}^{(2)}$ 后就可以对系统进行分割，定义矩阵 $\bar{A}_\sigma^{(2)}$、$\bar{B}_2^{(2)}$ 和 $\bar{F}^{(2)}$，如下所示：

$$
\begin{cases}
\bar{A}_\sigma^{(2)} =
\begin{pmatrix}
\bar{A}_{\sigma1_{2\times2}}^{(2)} & \bar{A}_{\sigma2_{2\times2}}^{(2)} \\
\bar{A}_{\sigma3_{2\times2}}^{(2)} & \bar{A}_{\sigma4_{2\times2}}^{(2)}
\end{pmatrix},
\quad
\bar{B}_2^{(2)} =
\begin{pmatrix}
\bar{B}_{1_{2\times2}}^{(2)} \\
\bar{B}_{2_{2\times2}}^{(2)}
\end{pmatrix} \\
\bar{F}^{(2)} =
\begin{pmatrix}
\bar{F}_{1_{2\times4}}^{(2)} \\
\bar{F}_{2_{2\times4}}^{(2)}
\end{pmatrix}
\end{cases}
\tag{4-34}
$$

根据式（4-28）、式（4-33）和式（4-34）系统可被分割为

$$
\begin{cases}
\begin{pmatrix}
I_2 & -\bar{V}_2^{-1} \\
0_{2\times2} & I_2 - \bar{V}_4^{-1}
\end{pmatrix}
\begin{pmatrix}
\dot{\bar{x}}_1^{(1)} \\
\dot{\bar{x}}_2^{(1)}
\end{pmatrix}
=
\begin{pmatrix}
\bar{A}_{\sigma1}^{(2)} & \bar{A}_{\sigma2}^{(2)} \\
\bar{A}_{\sigma3}^{(2)} & \bar{A}_{\sigma4}^{(2)}
\end{pmatrix}
\begin{pmatrix}
\bar{x}_1^{(1)} \\
\bar{x}_2^{(1)}
\end{pmatrix}
+
\begin{pmatrix}
\bar{B}_1^{(2)} \\
\bar{B}_2^{(2)}
\end{pmatrix}u
+
\begin{pmatrix}
\bar{F}_1^{(2)} \\
\bar{F}_2^{(2)}
\end{pmatrix}f \\
y = \bar{x}_2^{(1)}
\end{cases}
\tag{4-35}
$$

式（4-35）中，虽然两个子系统还是以一个等式的形式呈现，但是实际上将式中的矩阵作乘法即可将系统解体为两个子系统，其中第一个子系统（含有 $\bar{x}_1^{(1)}$ 的子系统）就是待观测的系统。

在成功对系统进行分割后，即可对含有 $\bar{x}_1^{(1)}$ 的子系统进行观测器设计。但是，在设计观测器之前还有一个问题亟待解决：状态变量 $\bar{x}_1^{(1)}$ 的表达式中含有 f，而 f 实际上是待求解的未知变量，这就导致无法直接对该系统设计观测器。为了解决此问题，定理 4.1 提出了一种基于未知变量解耦的观测器设计方法。

定理 4.1：若存在标量 $\alpha > 0$，对称正定矩阵 $P \in R^{4\times4}$，以及普通矩阵 $L \in R^{4\times2}$ 和 $Y \in R^{4\times2}$ 使得式（4-36）中的条件成立。

$$\begin{cases} \left(\bar{A}_\sigma^{(2)} - L\bar{C}^{(1)}\right)^{\mathrm{T}} P + P\left(\bar{A}_\sigma^{(2)} - L\bar{C}^{(1)}\right) + \alpha P < 0 \\ \left(\bar{F}^{(2)}\right)^{\mathrm{T}} P = Y\bar{C}^{(1)} \end{cases} \tag{4-36}$$

其中，矩阵 P 和矩阵 L 可以被分割为

$$P = \begin{pmatrix} P_{1_{2\times2}} & P_{2_{2\times2}} \\ P_{2_{2\times2}}^{\mathrm{T}} & P_{4_{2\times2}} \end{pmatrix}, L = \begin{pmatrix} L_{1_{2\times2}} \\ L_{2_{2\times2}} \end{pmatrix} \tag{4-37}$$

则下列结论成立。

（1）传感器故障向量 f 可以与增广系统的状态变量 $\bar{x}_1^{(1)}$ 实现解耦。

（2）式（4-38）所示的观测器可以实现对传感器故障 f 和原系统状态变量 x 的同时估计，且观测误差指数收敛。

$$\begin{cases} \dot{\bar{\Theta}}(t) = A_\sigma \bar{\Theta}(t) + Bu(t) + (C_\sigma + A_\sigma D)y(t) \\ \hat{\bar{x}}_1^{(1)}(t) = \bar{\Theta}(t) + Dy(t) \end{cases} \tag{4-38}$$

式中，$\bar{\Theta}(t)$ 为一个中间变量；$\hat{\bar{x}}_1^{(1)}(t)$ 为 $\bar{x}_1^{(1)}(t)$ 的观测值；矩阵 A_σ、B、C_σ 和 D 的定义如下：

$$\begin{cases} A_\sigma = \bar{A}_{\sigma1}^{(2)} + P_1^{-1}P_2\bar{A}_{\sigma3}^{(2)}, B = B_1^{(2)} + P_1^{-1}P_2\bar{B}_2^{(2)} \\ C_\sigma = \bar{A}_{\sigma2}^{(2)} + P_1^{-1}P_2\bar{A}_{\sigma4}^{(2)} \\ D = V_2^{-1} - P_1^{-1}P_2\left(I_2 - V_4^{-1}\right) \end{cases} \tag{4-39}$$

证明：首先，对结论（1）进行证明。

根据式（4-36）的下半部分，可知下式成立：

$$\left(\bar{F}^{(2)}\right)^{\mathrm{T}} \begin{pmatrix} P_1 & P_2 \\ P_2^{\mathrm{T}} & P_3 \end{pmatrix} = Y\begin{pmatrix} 0_{4\times2} & I_2 \end{pmatrix} \tag{4-40}$$

式（4-40）可被变形为

$$\begin{pmatrix} P_1 & P_2 \\ P_2^{\mathrm{T}} & P_3 \end{pmatrix} \bar{F}^{(2)} = \begin{pmatrix} 0_{2\times4} \\ Y^{\mathrm{T}} \end{pmatrix} \tag{4-41}$$

根据分块矩阵乘法规则，可知：

$$\begin{pmatrix} P_1 & P_2 \end{pmatrix} \bar{F}^{(2)} = 0_{2\times4} \tag{4-42}$$

在式（4-42）两侧同时左乘矩阵 P_1^{-1}，可得

$$\begin{pmatrix} I_2 & P_1^{-1}P_2 \end{pmatrix} \bar{F}^{(2)} = 0_{2\times4} \tag{4-43}$$

定义矩阵 Z 如下：

$$Z = \begin{pmatrix} I_2 & P_1^{-1}P_2 \\ 0_{2\times 2} & I_2 \end{pmatrix} \tag{4-44}$$

将矩阵 Z 左乘至式（4-35）的两侧，可得

$$\begin{pmatrix} I_2 & -\bar{V}_2^{-1} + P_1^{-1}P_2\left(I_2 - V_4^{-1}\right) \\ 0_{2\times 2} & I_2 - \bar{V}_4^{-1} \end{pmatrix} \begin{pmatrix} \dot{\bar{x}}_1^{(1)} \\ \dot{\bar{x}}_2^{(1)} \end{pmatrix}$$

$$= \begin{pmatrix} \bar{A}_{\sigma 1}^{(2)} + P_1^{-1}P_2\bar{A}_{\sigma 3}^{(2)} & \bar{A}_{\sigma 2}^{(2)} + P_1^{-1}P_2\bar{A}_{\sigma 4}^{(2)} \\ \bar{A}_{\sigma 3}^{(2)} & \bar{A}_{\sigma 4}^{(2)} \end{pmatrix} \begin{pmatrix} \bar{x}_1^{(1)} \\ \bar{x}_2^{(1)} \end{pmatrix} \tag{4-45}$$

$$+ \begin{pmatrix} \bar{B}_1^{(2)} + P_1^{-1}P_2\bar{B}_2^{(2)} \\ \bar{B}_2^{(2)} \end{pmatrix} u + \begin{pmatrix} 0 \\ \bar{F}_2^{(2)} \end{pmatrix} f$$

由式（4-45）易知，传感器故障向量 f 与增广系统的状态变量 $\bar{x}_1^{(1)}$ 已经实现了完全解耦，这意味着 $\bar{x}_1^{(1)}$ 完全不受 f 的影响。

其次，对结论（2）进行证明。

考虑如下式所示的 Lyapunov 函数：

$$V(t) = e_1^{\mathrm{T}}(t)P_1 e_1(t) \tag{4-46}$$

式中，矩阵 P_1 已在式（4-37）中被定义，且观测误差 $e_1(t)$ 可被表示为

$$e_1(t) = \hat{\bar{x}}_1^{(1)}(t) - \bar{x}_1^{(1)}(t) \tag{4-47}$$

前文已经分析过，$\bar{x}_1^{(1)}(t)$ 在系统切换时间点 t_k 的邻域内是连续的，则可知 $V(t)$ 在系统切换时间点 t_k 的邻域内同样是连续的，即

$$V\left(t_k^+\right) = V\left(t_k^-\right) \tag{4-48}$$

基于此结论，考虑以下不等式：

$$\dot{V}(t) + \alpha V(t) = 2e_1^{\mathrm{T}}(t) + \alpha V(t)$$
$$\leqslant e_1^{\mathrm{T}}(t)\left(\left(\bar{A}_{\sigma 1}^{(2)} + P_1^{-1}P_2\bar{A}_{\sigma 3}^{(2)}\right)^{\mathrm{T}}P_1 + P_1\left(\bar{A}_{\sigma 1}^{(2)} + P_1^{-1}P_2\bar{A}_{\sigma 3}^{(2)}\right) + \alpha P_1\right)e_1(t) \tag{4-49}$$

根据式（4-36）的上半部分并结合式（4-49）可知下式成立。

$$\left(\begin{pmatrix} \bar{A}_{\sigma 1}^{(2)} & \bar{A}_{\sigma 2}^{(2)} \\ \bar{A}_{\sigma 3}^{(2)} & \bar{A}_{\sigma 4}^{(2)} \end{pmatrix} - \begin{pmatrix} L_1 \\ L_2 \end{pmatrix}\begin{pmatrix} 0_{2\times 2} & I_2 \end{pmatrix}\right)^{\mathrm{T}}\begin{pmatrix} P_1 & P_2 \\ P_2^{\mathrm{T}} & P_3 \end{pmatrix}$$

$$+ \begin{pmatrix} P_1 & P_2 \\ P_2^{\mathrm{T}} & P_3 \end{pmatrix}\left(\begin{pmatrix} \bar{A}_{\sigma 1}^{(2)} & \bar{A}_{\sigma 2}^{(2)} \\ \bar{A}_{\sigma 3}^{(2)} & \bar{A}_{\sigma 4}^{(2)} \end{pmatrix} - \begin{pmatrix} L_1 \\ L_2 \end{pmatrix}\begin{pmatrix} 0_{2\times 2} & I_2 \end{pmatrix}\right) + \alpha\begin{pmatrix} P_1 & P_2 \\ P_2^{\mathrm{T}} & P_3 \end{pmatrix} < 0 \tag{4-50}$$

式（4-50）保证了下式成立：

$$e_1^{\mathrm{T}}(t)\left(\left(\bar{A}_{\sigma 1}^{(2)} + P_1^{-1}P_2\bar{A}_{\sigma 3}^{(2)}\right)^{\mathrm{T}}P_1 + P_1\left(\bar{A}_{\sigma 1}^{(2)} + P_1^{-1}P_2\bar{A}_{\sigma 3}^{(2)}\right) + \alpha P_1\right)e_1(t) \leqslant 0 \tag{4-51}$$

由式（4-51）易知：

$$\dot{V}(t) + \alpha V(t) \leqslant 0, \quad t \in [t_k, t_{k+1}) \tag{4-52}$$

进一步可知：

$$V\left(t_{k+1}^-\right) \leqslant V(t) \tag{4-53}$$

且

$$V(t) \leqslant e_1^{-\alpha(t-t_k)} V\left(t_k^+\right) \tag{4-54}$$

显然，$t-t_k \leqslant t_{k+1}-t_k$ 成立，所以根据函数的单调性可知：

$$V\left(t_{k+1}^+\right) \leqslant e_1^{-\alpha(t_{k+1}-t_k)} V\left(t_k^+\right) \tag{4-55}$$

根据式（4-48）、式（4-53）和式（4-55），易知：

$$V\left(t_{k+1}^+\right) \leqslant e_1^{-\alpha(t_{k+1}-t_k)} V\left(t_k^+\right) \tag{4-56}$$

给定任意时刻 t，定义系统在区间 $[0,t)$ 上的切换总次数为 N，则易知系统在此区间最后一次切换的时刻为 t_N，为了不失一般性，假设 $t \neq t_N$。结合式（4-54）可知：

$$V(t^-) \leqslant e_1^{-\alpha(t-t_N)} V\left(t_N^+\right) \tag{4-57}$$

将式（4-56）从 $t=t_{N-1}$ 一直迭代到 $t=0$，易知：

$$\begin{aligned}
V\left(t_N^+\right) &\leqslant e_1^{-\alpha(t_N-t_{N-1})} V\left(t_{N-1}^+\right) \\
&\leqslant e_1^{-\alpha(t_N-t_{N-1})} e^{-\alpha(t_N-t_{N-1})} V\left(t_{N-2}^+\right) \\
&\leqslant e_1^{-\alpha(t_N-t_{N-1}+t_{N-1}\cdots+t_1-0)} V(0) \\
&= e_1^{-\alpha t_N} V(0)
\end{aligned} \tag{4-58}$$

将式（4-58）代入式（4-57），可得

$$V(t^-) \leqslant e_1^{-\alpha t} V(0) \tag{4-59}$$

由式（4-59）易知：

$$\lim_{t\to\infty} V(t^-) = 0 \tag{4-60}$$

式（4-60）成立，即代表观测器误差指数收敛，即

$$\lim_{t\to\infty} e_1(t) = 0 \tag{4-61}$$

至此，对定理 4.1 证明过程全部结束。

值得指出的是，本章在设计故障估计算法的过程中从未对故障的类型作出任何假设，换言之，该算法适用于全部故障类型。

基于该故障估计算法，进一步即可通过故障补偿的思想来实现针对传感器故障的整流器容错控制，具体为：在测量输出值输入控制器之前引入一个故障补偿环节将故障的影响尽可能地削弱。

根据在定理 4.1 中所设计的观测器，传感器故障的估计值可被实时计算，具体如下所示：

$$\hat{\psi} = \begin{pmatrix} \hat{\psi}_\mathrm{i} \\ \hat{\psi}_\mathrm{u} \end{pmatrix} = \begin{pmatrix} T_3^{-1} & T_4^{-1} \end{pmatrix} \begin{pmatrix} \hat{\bar{x}}_1^{(1)} \\ y \end{pmatrix} \tag{4-62}$$

根据前文的分析，故障补偿算法可表示为

$$y_\mathrm{comp} = \begin{pmatrix} i_\mathrm{comp} \\ U_\mathrm{comp} \end{pmatrix} = y - \hat{\psi} \tag{4-63}$$

式中，y_comp 为补偿后的输出，由两部分组成，分别为网侧电流补偿值 i_comp 和直流链电压补偿值 U_comp。

将补偿后的输出 y_{comp} 代替原系统的输出 y 作为控制器的输入即可实现基于传感器故障估计的整流器容错控制，其系统框图如图 4-12 所示。

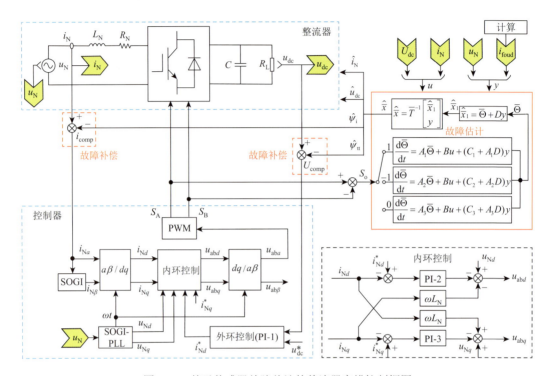

图 4-12　基于传感器故障估计的整流器容错控制框图

应指出的是，虽然 $\hat{\psi}$ 在本书中被称为故障估计值，但其实际上是传感器故障估计值和外部扰动估计值的和。但由于外部扰动通常远小于故障，所以为了简便起见本书称 $\hat{\psi}$ 为故障估计值。

3. 仿真验证

本节在 Matlab/Simulink 仿真环境下搭建了基于传感器故障估计的单相 PWM 牵引整流器容错控制器模型，对其容错控制性能进行测试。在本章中，仿真所用的单相 PWM 牵引整流器的电路参数和相关控制器参数如表 4-4 所示。

表 4-4　牵引整流器的仿真参数

符号	物理含义	取值
L_{N}	网侧电感/mH	2.2
R_{N}	等效电阻/Ω	0.1
R_{L}	负载等效电阻/Ω	10

符号	物理含义	取值
C	直流侧支撑电容/mF	2
u_N	网侧电压有效值/V	1550
U_dc^*	直流输出电压参考值/V	3000
f_s	开关频率/Hz	1250

通过对式（4-35）进行求解，取 $\alpha = 0.0008$，可得其余矩阵的值分别为

$$
\begin{cases}
P = \begin{pmatrix} 0.0046 & 0 & -0.0046 & 0 \\ 0 & 0.0042 & 0 & -0.0042 \\ -0.0046 & 0 & 4.1482 & 0 \\ 0 & -0.0042 & 0 & 4.1509 \end{pmatrix} \\[3em]
L = \begin{pmatrix} -348.1384 & 2.7024 \\ -2.6961 & -497.2451 \\ -0.4813 & 2.7024 \\ -2.7003 & -0.5605 \end{pmatrix} \\[3em]
Y = \begin{pmatrix} 4.1436 & 0 \\ 0 & 4.1467 \\ 4.1436 & 0 \\ 0 & 4.1467 \end{pmatrix}
\end{cases}
\tag{4-64}
$$

在求得矩阵 P、矩阵 L 和矩阵 Y 后，式（4-38）中待求解的观测器参数矩阵可被依次求解，其取值分别为

$$
\begin{cases}
A_1 = \begin{pmatrix} -45.45 & -454.5 \\ 500 & -0.0007896 \end{pmatrix}, \quad A_2 = \begin{pmatrix} -45.45 & 454.5 \\ -500 & -0.0007896 \end{pmatrix} \\[1.5em]
A_3 = \begin{pmatrix} -45.45 & 0 \\ 0 & -0.0007896 \end{pmatrix}, \quad B = \begin{pmatrix} -0.00000008049 & 0 \\ 0 & -0.001579 \end{pmatrix} \\[1.5em]
C_1 = \begin{pmatrix} 45.45 & 454.5 \\ -500 & -0.0008 \end{pmatrix}, \quad C_2 = \begin{pmatrix} 45.45 & -454.5 \\ 500 & -0.0008 \end{pmatrix} \\[1.5em]
C_3 = \begin{pmatrix} 45.45 & 0 \\ 0 & -0.0008 \end{pmatrix}, \quad D = \begin{pmatrix} 1 & 0 \\ 0 & 1 \end{pmatrix}
\end{cases}
\tag{4-65}
$$

本节设置了两种不同的故障情况以验证所提容错控制算法的性能。

1）故障情况一下本章所提算法的容错性能

故障情况一：整流器分别在 $t = 5.0\mathrm{s}$ 和 $t = 5.2\mathrm{s}$ 时受到网侧电流传感器和直流链电压传感器开路故障影响，且整流器的直流侧负载在 $t = 5.1\mathrm{s}$ 时由 10Ω 跳变为 15Ω 以模拟负载减轻。故障情况一的仿真结果如图 4-13 所示。

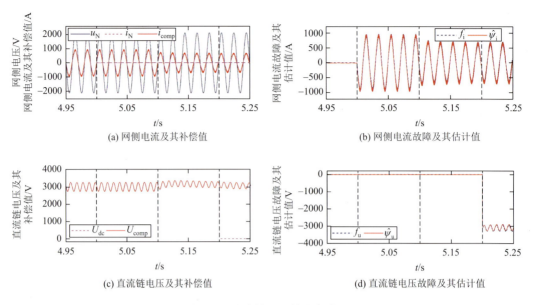

图 4-13　故障情况一的仿真结果

　　由图 4-13 易知，本节所提算法可以很好地解决网侧电流传感器故障和直流链电压传感器的故障问题。具体来说，当在 $t = 5.0\mathrm{s}$ 时人为引入网侧电流传感器开路故障后，网侧电流的测量值在故障的影响下保持为 0，但由于算法可以精准地对故障进行估计，并通过故障补偿将故障对系统的影响尽可能削弱，所以故障实际上未对系统的正常运行产生明显影响。此外，通过对比网侧电流补偿值 i_{comp} 和网侧电压 u_{N} 的相位可知整流器依旧保持在高功率因数条件下运行。

　　在 $t = 5.2\mathrm{s}$ 时人为引入直流链电压传感器开路故障后，直流链电压恒为 0，但由于直流链电压传感器的故障估计值可以精准地追踪传感器故障实际值，电压传感器的开路故障也并未对系统的正常运行产生明显的负面影响，直流链电压补偿值 U_{comp} 始终保持稳定。

　　在 $t = 5.1\mathrm{s}$ 时引入负载变化后，虽然整流器的网侧电流传感器在此时已经发生故障，但在所提容错算法的作用下，整流器的控制器依旧可以保持正常的调节作用，在控制器的调节下，网侧电流与直流链电压大约耗费 0.13s 重新达到新的稳态，且在系统达到新的稳态之前又出现电压传感器故障，但该故障并未对控制器的调节性能产生影响。

　　此外，根据图 4-13 所示的仿真结果易知，本章设计算法并不会由于负载的改变而对故障的估计产生偏差，且当电流传感器发生故障时，电压传感器的故障估计值不会受到任何影响；电压传感器的故障亦不会引起电流传感器的故障估计值发生任何波动，在无故障情况下，由于建模误差、观测器离散化误差等因素的影响，两个传感器的故障估计值不恒为 0，而是保持在一个很低的水平。

　　2）故障情况二下本章所提算法的容错性能

　　故障情况二：整流器分别在 $t = 5.0\mathrm{s}$ 和 $t = 5.1\mathrm{s}$ 时受到网侧电流传感器增益故障（增益从 1 变为 0.7）和直流链电压传感器卡死故障（测量值恒为 4300V）影响，且整流器的

直流侧负载在 $t=5.2\text{s}$ 时由 $10\,\Omega$ 跳变为 $8\,\Omega$ 以模拟负载增大。故障情况二的仿真结果如图 4-14 所示。

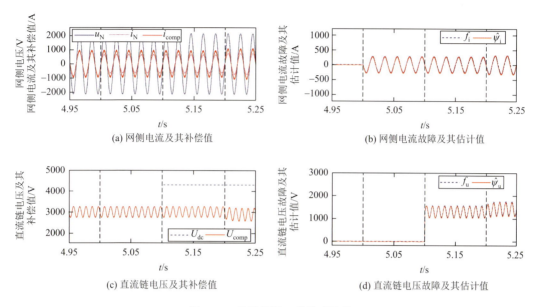

图 4-14　故障情况二的仿真结果

由图 4-14 可知，当在 $t=5.1\text{s}$ 时人为引入网侧电流传感器增益故障后，网侧电流变为故障前的 0.7 倍，但由于本章所设计的故障估计算法可以精准地对故障进行估计并对传感器输出值进行补偿，所以以网侧电流补偿值 i_{comp} 作为控制输入仍然可以保持整流器保持高输出性能，实际上故障并未对系统运行产生明显负面影响。此外，通过对比网侧电流补偿值 i_{comp} 和网侧电压 u_{N} 的相位可知整流器依旧保持在高功率因数条件下运行。

在 $t=5.1\text{s}$ 时人为引入直流链电压传感器卡死故障后，直流链电压（即直流链电压测量值）恒为 4300V，但由于直流链电压传感器的故障估计值可以精准地追踪传感器故障实际值并对直流链电压传感器的输出值进行补偿，电压传感器的卡死故障也并未对系统的正常运行产生明显影响。直流链电压补偿值 U_{comp} 始终保持在正常值范围内。此外，在 $t=5.1\text{s}$ 时引入的负载波动并未对容错控制算法产生干扰。

图 4-14 所示的仿真结果进一步验证了本章设计的基于故障估计的单相牵引 PWM 整流器针对传感器故障的整流器容错控制算法并不会因负载改变而受到影响，且电流传感器和电压传感器的故障不会对彼此的故障观测值产生影响。

4. 硬件在环测试验证

为了进一步验证上一节中仿真实验的结果的正确性，本节基于 dSPACE 的硬件在环（hardware-in-the-loop，HIL）测试平台对本章设计的基于故障估计的单相牵引 PWM 整流器针对传感器故障的整流器容错控制算法进行验证，故障的设置与上一小节的仿真实验保持一致。此外，应指出，在实际应用场合中，传感器故障 f_s 是未知变量；故障估计值 $\hat{\psi}$ 实际上是在 DSP 中进行计算，且故障补偿过程同样在 DSP 中完成，所以在不额外浪费大量硬件资源将故障估计值 $\hat{\psi}$ 存储并进行可视化操作的情况下，故障估计值 $\hat{\psi}$ 的波形也是未知的。考虑到所用示波器只有 4 个通道，故在本节实验的结果中只呈现传感器测量值 y 与补偿后的传感器输出 y_{comp} 的波形。

前文已经提及，本节中对故障的设置与前一小节设计的仿真实验中的故障设置保持一致。

故障情况一：整流器分别在 $t = 5.0\mathrm{s}$ 和 $t = 5.2\mathrm{s}$ 时受到网侧电流传感器和直流链电压传感器开路故障影响，且整流器的直流侧负载在 $t = 5.1\mathrm{s}$ 时由 $10\,\Omega$ 跳变为 $15\,\Omega$ 以模拟负载减轻。其测试结果如图 4-15 所示。

故障情况二：整流器分别在 $t = 5.0\mathrm{s}$ 和 $t = 5.1\mathrm{s}$ 时受到网侧电流传感器增益故障（增益从 1 变为 0.7）和直流链电压传感器卡死故障（测量输出恒为 4300V）影响，且整流器的直流侧负载在 $t = 5.2\mathrm{s}$ 时由 $10\,\Omega$ 跳变为 $8\,\Omega$ 以模拟负载增大。其测试结果如图 4-16 所示。

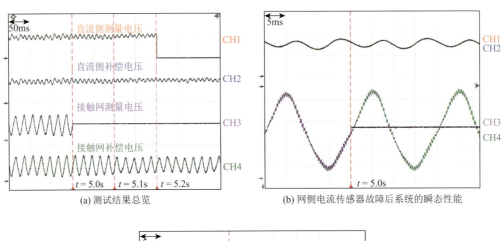

(a) 测试结果总览　　　　　　　　(b) 网侧电流传感器故障后系统的瞬态性能

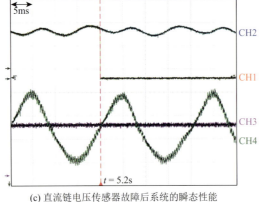

(c) 直流链电压传感器故障后系统的瞬态性能

图 4-15　故障情况一的硬件在环测试结果

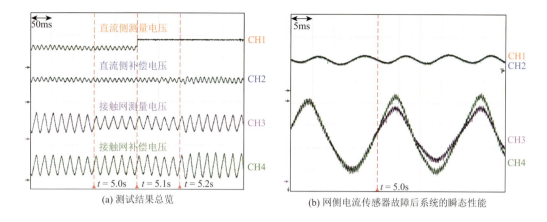

(a) 测试结果总览

(b) 网侧电流传感器故障后系统的瞬态性能

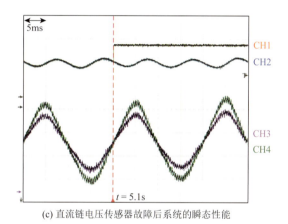

(c) 直流链电压传感器故障后系统的瞬态性能

图 4-16　故障情况二的硬件在环测试结果

图 4-15 和图 4-16 所示的硬件在环测试结果进一步验证了本章所提的基于传感器故障估计的整流器容错控制算法的有效性,因为该结果与前一小节中的仿真结果保持高度统一。

如图 4-15 所示,当在 $t = 5.0$s 时引入网侧电流传感器增益故障后,网侧电流(即网侧电流测量值)变为故障前的 0.7 倍,但由于本章所设计的故障估计算法可以精准地对故障进行估计并对传感器输出值进行补偿,所以将网侧电流补偿值 i_{comp} 作为控制器的控制输入变量仍然可以保持整流器的高质量输出,网侧电流未见明显畸变,网侧电流传感器的增益故障几乎未对系统运行产生影响。

如图 4-16 所示,在 $t = 5.2$s 时引入直流链电压传感器卡死故障后,直流链电压(即直流链电压测量值)恒为 4300V,在本章所提的故障估计算法和故障补偿算法的作用下,直流链电压传感器卡死故障对整流器控制器的影响被尽可能地削弱,故电压传感器的卡死故障也并未对系统的正常运行产生明显的负面影响。直流链电压补偿值 U_{comp} 始终保持稳定。

此外,通过图 4-15 和图 4-16 易知,本章中提出的故障估计算法不会受到负载变换的影响,且当电流传感器发生故障时,电压传感器的故障不会影响到电压传感器的容错控制;反之亦然。此外,在一个传感器已经发生故障后,另一个传感器的故障仍可以被精准地补偿,且系统在传感器故障后的容错控制性能与系统处于无故障工况时的控制性能差距极小。

4.3.2 基于网侧电压传感器故障估计的整流器容错控制

1. 整流器的网侧电压传感器故障建模

整流器的网侧电压在模型中实际上是系统的控制输入，这就导致整流器网侧电压传感器的故障容错控制问题在算法设计上具有特殊性。既然在线性切换系统中整流器的网侧电压是输入量，那么网侧电压传感器的故障问题就可以被等效为线性切换系统的执行器故障问题[7]。

沿着上述思路，可以对网侧电压传感器的故障进行建模，如下所示：

$$\begin{cases} \dot{x} = A_\sigma x + B_\sigma u + D_\sigma d + W_\sigma \omega + F_\sigma f \\ y = C_\sigma x \end{cases} \tag{4-66}$$

式中，d、ω 和 f 分别为确定性扰动、不确定性扰动（由建模误差或未知干扰等因素造成）和网侧电压传感器故障；D_σ、W_σ 和 F_σ 这三个分布矩阵反映了上述三个未知变量是如何对系统造成影响的。

假设 4.1：网侧电流传感器故障变量 f 是可导函数，且 f 的 q 阶导数为 0，即 $f^{(q)} = 0$。

基于此假设，仿照在 4.3.1 小节中对整流器构建的增广模型，可以构造含网侧电压传感器故障的整流器增广广义模型（在本章中假设网侧电压传感器故障函数的四阶导数为 0，即 $f^{(4)} = 0$），如下所示：

$$\begin{cases} \dot{\overline{x}}(t) = \overline{A}_\sigma \overline{x}(t) + \overline{B}_\sigma u(t) + \overline{D}_\sigma d(t) + \overline{W}_\sigma \omega(t) + \overline{I} f^{(4)}(t) \\ y(t) = \overline{C}_\sigma \overline{x}(t) \end{cases} \tag{4-67}$$

其中，

$$\begin{cases} \overline{A}_\sigma = \begin{bmatrix} A_\sigma & F_\sigma & 0_{2\times1} & 0_{2\times1} & 0_{2\times1} \\ 0_{1\times1} & 0_{1\times1} & I_1 & 0_{1\times1} & 0_{1\times1} \\ 0_{1\times1} & 0_{1\times1} & 0_{1\times1} & I_1 & 0_{1\times1} \\ 0_{1\times1} & 0_{1\times1} & 0_{1\times1} & 0_{1\times1} & I_1 \\ 0_{1\times1} & 0_{1\times1} & 0_{1\times1} & 0_{1\times1} & 0_{1\times1} \end{bmatrix} \\ \overline{x}(t) = \begin{bmatrix} x(t) \\ f(t) \\ \dot{f}(t) \\ \ddot{f}(t) \\ f^{(3)}t \end{bmatrix}, \quad \overline{B}_\sigma = \begin{bmatrix} B_\sigma \\ 0_{1\times2} \\ 0_{1\times2} \\ 0_{1\times2} \\ 0_{1\times2} \end{bmatrix}, \quad \overline{D}_\sigma = \begin{bmatrix} D_\sigma \\ 0_{1\times2} \\ 0_{1\times2} \\ 0_{1\times2} \\ 0_{1\times2} \end{bmatrix} \\ \overline{W}_\sigma = \begin{bmatrix} W_\sigma \\ 0_{1\times1} \\ 0_{1\times1} \\ 0_{1\times1} \\ 0_{1\times1} \end{bmatrix}, \quad \overline{C}_\sigma = \begin{bmatrix} C_\sigma^\mathrm{T} \\ 0_{2\times1}^\mathrm{T} \\ 0_{2\times1}^\mathrm{T} \\ 0_{2\times1}^\mathrm{T} \\ 0_{2\times1}^\mathrm{T} \end{bmatrix}, \quad \overline{I} = \begin{bmatrix} 0_{2\times1} \\ 0_{1\times1} \\ 0_{1\times1} \\ 0_{1\times1} \\ I_1 \end{bmatrix} \end{cases} \tag{4-68}$$

由式（4-68）所示的整流器增广系统易知，此时网侧电压传感器的故障及其各阶导数已被建模为增广系统的状态变量。若能对该增广系统设计一个渐近稳定的观测器，则可实现对网侧电压传感器故障及其各阶导数的估计。

2. 网侧电压传感器故障估计与容错控制算法设计

针对上面提出的牵引整流器的增广系统模型，式（4-69）所设计的未知输入观测器给出了网侧电压传感器故障能被观测所需的条件：

$$\begin{cases} \dot{\bar{\theta}}(t) = N_\sigma \bar{\theta}(t) + G_\sigma u(t) + (L_{1\sigma} + L_{2\sigma}) y(t) \\ \hat{\bar{x}}(t) = \bar{\theta}(t) + H_\sigma y(t) \end{cases} \tag{4-69}$$

式中，$\bar{\theta}(t)$ 为中间变量；$\hat{\bar{x}}(t)$ 为增广系统状态变量 $\bar{x}(t)$ 的估计值；N_σ、G_σ、$L_{1\sigma}$、$L_{2\sigma}$ 和 H_σ 是待设计矩阵。

定义观测误差如下：

$$e(t) = \bar{x}(t) - \hat{\bar{x}}(t) \tag{4-70}$$

则可知观测器误差可被进一步表示为

$$\begin{aligned} e(t) &= \bar{x}(t) - \left(\bar{\theta}(t) + H_\sigma y(t) \right) \\ &= M_\sigma \bar{x}(t) - \bar{\theta}(t) \end{aligned} \tag{4-71}$$

式中，$M_\sigma = I_6 - H_\sigma \bar{C}_\sigma$。

根据式（4-69）可知观测误差的导数为

$$\begin{aligned} \dot{e}(t) &= M_\sigma \dot{\bar{x}}(t) - \dot{\bar{\theta}}(t) \\ &= M_\sigma \bar{A}_\sigma \bar{x}(t) + M_\sigma \bar{B}_\sigma u(t) + M_\sigma \bar{D}_\sigma d(t) \\ &\quad + M_\sigma \bar{W}_\sigma \omega(t) - N_\sigma \theta(t) - G_\sigma u(t) - (L_{1\sigma} + L_{2\sigma}) y(t) \\ &= (M_\sigma \bar{A}_\sigma - L_{1\sigma} \bar{C}_\sigma) e(t) + (M_\sigma \bar{B}_\sigma - G_\sigma) u(t) \\ &\quad + (M_\sigma \bar{A}_\sigma - L_{1\sigma} \bar{C}_\sigma - N_\sigma) \theta(t) \\ &\quad + ((M_\sigma \bar{A}_\sigma - L_{1\sigma} \bar{C}_\sigma) H_\sigma - L_{2\sigma}) y(t) \\ &\quad + M_\sigma \bar{D}_\sigma d(t) + M_\sigma \bar{W}_\sigma \omega(t) \end{aligned} \tag{4-72}$$

在式（4-72）所示的误差系统中，矩阵 M_σ、$\bar{A}_\sigma$、$\bar{B}_\sigma$、$\bar{C}_\sigma$、$\bar{D}_\sigma$ 和 $\bar{W}_\sigma$ 均为已知矩阵，N_σ、G_σ、$L_{1\sigma}$、$L_{2\sigma}$ 和 H_σ 是待设计矩阵。为了简化误差系统的表达式，使

$$\begin{cases} M_\sigma \bar{A}_\sigma - L_{1\sigma} \bar{C}_\sigma - N_\sigma = 0 \\ (M_\sigma \bar{A}_\sigma - L_{1\sigma} \bar{C}_\sigma) H_\sigma - L_{2\sigma} = 0 \\ N_\sigma \bar{B}_\sigma - G_\sigma = 0 \\ M_\sigma \bar{D}_\sigma = 0 \end{cases} \tag{4-73}$$

则式（4-72）所示的误差系统可被简化为

$$\dot{e}(t) = (M_\sigma \bar{A}_\sigma - L_{1\sigma} \bar{C}_\sigma) e(t) + M_\sigma \bar{W}_\sigma \omega(t) \tag{4-74}$$

基于式（4-74）所示的误差系统，定理 4.2 给出了误差指数收敛时系统需满足的条件。

定理 4.2： 若式（4-72）所示的矩阵等式条件成立，且存在两个标量 $\beta > 0$、$\gamma > 0$，

一个对称正定矩阵 $P \in R^{6\times6}$，以及一个普通矩阵 $L \in R^{6\times2}$ 使得以下条件成立，则式（4-72）所示的误差系统在不确定性扰动 $\omega(t)=0$ 时是渐进稳定的，在 $\omega(t) \neq 0$ 时系统可以满足 H^∞ 性能指标 γ。

$$\begin{bmatrix} \Omega & PM_\sigma W_\sigma \\ (M_\sigma W_\sigma)^{\mathrm{T}} P & -\gamma^2 I \end{bmatrix} < 0 \tag{4-75}$$

式中，$\Omega = (M_\sigma \bar{A}_\sigma)^{\mathrm{T}} P + PM_\sigma \bar{A}_\sigma - \bar{C}_\sigma^{\mathrm{T}} L^{\mathrm{T}} - L\bar{C}_\sigma + \beta P + I$。

证明：

（1）证明误差系统在 $\omega(t)=0$ 时是指数收敛的。

考虑如下式所示的 Lyapunov 函数：

$$V(t) = e^{\mathrm{T}}(t) P e(t) \tag{4-76}$$

则在系统的一个切换区间 $t \in [t_k, t_{k+1})$ 内，有下式成立：

$$\begin{aligned} \dot{V}(t) + \beta V(t) &= \dot{e}^{\mathrm{T}}(t) P e(t) + e^{\mathrm{T}}(t) P \dot{e}(t) + \beta e^{\mathrm{T}}(t) P e(t) \\ &= e^{\mathrm{T}}(t) \big[(M_\sigma \bar{A}_\sigma - L_{1\sigma} \bar{C}_\sigma)^{\mathrm{T}} P \\ &\quad + P(M_\sigma \bar{A}_\sigma - L_{1\sigma} \bar{C}_\sigma) + \beta P \big] e(t) \end{aligned} \tag{4-77}$$

由式（4-75）可知，

$$(M_\sigma \bar{A}_\sigma - L_{1\sigma} \bar{C}_\sigma)^{\mathrm{T}} P + P(M_\sigma \bar{A}_\sigma - L_{1\sigma} \bar{C}_\sigma) + \beta P < 0 \tag{4-78}$$

将式（4-78）代入式（4-77），可得

$$\dot{V}(t) + \beta V(t) < 0, \quad t \in [t_k, t_{k+1}) \tag{4-79}$$

式（4-79）表明：

$$\begin{aligned} V(t_{k+1}^-) &\leqslant V(t) \\ V(t) &\leqslant e^{-\beta(t-t_k)} V(t_k^+) \end{aligned} \tag{4-80}$$

由于 $t - t_k \leqslant t_{k+1} - t_k$ 恒成立，则根据函数的单调性可知：

$$V(t) \leqslant e^{-\beta(t_{k+1}-t_k)} V(t_k^+) \tag{4-81}$$

又因为 $V(t_{k+1}^+) = V(t_{k+1}^-)$，则根据式（4-80）和式（4-81）可知：

$$V(t_{k+1}^+) \leqslant e^{-\beta(t_{k+1}-t_k)} V(t_k^+) \tag{4-82}$$

给定任意时刻 t，定义系统在区间 $[0,t]$ 上的切换总次数为 N，则易知系统在此区间最后一次切换的时刻为 t_N，为了不失一般性，假设 $t \neq t_N$。结合式（4-80）可知：

$$V(t^-) \leqslant e^{-\beta(t-t_N)} V(t_N^+) \tag{4-83}$$

将式（4-82）从 $t = t_{N-1}$ 一直迭代到 $t = 0$，可得

$$\begin{aligned} V(t_N^+) &\leqslant e^{-\beta(t_N-t_{N-1})} V(t_{N-1}^+) \\ &\leqslant e^{-\beta(t_N-t_{N-1})} e^{-\alpha(t_{N-1}-t_{N-2})} V(t_{N-2}^+) \\ &\leqslant e^{-\beta(t_N-t_{N-1}+t_{N-1}\cdots t_1+t_1-0)} V(0) = e^{-\beta t_N} V(0) \end{aligned} \tag{4-84}$$

将式（4-84）代入式（4-82），可得

$$V(t^-) \leqslant e^{-\beta t} V(0) \tag{4-85}$$

由式（4-85）易知：

$$\lim_{t \to \infty} V(t^-) = 0 \tag{4-86}$$

式（4-86）成立即代表观测器误差指数收敛，即

$$\lim_{t \to \infty} e(t) = 0 \tag{4-87}$$

（2）证明在 $\omega(t) \neq 0$ 时系统可以满足 H^∞ 性能指标 γ。

定义函数如下：

$$\Gamma(t) = \int_0^T \left(e^T(t)e(t) - \gamma^2 \omega^T(t)\omega(t) + \beta V(t) \right) \mathrm{d}t \tag{4-88}$$

则有下式成立：

$$
\begin{aligned}
\Gamma(t) &= \int_0^T \left(e^T(t)e(t) - \gamma^2 \omega^T(t)\omega(t) + \beta V(t) \right. \\
&\quad \left. + \dot{V}(t) \right) \mathrm{d}t - \int_0^T \dot{V}(t)\mathrm{d}t \\
&= \int_0^T \left(e^T(t)\Omega e(t) + 2e^T(t)PN_\sigma \bar{D}_\sigma \omega(t) \right. \\
&\quad \left. - \gamma^2 \omega^T(t)\omega(t) \right) \mathrm{d}t - \int_0^T \dot{V}(t)\mathrm{d}t
\end{aligned}
\tag{4-89}
$$

由 $e(0) = 0$ 可知：

$$\int_0^T \dot{V}(t)\mathrm{d}t = e^T(T)Pe(T) - e^T(0)Pe(0) = V(T) > 0 \tag{4-90}$$

联立式（4-75）、式（4-89）和式（4-90），如下不等式成立：

$$e^T(t)e(t) - \gamma^2 \omega^T(t)\omega(t) + \dot{V}(t) < -\beta V(t) \tag{4-91}$$

由式（4-79）可知：

$$\dot{V}(t) < -\beta V(t) \tag{4-92}$$

联立式（4-90）和式（4-91）可知：

$$e^T(t)e(t) < \gamma^2 \omega^T(t)\omega(t) \tag{4-93}$$

由式（4-93）可知：观测器误差系统满足 H^∞ 性能指标 γ。

至此，对定理 4.2 证明过程全部结束。

基于式（4-69）所示的故障观测器，网侧电压传感器的故障估计值可以被重构，如下所示：

$$\hat{f}(t) = \begin{bmatrix} 0_{1\times 2} & I_1 & 0_{1\times 1} & 0_{1\times 1} & 0_{1\times 1} \end{bmatrix} \hat{\bar{x}}(t) \tag{4-94}$$

式中，$\hat{f}(t)$ 为网侧电压传感器故障 f 的估计值。

在获得网侧电压传感器故障的估计值 $\hat{f}(t)$ 后，可以将 $\hat{f}(t)$ 从网侧电压测量值 u_N 中减去，即可求得故障补偿值，即

$$u_{\mathrm{comp}} = u_N - \hat{f} \tag{4-95}$$

3. 仿真验证

本节在 Matlab/Simulink 仿真环境下搭建了基于网侧电压传感器故障估计的单相 PWM 牵引整流器容错控制器模型，并测试了其容错性能。

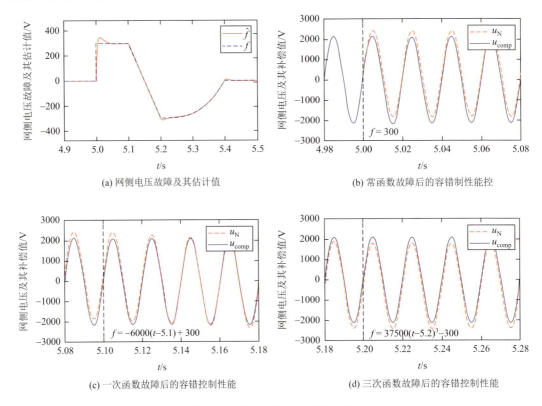

(a) 网侧电压故障及其估计值　　　　　　　　(b) 常函数故障后的容错制性能控

(c) 一次函数故障后的容错控制性能　　　　　　(d) 三次函数故障后的容错控制性能

图 4-18　故障情况一的仿真结果

由图 4-18 可知，在牵引整流器未受不确定性扰动影响（即 $\omega = 0$）时，所提整流器网侧电压估计算法可以精准地对网侧电压传感器故障的给定值进行跟踪，且误差收敛速度可达毫秒级。仿真分别运行到 5.0s、5.1s 和 5.2s 时引入的三种不同的网侧电压传感器故障均可以被隔离，且容错控制后的电压稳定。

实际上，由于车载整流器所处的运行环境时时刻刻都在变化，这就造成了整流器内部的各个电路元件的参数是时变的。通常来讲，整流器的网侧电感波动是对整流器控制、整流器性能影响最大的因素，故本章中选择网侧电感参数波动来校验整流器鲁棒容错控制性能。

2）本章所提算法在有参数摄动时的容错控制性能

故障情况二：除了考虑如式（4-98）所示的传感器故障以及如表 4-6 所示的负载波动外，同时考虑电感变化（如下表所示）对系统的影响。仿真结果如图 4-19 所示。

表 4-6　电感变换

时间/s	$[0, 5.1)$	$[5.1, 5.15)$	$[5.15, 5.2)$	$[5.2, 5.25)$	$[5.25, \infty)$
L_{N} /mH	2.2	2.5	2.2	2.1	2.2

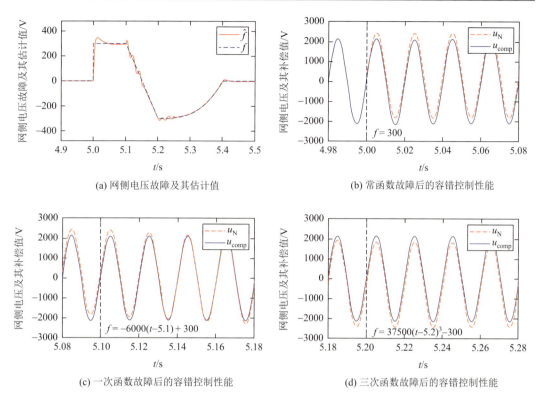

(a) 网侧电压故障及其估计值 　　　　　　　(b) 常函数故障后的容错控制性能

(c) 一次函数故障后的容错控制性能 　　　　　(d) 三次函数故障后的容错控制性能

图 4-19　故障情况二的仿真结果

由图 4-19 可知，整流器的网侧电感参数不发生波动时，其网侧电压传感器的故障估计值 $\hat{f}$ 可以精准地跟踪故障值 f，跟踪误差保持在 0 附近。当在 $t=5.1\text{s}$ 和 $t=5.2\text{s}$ 时，由于网侧电感值分别变化了 +13.6% 和 –4.55%，故障估计值 $\hat{f}$ 不可避免地出现了偏差，但在容错控制算法设计时已将算法对未知扰动的鲁棒性因素考虑在内，所以故障估计值在电感参数摄动时只出现了幅值变化不超过 0.5% 的微小误差。由于故障估计的跟踪误差较小，容错控制的网侧电压十分稳定，本章所提算法具有良好的鲁棒性。

4. 硬件在环测试验证

为了进一步验证上一小节中仿真实验的结果的正确性，本节基于 dSPACE 的硬件在环测试平台对所提算法——针对网侧电压传感器故障的整流器容错控制算法进行验证，且电路参数、控制器参数、故障以及网侧电感参数摄动的设置与上一小节的仿真实验保持一致。

1）校验本章所提算法在无未知扰动时的容错控制性能

故障情况一：只考虑如式（4-98）所示的传感器故障以及如表 4-5 所示的负载波动，硬件在环测试结果如图 4-20 所示。

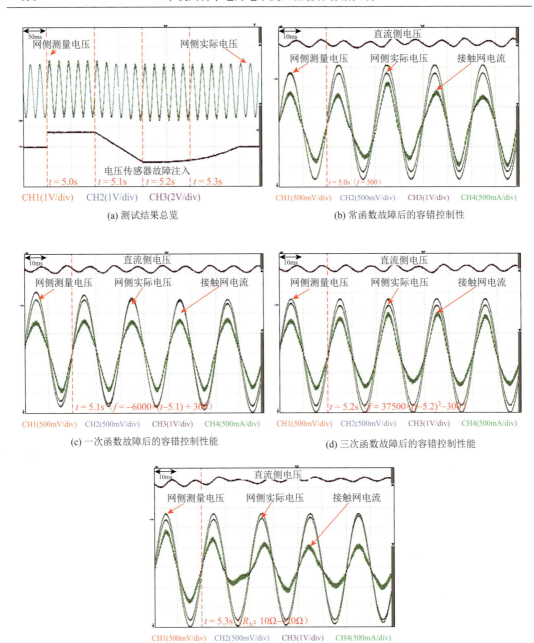

(a) 测试结果总览　　　　　　　　　　　　　(b) 常函数故障后的容错控制性

(c) 一次函数故障后的容错控制性能　　　　　(d) 三次函数故障后的容错控制性能

(e) 负载变化后的容错控制性能

图 4-20　故障情况一的硬件在环测试结果

2）校验本章所提算法在网侧电感参数摄动时的容错控制性能

故障情况二：除考虑如式（4-98）所示的传感器故障以及如表 4-5 所示的负载波动外，同时考虑如表 4-6 所示的电感参数摄动对系统的影响。硬件在环测试结果如图 4-21 所示。

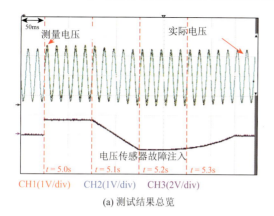

(a) 测试结果总览

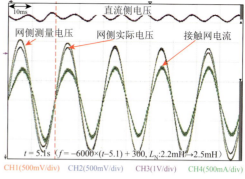

(b) 网侧电感值由2.2mH跳变至2.5mH

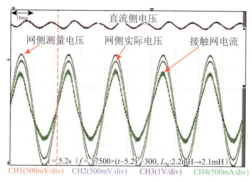

(c) 网侧电感值由2.2mH跳变至2.1mH

图 4-21　故障情况二的硬件在环测试结果

　　图 4-20 和图 4-21 所示的硬件在环测试结果进一步佐证了所提算法的有效性及鲁棒性。具体来说，由图 4-20 可知，在整流器网侧电压传感器受到常函数故障、一次函数故障和三次函数故障影响后，网侧电压传感器的测量值发生了较大幅度的偏移，但在所提容错控制算法的作用下，网侧电压传感器的故障被精准地补偿。以网侧电压补偿值作为控制输入的控制算法可以继续保持整流器的正常运行。此外，负载波动并不会对网侧电压传感器的容错控制效果造成任何影响，当负载变化时，网侧电流和直流链电压均在控制器的调节作用下重新达到稳态。

　　由图 4-21 可知，在 $t = 5.1$s 时整流器除受网侧电压传感器故障影响外，其内部的网侧电感也由 2.2mH 变化至 2.5mH。虽然整流器的网侧电感参数发生变化，但由于故障估计算法对系统不确定性扰动具有很好的鲁棒性，所以网侧电压未受到明显的参数摄动影响。此外，在 $t = 5.2$s 时整流器的电感由 2.2mH 变化至 2.1mH，此时网侧电压传感器受到三次函数故障影响，但补偿后的网侧电压值作为控制输入依然可以保持整流器的正常运行。

参 考 文 献

[1]　苟斌. 电力牵引变流器故障诊断与容错控制技术研究[D]. 成都：西南交通大学，2016.

[2]　Dragomiretskiy K，Zosso D. Variational mode decomposition[J]. IEEE Transactions on Signal Processing，2014，62（3）：

531-544.

[3]　Daubechies I，Lu J F，Wu H T. Synchrosqueezed wavelet transforms：An empirical mode decomposition-like tool[J]. Applied and Computational Harmonic Analysis，2011，30（2）：243-261.

[4]　Huang N E，Shen Z，Long S R，et al. The empirical mode decomposition and the Hilbert spectrum for nonlinear and non-stationary time series analysis[J]. Proceedings of the Royal Society of London Series A：Mathematical，Physical and Engineering Sciences，1998，454（1971）：903-995.

[5]　Shi B G，Bai X，Yao C. An end-to-end trainable neural network for image-based sequence recognition and its application to scene text recognition[J]. IEEE Transactions on Pattern Analysis and Machine Intelligence，2017，39（11）：2298-2304.

[6]　苟斌，蒲俊楷，葛兴来，等. 基于状态观测器的单相整流系统传感器故障诊断与容错控制方法[J]. 铁道学报，2017，39（2）：44-51.

[7]　Ben Y A，Khojet E K S，Slama B I. Open-circuit fault diagnosis and voltage sensor fault tolerant control of a single phase pulsed width modulated rectifier[J]. Mathematics and Computers in Simulation，2017，131：234-252.

第 5 章　车-网系统低频振荡分析及抑制

由于车和网的参数不匹配导致的低频振荡问题，严重危害了铁路系统的安全运行。本章以车-网系统低频振荡机理、轻阻尼系统的鲁棒稳定性分析及低频振荡抑制为研究目标。通过建立向控制器设计的车-网系统电压环模型，给出针对轻阻尼系统的鲁棒控制器设计方案，量化系统参数变化对系统稳定性、不确定性的影响，重构系统的频域特性和鲁棒稳定裕度，给出低频振荡抑制与良好控制性能的控制器解析设计方案。

5.1　面向电压外环控制器设计的车-网系统建模

本小节给出电压环控制器和以车-网耦合系统为受控对象的 SISO 控制回路，克服了既有阻抗建模存在的系列困难，对鲁棒性、稳定性分析和控制设计具有指导意义。

5.1.1　牵引供电系统建模

全并联 AT 供电牵引供电系统广泛应用于我国的高速铁路当中，其结构如图 5-1 所示，主要由外部供电、牵引供电线路（接触网、钢轨、馈线、保护线等）、AT 和牵引变压器构成。由于牵引供电系统线路众多且相互耦合，牵引供电线路的等效阻抗可通过对其阻抗矩阵降阶的方式获得，相较于直接采用集中参数模型，该方法可以获取更为精准的计算结果。

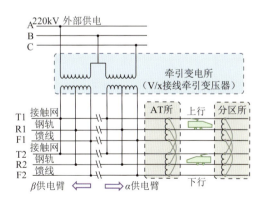

图 5-1　全并联 AT 供电牵引供电系统的主要结构

1. 外部供电等效

我国高速铁路主要通过三相 220kV（也存在 110kV、330kV）电网供电。其戴维南（Thevenin）等效电路图如图 5-2 所示。

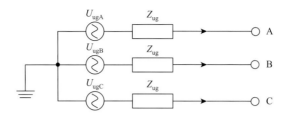

图 5-2　三相电网的戴维南等效电路

忽略线路间的耦合作用，可以知外部供电的等效阻抗 Z_{ug}($Z_{ug} = R_{ug} + jX_{ug}$)的表达式如下所示：

$$\left|Z_{ug}\right| = \frac{U_{ugB}^2}{S_{ug}}, \quad X_{ug} = \left(\frac{\left|Z_{ug}\right|^2}{1+m^2}\right)^{1/2}, \quad R_{ug} = mX_{ug} \tag{5-1}$$

式中，S_{ug}、U_{ugB} 和 m 分别为公共电网的短路容量、额定电压及电阻电抗比。

2. 牵引变压器等效

牵引变电所是牵引供电系统的核心，承担着变压和分相的作用，将 220kV 的三相交流电转化为 27.5kV 的单相交流电。我国高速铁路主要采用 220/(2×27.5)kV 的 V/x 接线牵引变压器，它由两个单相三绕组变压器构成，其一侧供电臂的等效电路如图 5-3(a)所示。三绕组的漏阻抗分别用 Z_{vx1}、Z_{vx2}、Z_{vx2} 表示（副边绕组漏阻抗可认为是相同的），同时忽略励磁阻抗。

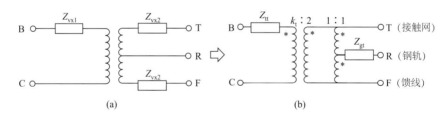

图 5-3　V/x 接线牵引变压器等效电路图（一侧供电臂）

变压器的漏阻抗可通过短路实验获得，实际中结合铭牌参数，变压器的漏阻抗 $Z_{vxi}(i = 1, 2)$的计算方式如下所示：

$$\begin{cases} Z_{vxi} = R_{vxi} + jX_{vxi} \\ R_{vxi} = P_{ki}\left(\dfrac{U_{BC}}{S_T}\right)^2, \quad X_{vxi} = \dfrac{U_{ki}\%}{100}\dfrac{U_{vxi}^2}{S_T} \end{cases} \tag{5-2}$$

式中，S_T 为变压器的额定容量；U_{vxi} 为额定电压；$U_{ki}\%$为短路电压百分比；P_{ki} 为短路损耗；R_{vxi} 为电阻；X_{vxi} 为电抗。

为了便于计算牵引供电系统的等效阻抗，可将图 5-3(a)转化为图 5-3(b)的结构，其中参数的转化关系如下所示[1]：

$$Z_{gt} = \frac{Z_{vx2}}{2}, \ Z_{tt} = Z_{vx1} + k_t^2 Z_{gt} \tag{5-3}$$

3. 牵引供电线路等效

牵引供电线路由 14 根并联导体组成（承力索、接触线、馈线、保护线、钢轨、贯通地线），线路间存在相互耦合的作用（贯通地线除外），其横截面如图 5-4 所示。

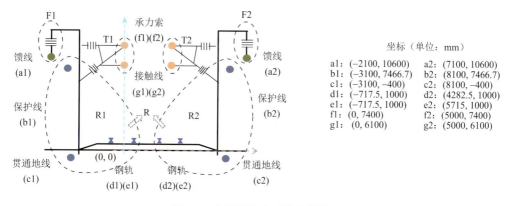

图 5-4 高速铁路牵引线路横截面

单位长度导体的自阻抗 Z_{ii} 和互阻抗 Z_{ij} 可以通过广泛使用的简化卡森（Carson）定理计算获得，如下所示[2]：

$$\begin{cases} Z_{ii} = r_c + \dfrac{\omega_0 \mu_0}{8} + \dfrac{\mathrm{j}\omega_0 \mu_0}{2\pi} \ln\left(\dfrac{D_g}{r_i}\right) \\ Z_{ij} = \dfrac{\omega_0 \mu_0}{8} + \dfrac{\mathrm{j}\omega_0 \mu_0}{2\pi} \ln\left(\dfrac{D_g}{d_{ij}}\right) \end{cases} \tag{5-4}$$

其中，

$$D_g = 659\sqrt{\rho/f_0}$$

式中，r_c 为导体自身电阻，Ω/m；μ_0 为真空磁导率，$4\pi \times 10^{-7}\mathrm{H/m}$；$\omega_0$ 为工频角频率，$\mathrm{rad/s}$；f_0 为工频频率，Hz；ρ 为大地电阻率，$100\Omega\cdot\mathrm{m}$；r_i 为第 i 个导体的等效半径，m；d_{ij} 为第 i 个和第 j 个导体之间的空间距离，m。

对于单位长度的对地电容 C_{ii} 和线间电容 C_{ij}，可以通过下式计算对应的自电位和互电位系数[2]：

$$\begin{cases} p_{ii} = \dfrac{1}{2\pi\varepsilon_0} \ln\left(\dfrac{2h_i}{r_i}\right) \\ p_{ij} = \dfrac{1}{2\pi\varepsilon_0} \ln\left(\dfrac{D_{ij}}{d_{iji}}\right) \end{cases} \tag{5-5}$$

式中，ε_0 为真空介电常数，即 $8.854188 \times 10^{12}\mathrm{F/m}$；$h_i$ 为导体对地高度，m；D_{ij} 为第 i 个导体与第 j 个导体对地镜像之间的距离，m。

通过式（5-4）和式（5-5），可以确定两个 14 阶的阻抗矩阵 Z_{se} 及电位系数矩阵 P_{pot}。而后可利用式（5-6）对 Z_{se} 进行降阶，如图 5-5 所示，对于电位系数矩阵 P_{pot} 也可采用相同方法[3]。

$$\begin{cases} Z'_{1,1} = Z_{1,1} - \dfrac{(Z_{n-1,1} - Z_{n,1})(Z_{1,n-1} - Z_{1,n})}{Z_{n-1,n} + Z_n - 2Z_{n-1,n}} \\[3mm] Z'_{n-1,n-1} = Z_{n-1,n-1} - \dfrac{(Z_{n-1} - Z_{n,n-1})(Z_{n-1} - Z_{n-1,n})}{Z_{n-1,n} + Z_n - 2Z_{n-1,n}} \\[3mm] Z'_{1,n-1} = Z_{1,n-1} - \dfrac{(Z_{n-1} - Z_{n,n-1})(Z_{1,n-1} - Z_{1,n})}{Z_{n-1,n} + Z_n - 2Z_{n-1,n}} \\[3mm] Z'_{n-1,1} = Z'_{1,n-1} \end{cases} \tag{5-6}$$

式中，$Z_{1,1}$、$Z_{n-1,n-1}$、$Z_{1,n-1}$ 等为由式（5-4）计算获得的单位自（互）阻抗。通过以上简化合并方法可以将 14 阶矩阵降为 5 阶，合并线路如图 5-4 所示，保留 T1、T2、F1、F2 和 R。将降阶后的 5 阶阻抗和电位系数矩阵分别记为 Z_{sed} 和 P_{potd}。

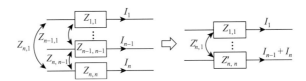

图 5-5　多导体牵引线路合并简化示意图

由电位系数矩阵 P_{potd} 可知，牵引供电线路对应的导纳矩阵 Y_{pad} 可表示为

$$Y_{\mathrm{pad}} = \mathrm{j}\omega_0 C_{\mathrm{p}} = \mathrm{j}\omega_0 \begin{bmatrix} C_{11} & \cdots & C_{1n} \\ \vdots & & \vdots \\ C_{n1} & \cdots & C_{nn} \end{bmatrix} \tag{5-7}$$

其中

$$\begin{cases} C_{ii} = c_{i1} + c_{i2} + \cdots + c_{i5}, \ (i = 1, 2, \cdots, 5) \\ C_{ij} = -c_{ij}, \ (i, j = 1, 2, \cdots, 5), \ (i \neq j) \end{cases}, \quad \begin{bmatrix} c_{11} & \cdots & c_{15} \\ \vdots & & \vdots \\ c_{51} & \cdots & c_{55} \end{bmatrix} = \begin{bmatrix} p_{11} & \cdots & p_{15} \\ \vdots & & \vdots \\ p_{51} & \cdots & p_{55} \end{bmatrix}^{-1} = P_{\mathrm{potd}}^{-1}$$

我国高速铁路一侧供电臂长度为 20～30km，由于牵引线路具有对称、规则的结构，故采用分段等效建模的方式，以提高模型精度。并对每一段利用相–模变换算法，求解其 T 型或 π 型等效电路[4]。π 型等效电路相关参数可通过式（5-8）计算得到。

$$\begin{cases} Z_{\mathrm{pi}} = Z_{\mathrm{sed}} T \cdot \mathrm{diag}[\sinh(\gamma_k l_s)/\gamma_k] T^{-1} & (k = 1, 2, \cdots, 5) \\ Y_{\mathrm{pi}} = T \cdot \mathrm{diag}[\gamma_k \tanh(\gamma_k l_s/2)] T^{-1} Y_{\mathrm{pad}} & (k = 1, 2, \cdots, 5) \end{cases} \tag{5-8}$$

其中

$$T^{-1}(Z_{\mathrm{sed}} Y_{\mathrm{pad}}) T = \mathrm{diag}\begin{bmatrix} \gamma_1^2 & \cdots & \gamma_5^2 \end{bmatrix}$$

式中，diag[·]为对角矩阵；l_s 为一个 π 型等效电路的长度。由于导线对地及线间电容非常小，具有阻低频的特性，因而在低频段分析时可忽略并联导纳 Y_{pi} 的影响。从矩阵 Z_{pi} 中可知 T1 线路的自阻抗，记为 Z_{T1}。由此可求得单位长度线路的等效阻抗为 $Z_l = Z_{T1}/l_s$。

综上所述，令列车位于距离牵引变电所最远端，则整个牵引供电系统的等效阻抗表达式如下所示：

$$Z_s = R_s + j\omega L_S = \frac{1}{k_{ot}^2}\left[\frac{1}{k_t^2}(Z_{ug} + Z_{tt}) + Z_{gt} + lZ_l\right] \tag{5-9}$$

式中，k_{ot} 为车载牵引变压器的变比，$k_{ot} = 15.54$；l 为牵引供电的总长度，取 30km。

5.1.2　车-网系统稳态及最大车辆数限制

由于低频振荡现象是由牵引供电系统和牵引传动系统交互产生的，故将车-网系统合并建模。系统稳态的求解需考虑多车和网的影响，系统稳态值会随着列车接入数量的变化而变化，更贴近实际情况。

基于此方式获得的系统稳态表达式，可以进一步推导出车-网系统所容许的最大车辆数限制。由于列车接入网的数量 n 是低频振荡产生的主要原因，推导 n 的最大取值范围，可以进一步地指导车-网系统低频振荡的抑制和分析。

1. 四象限变流器电路接入数量影响的等效

如第 1 章所示，车-网系统 PCC 处电流 i_s 可表示为

$$i_s(s) = \frac{u_g(s)}{Z_s(s) + n\dfrac{1}{Y_t(s)}} = u_g(s)Y_t(s)\left[\frac{1}{1 + Z_s(s) \cdot nY_t(s)}\right] \tag{5-10}$$

式中，n 为接入网的列车数量。由于列车自身是稳定系统，车-网系统的稳定性取决于方括号内的闭环系统，该判据即为常用的阻抗判据。

在进行车-网系统稳定性分析时，可将列车的数量变化转化为牵引供电系统阻抗的倍数。由于一列 CRH5 型车含有 10 个并联的四象限变流器电路，由此可知：

$$\frac{1}{1 + Z_s(s) \cdot nY_t(s)} = \frac{1}{1 + nZ_s(s) \cdot Y_t(s)} = \frac{1}{1 + 10nZ_s(s) \cdot Y_{4QC}(s)} \tag{5-11}$$

式中，Y_{4QC} 为四象限变流器电路的等效输入导纳；令 $n_c = 10n$，表示接入四象限变流器电路的数量。因此，车-网系统的主电路可等效为图 5-6 所示电路。

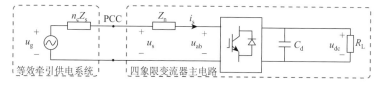

图 5-6　车-网系统等效主电路（折合到车载牵引变压器的二次侧）

2. 车-网系统的稳态求解

由图 5-6 可得车-网系统的主电路方程，如下所示：

$$\begin{cases} (L+n_{\mathrm{c}}L_{\mathrm{s}})\dfrac{\mathrm{d}i_{sd}}{\mathrm{d}t}=u_{gd}-(R+n_{\mathrm{c}}R_{\mathrm{s}})i_{sd}+\omega_0(L+n_{\mathrm{c}}L_{\mathrm{s}})i_{sq}-d_d u_{\mathrm{dc}} \\[2mm] (L+n_{\mathrm{c}}L_{\mathrm{s}})\dfrac{\mathrm{d}i_{sq}}{\mathrm{d}t}=u_{gq}-(R+n_{\mathrm{c}}R_{\mathrm{s}})i_{sq}-\omega_0(L+n_{\mathrm{c}}L_{\mathrm{s}})i_{sd}-d_q u_{\mathrm{dc}} \\[2mm] C_{\mathrm{d}}\dfrac{\mathrm{d}u_{\mathrm{dc}}}{\mathrm{d}t}=\dfrac{1}{2}(d_d i_{sd}+d_q i_{sq})-\dfrac{u_{\mathrm{dc}}}{R_{\mathrm{L}}} \end{cases} \tag{5-12}$$

式中，$Z_{\mathrm{n}}=R+\mathrm{j}\omega L$。忽略开关损耗，则四象限变流器两侧输入和输出的功率是相等的，因而可得功率平衡方程如下所示：

$$u_{\mathrm{dc}}C_{\mathrm{d}}\frac{\mathrm{d}u_{\mathrm{dc}}}{\mathrm{d}t}+\frac{u_{\mathrm{dc}}^2}{R_{\mathrm{L}}}=u_g i_s -\frac{1}{2}(L+n_{\mathrm{c}}L_{\mathrm{s}})\frac{\mathrm{d}i_s^2}{\mathrm{d}t}-(R+n_{\mathrm{c}}R_{\mathrm{s}})i_s^2 \tag{5-13}$$

将式（5-13）中的交流电气量用其 d、q 分量表示，忽略 2 倍频分量可得

$$u_{\mathrm{dc}}C_{\mathrm{d}}\frac{\mathrm{d}u_{\mathrm{dc}}}{\mathrm{d}t}+\frac{u_{\mathrm{dc}}^2}{R_{\mathrm{L}}}=\frac{1}{2}(u_{gd}i_{sd}+u_{gq}i_{sq})-\frac{1}{4}(L+n_{\mathrm{c}}L_{\mathrm{s}})\frac{\mathrm{d}\left(i_{sd}^2+i_{sq}^2\right)}{\mathrm{d}t}-\frac{1}{2}(R+n_{\mathrm{c}}R_{\mathrm{s}})\left(i_{sd}^2+i_{sq}^2\right) \tag{5-14}$$

令 U_{dc}、U_{gd}、U_{gq}、I_{sd}、I_{sq} 表示各状态变量的稳态，则系统的稳态关系如下所示：

$$\frac{U_{\mathrm{dc}}^2}{R_{\mathrm{L}}}=\frac{1}{2}(U_{gd}I_{sd}+U_{gq}I_{sq})-\frac{1}{2}(R+n_{\mathrm{c}}R_{\mathrm{s}})\left(I_{sd}^2+I_{sq}^2\right) \tag{5-15}$$

由于四象限整流器需要保证单位功率因数，因此 I_{sq} 的稳态值为 0。此外，令 u_s 的初始相角为 0，则可知：

$$u_s=U_{\mathrm{sm}}\cos\omega_0 t,\quad u_g=U_{\mathrm{gm}}\cos(\omega_0 t+\theta_g),\quad u_{\mathrm{ab}}=U_{\mathrm{abm}}\cos(\omega_0 t-\theta_{\mathrm{ab}}) \tag{5-16}$$

式中，u_{ab} 为 PWM 波的等效交流信号。则可构建 dq 坐标系如图 5-7 所示。

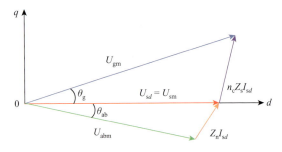

图 5-7　车-网系统电气量的稳态相量图及 dq 坐标系构建

由此可知，各系统变量在 dq 坐标系下的稳态表达式如下所示：

$$\begin{cases} U_{gd}=U_{\mathrm{gm}}\cos\theta_g \\[2mm] U_{gq}=n_{\mathrm{c}}\omega_0 L_{\mathrm{s}}I_{sd} \end{cases},\quad \cos\theta_g=\frac{\sqrt{U_{\mathrm{gm}}^2-(n_{\mathrm{c}}\omega_0 L_{\mathrm{s}}I_{sd})^2}}{U_{\mathrm{gm}}} \tag{5-17}$$

$$\begin{cases} U_{\mathrm{ab}d} = U_{\mathrm{g}d} - I_{\mathrm{s}d}(R + n_{\mathrm{c}}R_{\mathrm{s}}) \\ U_{\mathrm{ab}q} = -\omega_0 L I_{\mathrm{s}d} \end{cases} \tag{5-18}$$

$$U_{\mathrm{s}d} = U_{\mathrm{g}d} - n_{\mathrm{c}}R_{\mathrm{s}}I_{\mathrm{s}d} \tag{5-19}$$

可看出各稳态表达式中除已知量外均包含 $I_{\mathrm{s}d}$。$I_{\mathrm{s}d}$ 表达式的推导如下所示,将式（5-17）代入式（5-15）中整理可得

$$\left[1 + \frac{\omega_0^2 L_{\mathrm{s}}^2}{(R + n_{\mathrm{c}}R_{\mathrm{s}})^2}\right]I_{\mathrm{s}d}^4 + \left[\frac{4U_{\mathrm{dc}}^2}{R_{\mathrm{L}}(R + n_{\mathrm{c}}R_{\mathrm{s}})} - \frac{U_{\mathrm{gm}}}{(R + n_{\mathrm{c}}R_{\mathrm{s}})^2}\right]I_{\mathrm{s}d}^2 + \left[\frac{2U_{\mathrm{dc}}^2}{R_{\mathrm{L}}(R + n_{\mathrm{c}}R_{\mathrm{s}})}\right]^2 = 0$$

$$\tag{5-20}$$

解方程（5-20）可得 $I_{\mathrm{s}d}$ 的表达式如下:

$$I_{\mathrm{s}d} = \sqrt{\frac{R_{\mathrm{L}}U_{\mathrm{gm}}^2 - 4U_{\mathrm{dc}}^2(R + n_{\mathrm{c}}R_{\mathrm{s}}) - \sqrt{J}}{2R_{\mathrm{L}}\left[(R + n_{\mathrm{c}}R_{\mathrm{s}})^2 + \omega_0^2 n_{\mathrm{c}}^2 L_{\mathrm{s}}^2\right]}} \tag{5-21}$$

其中

$$J = -\left(16U_{\mathrm{dc}}^4 \omega_0^2 L_{\mathrm{s}}^2\right)n_{\mathrm{c}}^2 - \left(8U_{\mathrm{dc}}^2 U_{\mathrm{gm}}^2 R_{\mathrm{L}} R_{\mathrm{s}}\right)n_{\mathrm{c}} + \left(U_{\mathrm{gm}}^4 R_{\mathrm{L}}^2 - 8U_{\mathrm{dc}}^2 U_{\mathrm{gm}}^2 R_{\mathrm{L}} R\right) \triangleq -J_1 n_{\mathrm{c}}^2 - J_2 n_{\mathrm{c}} + J_3$$

需要指出在解方程（5-20）时,存在两个不同的正数解,由于列车本身功率远大于线路损耗功率,故式（5-21）中 $J^{1/2}$ 前取负号。

3. 车-网系统所容许的最大车辆数

由 $I_{\mathrm{s}d}$ 的表达式（5-21）可以看出,由于具有根号项,而 $I_{\mathrm{s}d}$ 的取值并不可能为虚数,可知 $I_{\mathrm{s}d}$ 并不始终存在。由于 $I_{\mathrm{s}d}$ 的表达式中存在唯一变量 n_{c},可知接入网的车辆数 n 的取值是存在一定范围限制的。

令 $J \geqslant 0$ 可得到 n 的取值范围,即可知车-网系统所容许的最大车辆数如下所示:

$$n \leqslant \frac{-J_2 + \sqrt{J_2^2 + 4J_1 J_3}}{20J_1} \tag{5-22}$$

若 $J \geqslant 0$ 成立,则式（5-23）成立（即第二个开根项必存在实数解）,则易知 $I_{\mathrm{s}d}$ 存在。

$$\left[R_{\mathrm{L}}U_{\mathrm{gm}}^2 - 4U_{\mathrm{dc}}^2(R + n_{\mathrm{c}}R_{\mathrm{s}})\right]^2 - J = 16U_{\mathrm{dc}}^4(R + n_{\mathrm{c}}R_{\mathrm{s}})^2 + 16U_{\mathrm{dc}}^4 \omega_0^2 n_{\mathrm{c}}^2 L_{\mathrm{s}}^2 > 0 \tag{5-23}$$

由车-网系统稳态功率平衡方程（5-15）可画出车-网系统的稳态等效电路如图 5-8 所示。其中 P_{4QC} 表示负载侧功率。

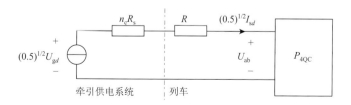

图 5-8　车-网系统稳态等效电路图

式（5-23）中,n 的取值范围的物理意义如下:列车的等效负载可以视为恒功率负载,

随着列车数量 n 的逐渐增加，列车的等效电阻是在不断下降的，当车的等效电阻与网的等效电阻相等的时候，即为车侧可获取到的最大功率（通过增加网侧电阻同理）；若 n 继续增大则牵引供电系统无法提供牵引传动系统所需功率。

5.1.3 小信号建模及控制器解耦

1. 车-网系统各部分的小信号模型

针对式（5-12），通过小信号线性化（其中，将 $d_d u_{dc}$、$d_q u_{dc}$ 记为 u_{abd}、u_{abq}），将系统变量表示为稳态值与小信号量的叠加，后分离稳态值和小信号量，可得车-网系统主电路的小信号模型。

$$\begin{cases} u_{abd}^s = -[R + n_c R_s + s(L + n_c L_s)]i_{sd}^s + \omega_0(L + n_c L_s)i_{sq}^s \\ u_{abq}^s = -[R + n_c R_s + s(L + n_c L_s)]i_{sq}^s - \omega_0(L + n_c L_s)i_{sq}^s \end{cases} \tag{5-24}$$

式中，上标 s 表示变量对应的小信号量；u_g 可被认为是无限大电源故对应的小信号值为 0。其中，u_{abd}^s 和 u_{abq}^s 受四象限变流器控制回路的影响。车-网系统及控制回路的等效示意图如图 5-9 所示。

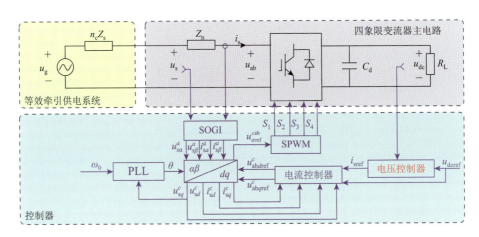

图 5-9　车（CRH5 型）-网系统及控制回路（dq 电流解耦控制）等效示意图

SOGI 的结构框图如图 5-10 所示。则由输入交流信号（u_s 或 i_s）到输出对应的 $\alpha\beta$ 坐标系信号的传递函数如下所示：

$$\begin{cases} x_{s\alpha}^a = \dfrac{K_{SOGI}\omega_0 s}{s^2 + K_{SOGI}\omega_0 s + \omega_0^2} x_s \triangleq H_e(s)x_s = H_e(s)x_{s\alpha} \\ x_{s\beta}^a = \dfrac{K_{SOGI}\omega_0^2}{s^2 + K_{SOGI}\omega_0 s + \omega_0^2} x_s \triangleq H_e(s)\left(\dfrac{\omega_0}{s}x_s\right) = H_e(s)x_{s\beta} \end{cases} \tag{5-25}$$

式中，$H_e(s)$ 为 SOGI 的滤波特性的传递函数，此外将 $(\omega_0/s)x_s$ 定义为 β 轴分量 $x_{s\beta}$ [5]。利用上标 a 区分传递函数 H_e 输入和输出变量。

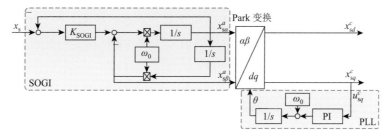

图 5-10　SOGI-PLL 结构框图

如图 5-10 所示，经过 Park 变换，x_{sd}^c、x_{sq}^c 可分别表示为（时域下的表达式）：

$$\begin{cases} x_{sd}^c = \cos(\omega_0 t)[h_e(t) * x_{s\alpha}] + \sin(\omega_0 t)[h_e(t) * x_{s\beta}] \\ x_{sq}^c = -\sin(\omega_0 t)[h_e(t) * x_{s\alpha}] + \cos(\omega_0 t)[h_e(t) * x_{s\beta}] \end{cases} \tag{5-26}$$

式中，上标 c 为区分控制器中的变量与主电路中的变量；h_e 为 H_e 时域下的表达式；$*$ 表示卷积运算。

通过将 $\alpha\beta$ 坐标系下的时域表达式（5-26）转化为 dq 坐标系下的频域表达式，并利用小信号线性化可知电压/电流侧的 SOGI 的小信号模型如式（5-27）和式（5-28）所示：

$$\begin{cases} u_{sd}^{as} = A_u(s)u_{sd}^s + B_u(s)u_{sq}^s \\ u_{sq}^{as} = -B_u(s)u_{sd}^s + A_u(s)u_{sq}^s \end{cases} \tag{5-27}$$

其中

$$\begin{cases} A_u(s) = \dfrac{1}{2}H_{eu}(s + j\omega_0) + \dfrac{1}{2}H_{eu}(s - j\omega_0) \\ B_u(s) = \dfrac{1}{2}H_{eu}(s + j\omega_0) - \dfrac{1}{2}H_{eu}(s - j\omega_0) \end{cases}, \quad H_{eu}(s) = \dfrac{K_{SOGIu}\omega_0 s}{s^2 + K_{SOGIu}\omega_0 s + \omega_0^2}$$

$$\begin{cases} i_{sd}^{as} = A_i(s)i_{sd}^s + B_i(s)i_{sq}^s \\ i_{sq}^{as} = -B_i(s)i_{sd}^s + A_i(s)i_{sq}^s \end{cases} \tag{5-28}$$

其中

$$\begin{cases} A_i(s) = \dfrac{1}{2}H_{ei}(s + j\omega_0) + \dfrac{1}{2}H_{ei}(s - j\omega_0) \\ B_i(s) = \dfrac{1}{2}H_{ei}(s + j\omega_0) - \dfrac{1}{2}H_{ei}(s - j\omega_0) \end{cases}, \quad H_{ei}(s) = \dfrac{K_{SOGIi}\omega_0 s}{s^2 + K_{SOGIi}\omega_0 s + \omega_0^2}$$

PLL 的主要作用是从 u_{sq}^c 中提取到网侧电压的相位 θ 作为 Park 变换中的 $\omega_0 t$。通过小信号线性化可知[6]：

$$\begin{cases} u_{sq}^{cs} = (\cos\Delta\theta)u_{sq}^{as} - (\sin\Delta\theta)U_{sd} \approx u_{sq}^{as} - \Delta\theta U_{sd} \\ \Delta\theta = u_{sq}^{cs}\left(K_{ppll} + \dfrac{K_{ipll}}{s}\right)\dfrac{1}{s} \end{cases} \tag{5-29}$$

则 $\Delta\theta$ 的小信号闭环传递函数如下所示[6]：

$$\Delta\theta = \frac{K_{\text{ppll}}s + K_{\text{ipll}}}{s^2 + U_{sd}K_{\text{ppll}}s + U_{sd}K_{\text{ipll}}}u_{sq}^{as} \triangleq G_{\text{pll}}(s)u_{sq}^{as} \tag{5-30}$$

式中，K_{ppll} 和 K_{ipll} 表示 PLL 的 PI 参数。因此可知 PLL 的小信号模型如下所示：

$$\begin{cases} u_{sd}^{cs} = u_{sd}^{as} \\ u_{sq}^{cs} = [1 - U_{sd}G_{\text{pll}}(s)]u_{sq}^{as} \end{cases} \tag{5-31}$$

$$\begin{cases} i_{sd}^{cs} = i_{sd}^{as} \\ i_{sq}^{cs} = -I_{sd}G_{\text{pll}}(s)u_{sq}^{as} + i_{sq}^{as} \end{cases} \tag{5-32}$$

$$\begin{cases} u_{\text{abdref}}^{cs} = u_{\text{abdref}}^{s} + U_{\text{abq}}G_{\text{pll}}(s)u_{sq}^{as} \\ u_{\text{abqref}}^{cs} = u_{\text{abqref}}^{s} - U_{\text{abd}}G_{\text{pll}}(s)u_{sd}^{as} \end{cases} \tag{5-33}$$

电压和电流控制器的控制结构框图如图 5-11 所示。

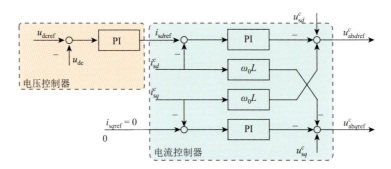

图 5-11　电压和电流控制器的控制结构框图

由控制结构易知电流控制器的小信号模型如式（5-34）和式（5-35）所示：

$$u_{\text{abdref}}^{cs} = u_{sd}^{cs} - G_{\text{ci}}(s)i_{\text{sdref}}^{cs} + G_{\text{ci}}(s)i_{sd}^{cs} + \omega_0 L i_{sq}^{cs} \tag{5-34}$$

$$u_{\text{abqref}}^{cs} = u_{sq}^{cs} + G_{\text{ci}}(s)i_{sq}^{cs} - \omega_0 L i_{sd}^{cs} \tag{5-35}$$

式中，$G_{\text{ci}}(s)$ 表示电流环的 PI 控制器，$G_{\text{ci}}(s) = K_{\text{pc}} + K_{\text{ic}}/s$。

此外，PWM 在利用非对称规则采样时，会存在一定的时间延迟。可等效为一阶惯性环节如下所示：

$$\begin{cases} u_{\text{abd}}^{s} = \left(\dfrac{1}{T_s s + 1}\right)u_{\text{abdref}}^{s} \triangleq G_{\text{d}}(s)u_{\text{abdref}}^{s} \\ u_{\text{abq}}^{s} = \left(\dfrac{1}{T_s s + 1}\right)u_{\text{abqref}}^{s} \triangleq G_{\text{d}}(s)u_{\text{abqref}}^{s} \end{cases} \tag{5-36}$$

式中，T_s 为 PWM 时间延迟，$T_s = 3/(2f_{\text{PWM}})$；其中 f_{PWM} 为 PWM 的采样频率。

通过对功率平衡方程（5-14）进行小信号线性化可得到交流侧电流与直流侧电压的关系，如下所示：

$$u_{\text{dc}}^{s} = G_{\text{i1}}(s)i_{sd}^{s} + G_{\text{i2}}(s)i_{sq}^{s} \tag{5-37}$$

其中

$$G_{i1}(s) = \frac{U_{gd} - I_{sd}s(L + n_cL_s) - 2I_{sd}(R + n_cR_s)}{2U_{dc}sC_d + \dfrac{4U_{dc}}{R_L}}$$

$$G_{i2}(s) = \frac{U_{gq} - I_{sq}s(L + n_cL_s) - 2I_{sq}(R + n_cR_s)}{2U_{dc}sC_d + \dfrac{4U_{dc}}{R_L}}$$

2. d 轴和 q 轴的合并

由于存在 SOGI、PLL 以及 PWM 延迟，d 轴和 q 轴不能完全解耦。可通过电流控制器 q 轴表达式（5-35）获取 d 轴和 q 轴的对应关系，通过 d 轴表示 q 轴的方式，将 d 轴和 q 轴合并。

合并式（5-24）、式（5-27）、式（5-28）、式（5-31）～式（5-33）、式（5-35），其中所有变量均用 i_{sd}^s 和 i_{sq}^s 表示出来，如下所示：

$$u_{abqref}^{cs} = B_{cq1}(s)i_{sd}^s + B_{cq2}(s)i_{sq}^s \tag{5-38}$$

$$u_{sq}^{cs} = B_{cq3}(s)i_{sd}^s + B_{cq4}(s)i_{sq}^s \tag{5-39}$$

$$G_{ci}(s)i_{sq}^{cs} = B_{cq5}(s)i_{sd}^s + B_{cq6}(s)i_{sq}^s \tag{5-40}$$

$$-\omega_0 Li_{sd}^{cs} = B_{cq7}(s)i_{sd}^s + B_{cq8}(s)i_{sq}^s \tag{5-41}$$

其中

$$B_{cq1}(s) = \frac{A_{c1}(s)}{G_d(s)} - U_{abd}G_{pll}(s)[-B_u(s)A_{c3}(s) - A_u(s)A_{c4}(s)]$$

$$B_{cq2}(s) = \frac{A_{c2}(s)}{G_d(s)} - U_{abd}G_{pll}(s)[-B_u(s)A_{c4}(s) + A_u(s)A_{c3}(s)]$$

$$B_{cq3}(s) = [1 - U_{sd}G_{pll}(s)][-B_u(s)A_{c3}(s) - A_u(s)A_{c4}(s)]$$

$$B_{cq4}(s) = [1 - U_{sd}G_{pll}(s)][-B_u(s)A_{c4}(s) + A_u(s)A_{c3}(s)]$$

$$B_{cq5}(s) = -G_{ci}(s)I_{sd}G_{pll}(s)[-B_u(s)A_{c3}(s) - A_u(s)A_{c4}(s)] - G_{ci}(s)B_i(s)$$

$$B_{cq6}(s) = -G_{ci}(s)I_{sd}G_{pll}(s)[-B_u(s)A_{c4}(s) + A_u(s)A_{c3}(s)] + G_{ci}(s)A_i(s)$$

$$B_{cq7}(s) = -\omega_0 LA_i(s), \quad B_{cq8}(s) = -\omega_0 LB_i(s)$$

其中

$$A_{c1}(s) = -\omega_0(L + n_cL_s), \quad A_{c2}(s) = -[R + n_cR_s + s(L + n_cL_s)]$$

$$A_{c3}(s) = -n_c(R_s + L_s s), \quad A_{c4}(s) = \omega_0 n_cL_s$$

将式（5-38）～式（5-41）代入式（5-35）中，化简可得 i_{sd}^s 与 i_{sq}^s 的关系式，如下所示：

$$i_{sq}^s = \left[\frac{B_{cq3} - B_{cq1} + B_{cq5} + B_{cq7}}{B_{cq2} - B_{cq4} - B_{cq6} - B_{cq8}}\right]i_{sd}^s \triangleq D_{dq}(s)i_{sd}^s \tag{5-42}$$

令 $D_{dq}(s)$ 表示 i_{sq}^s 到 i_{sd}^s 的转化关系。基于此，可将所有 q 轴变量用 d 轴变量来表示出来，即可以通过 $D_{dq}(s)$ 将式（5-34）和式（5-37）中的 i_{sq}^s 转换为 i_{sd}^s。

3. 车-网系统电压环模型

合并式（5-24）、式（5-27）、式（5-28）、式（5-31）～式（5-33）、式（5-34），其中变量可同样用 i_{sd}^s 和 i_{sq}^s 表示出来，如下所示：

$$u_{abdref}^{cs} = B_{cd1}(s)i_{sd}^s + B_{cd2}(s)i_{sq}^s \qquad (5\text{-}43)$$

$$u_{sd}^{cs} = B_{cd3}(s)i_{sd}^s + B_{cd4}(s)i_{sq}^s \qquad (5\text{-}44)$$

$$G_{ci}(s)i_{sd}^{cs} = B_{cd5}(s)i_{sd}^s + B_{cd6}(s)i_{sq}^s \qquad (5\text{-}45)$$

$$\omega_0 L i_{sq}^{cs} = B_{cd7}(s)i_{sd}^s + B_{cd8}(s)i_{sq}^s \qquad (5\text{-}46)$$

其中

$$B_{cd1}(s) = \frac{A_{c2}(s)}{G_d(s)} - U_{abq}G_{pll}(s)[B_u(s)A_{c3}(s) + A_u(s)A_{c4}(s)]$$

$$B_{cd2}(s) = -\frac{A_{c1}(s)}{G_d(s)} + U_{abq}G_{pll}(s)[-B_u(s)A_{c4}(s) + A_u(s)A_{c3}(s)]$$

$$B_{cd3}(s) = [A_u(s)A_{c3}(s) - B_u(s)A_{c4}(s)], \quad B_{cd4}(s) = [A_u(s)A_{c4}(s) + B_u(s)A_{c3}(s)]$$

$$B_{cd5}(s) = G_{ci}(s)A_i(s), \quad B_{cd6}(s) = G_{ci}(s)B_i(s), \quad B_{cd7}(s) = \frac{\omega_0 L B_{cq5}(s)}{G_{ci}(s)}, \quad B_{cd8}(s) = \frac{\omega_0 L B_{cq6}(s)}{G_{ci}(s)}$$

将式（5-43）～式（5-46）代入式（5-34）中，化简可得 i_{sdref}^s 到 i_{sd}^s 的传递函数 $E_1(s)$，如下所示：

$$i_{sd}^s = \left[\frac{G_{ci}(s)}{F_1(s) + D_{dq}(s)F_2(s)}\right]i_{sdref}^s \triangleq E_1(s)i_{sdref}^s \qquad (5\text{-}47)$$

其中

$$F_1(s) = B_{cd3}(s) - B_{cd1}(s) + B_{cd5}(s) + B_{cd7}(s)$$

$$F_2(s) = B_{cd4}(s) - B_{cd2}(s) + B_{cd6}(s) + B_{cd8}(s)$$

合并式（5-37）、式（5-42）和式（5-47），则可得到车-网系统电压控制器的受控对象模型：

$$P_v(s) = E_1(s)[G_{i1}(s) + G_{i2}(s)D_{dq}(s)] \qquad (5\text{-}48)$$

则车-网系统可以表示为由电压控制器（$C_{vc} = K_{pv} + K_{iv}s$）和式（5-48）所示的受控对象 P_v 组成的 SISO 闭环系统，车-网系统电压环模型结构图如图 5-12 所示。

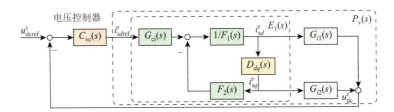

图 5-12　车-网系统 SISO 电压环模型结构框图

由此方法可以将电压控制器从模型中解耦出来，该 SISO 电压环模型可以看作传统 MIMO 的 dq 阻抗模型的一种变换。此外，该 SISO 模型较之传统 MIMO 模型分析更加便捷，同时可将系统稳定性分析与控制器设计联系起来，为进一步指导电压控制器的设计做铺垫。

车-网系统电压环模型的小信号结构图如图 5-13 所示。电压控制器直接与直流侧电压稳定性相关，为影响低频振荡的主要因素[7]。上述建模过程同样可以理解为，通过将图 5-13 方框内各部分小信号模型合并，即可得到式（5-48）所示的电压控制器的 SISO 受控对象 $P_\mathrm{v}(s)$。

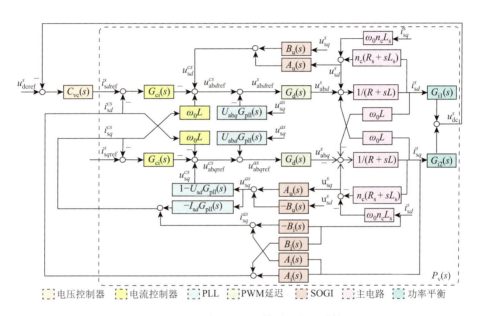

图 5-13　车-网系统电压环模型小信号结构图

5.1.4　车-网系统的稳定性分析

1. 零极点及频域响应分析

车-网系统的 dq 阻抗模型与电压环模型示意图如图 5-14 所示。

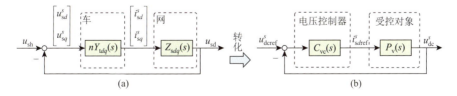

图 5-14　dq 阻抗模型与电压环模型示意图

图 5-14 中，u_sh 与 u_sd 分别表示 u_s 对应 dq 坐标系高低电位；Y_{tdq} 和 Z_{sdq} 分别表示列车

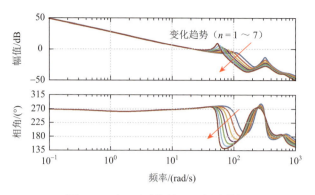

图 5-18　车-网系统的开环频域特性

的变化可以看成是原有模型的参数摄动造成的不确定性，而鲁棒稳定裕度的值越大，则表示系统所容许的不确定性范围就越大。

电流控制器的 PI 参数对鲁棒稳定裕度 $b(P_v, C_{vc})$ 的影响如图 5-19 所示。当鲁棒稳定裕度的值为 0 时则表示系统不稳定。可以看出比例增益 K_{pc} 为影响系统鲁棒稳定裕度变化主要因素，一定程度的增大 K_{pc} 有助于系统鲁棒稳定裕度的提升。通过调整电流控制器的 PI 参数，可使得鲁棒稳定裕度的最大值为 0.47。

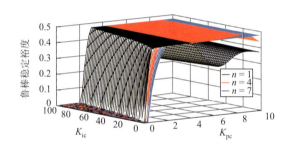

图 5-19　电流环 PI 参数对鲁棒稳定裕度的影响

由于 K_{ic} 对系统鲁棒稳定裕度的影响较小。因此，令 K_{ic} 保持不变（$K_{ic} = 50$），则系统鲁棒稳定裕度与 K_{pc} 和列车数量 n 的关系如图 5-20 所示。代入相关参数，通过式（5-22）可知，系统可容许的最大车辆数为 32 辆。通过分析图 5-20 可知，系统的鲁棒稳定裕度会随 K_{pc} 的增大而上升，到达最大值 0.47 后保持不变；若持续增大 K_{pc}，则会降低鲁棒稳定裕度值。

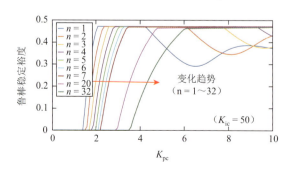

图 5-20　电流控制器参数 K_{pc} 与接入车辆数 n 对系统鲁棒稳定裕度的影响

令 $K_{pc} = 4$ 以保证车-网系统在任意车辆接入时的稳定性（参见图 5-20 中分析），对于系统可接入最大车辆数的验证如图 5-21 所示。如图 5-21 中箭头所示，在 2s 时，31 辆车接入牵引供电系统，系统保持稳定。在 25s 时，额外增加一辆车接入牵引供电系统时，系统崩溃。将相关参数代入到式（5-22）可得 $n \leqslant 32.12$，即列车数量大于 32 辆车的时候系统崩溃。可知分析结果与仿真结果存在微小误差，可能是由于式（5-12）和式（5-14）存在一定的简化误差。在实际分析时，可通过将最大接入车辆数加 1 来避免该误差的影响。

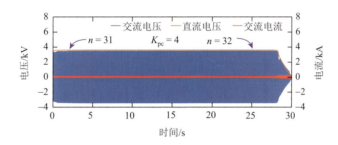

图 5-21 分别接入 31 辆和 32 辆车时交流电压、交流电流及直流电压的波形

电压控制器 PI 参数对于鲁棒稳定裕度的影响如图 5-22 所示。从图中可以看出，系统的鲁棒稳定裕度主要受参数 K_{pv} 的影响。

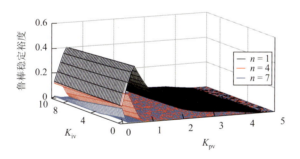

图 5-22 电压控制器参数对鲁棒稳定裕度的影响

同理，令 $K_{iv} = 1$ 保持不变，K_{pv} 及接入车辆 n 对系统鲁棒稳定裕度的影响如图 5-23(a) 所示。可知降低 K_{pv} 可提升车-网稳定系统容纳的车辆数。同时也可以看出，仅通过调节电压控制器的 PI 参数无法实现所有可能车辆数下的低频振荡抑制，因而需要电流控制器 PI 参数调节的配合。图 5-23（b）给出了当电流控制器 PI 参数 $K_{pc} = 4$ 时，K_{pv} 和 n 对系统鲁棒稳定裕度的影响。

根据分析可知，当 $K_{pv} \leqslant 1.19$（$K_{pc} = 4$）时，无论列车数量 n（1～32）如何变化，系统均能保证稳定性。总的来说，结合图 5-20 分析可知，调节电流控制器参数可以实现在系统接入最大车辆数时的低频振荡抑制，在此基础上调节电压控制器参数，可进一步增大系统的鲁棒稳定裕度。

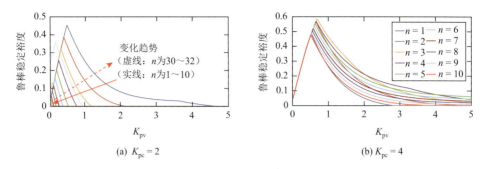

图 5-23　K_{pv} 和 n 对鲁棒稳定裕度的影响

半实物实验波形如图 5-24 所示。当 5 辆车接入时，车-网系统能够保持稳定，当 8 辆车接入时，车-网系统出现明显的低频振荡现象，通过调节电流控制器 PI 参数 K_{pc} 可以看出 8 辆车接入时系统能够保持稳定。

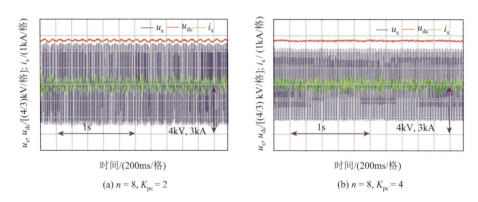

图 5-24　车-网系统半实物实验波形

3. 灵敏度分析

不同于传统灵敏度分析，即分析系统参数变化对系统传递函数或输出量变化的比值（灵敏度函数），对于低频振荡的分析更加关心系统参数变化对于系统靠近虚轴的主导极点的影响，因而本小节推导了不同参数变化与系统主导极点变化之间的关系。

将图 5-14（b）所示结构的车-网系统的闭环传递函数用如下形式表示。

$$\Phi_v(s) = \frac{C_{vc}(s)P_v(s)}{1 + C_{vc}(s)P_v(s)} = \sum_i^j \frac{R_{vi}}{s - \lambda_{vi}} + m_v \qquad (5\text{-}49)$$

式中，λ_{vi} 和 R_{vi} 分别为系统第 i 个闭环极点及其对应的留数；j 为系统极点总数；m_v 为常数项。可将系统的特征方程记为 $H(\lambda_{vi}, \alpha)$ 如下所示：

$$H(\lambda_{vi}, \alpha) = 1 + C_{vc}(s)P_v(s) = 0 \qquad (5\text{-}50)$$

式中，α 为车-网系统的参数（如 R_L，C_d 等）。令 $H(\lambda_{vi}, \alpha)$ 在点 (λ_{vi}, R_{vi}) 处微分可得

$$\frac{\partial[H(\lambda_{vi}, \alpha)]}{\partial \lambda_{vi}} \Delta \lambda_{vi} + \frac{\partial[H(\lambda_{vi}, \alpha)]}{\partial \alpha} \Delta \alpha = 0 \qquad (5\text{-}51)$$

系统极点 λ_{vi} 变化对参数 α 变化的相对灵敏度的定义如下：

$$S_\alpha^{\lambda_{vi}} = \frac{\Delta\lambda_{vi}}{\Delta\alpha} = -\frac{\dfrac{\partial[H(\lambda_{vi},\alpha)]}{\partial\alpha}\dfrac{\alpha}{H(\lambda_{vi},\alpha)}}{\dfrac{\partial[H(\lambda_{vi},\alpha)]}{\partial\lambda_{vi}}\dfrac{1}{H(\lambda_{vi},\alpha)}} = -\alpha\cdot\frac{\dfrac{\partial[C_{vc}(\lambda_{vi},\alpha)P_v(\lambda_{vi},\alpha)]}{\partial\alpha}}{\dfrac{\partial[C_{vc}(\lambda_{vi},\alpha)P_v(\lambda_{vi},\alpha)]}{\partial\lambda_{vi}}} = -\alpha\frac{S_\alpha^{CP}}{S_{\lambda_{vi}}^{CP}}$$

（5-52）

由于各参数量级不同，因而需要归一化处理，计算相对灵敏度便于不同参数灵敏度的比较。其中 $\alpha/H(\lambda_{vi},\alpha)$ 和 $1/H(\lambda_{vi},\alpha)$ 表示参数的归一化。

由式（5-49）可知，R_{vi} 可以表示为

$$R_{vi} = \lim_{s\to\lambda_{vi}}(s-\lambda_{vi})\Phi_v(s) = \lim_{s\to\lambda_{vi}}\frac{C_{vc}(s)P_v(s)}{\left[\dfrac{C_{vc}(s)P_v(s) - C_{vc}(\lambda_{vi})P_v(\lambda_{vi})}{s-\lambda_{vi}}\right]} = -\frac{1}{S_{\lambda_{vi}}^{CP}}$$

（5-53）

合并式（5-52）和式（5-53）可知，系统极点 λ_{vi} 变化对参数 α 变化的相对灵敏度的表达式如下所示：

$$S_\alpha^{\lambda_{vi}} = \alpha R_{vi}S_\alpha^{CP} = \alpha R_{vi}\frac{\partial[C_{vc}(\lambda_{vi},\alpha)P_v(\lambda_{vi},\alpha)]}{\partial\alpha}$$

（5-54）

式中，S_α^{CP} 为开环系统 $C_{vc}P_v$ 对参数 α 变化的灵敏度。因而 S_α^{CP} 可根据所推导的车-网系统模型计算获得（即令开环系统 $C_{vc}P_v$ 对相应的参数 α 求偏导）。而后通过代入分析主导极点 λ_{vD}，则可知参数 α 变化对于车-网系统稳定性的影响。

系统的一对主导极点会随着列车接入数量 n 的增加逐渐向复平面的右半平面移动如图 5-16 所示。参数变化对于车-网闭环系统的稳定性的影响，可通过计算系统的主导极点对其的灵敏度量化出来，如表 5-2 所示。

表 5-2　系统参数对于主导极点的灵敏度

n	主导极点 λ_{vD}	C_d	R_L	L
1	$-16.214 + j119.233$	$-5.360-j7.207$	$0.079-0.077$	$26.779-j75.585$
2	$-10.153 + j100.266$	$-5.250-j6.903$	$0.093-j0.087$	$18.963-j49.906$
3	$-5.723 + j87.062$	$-5.081-j6.585$	$0.106-j0.093$	$13.468-j34.913$
4	$-2.479 + j77.384$	$-4.908-j6.263$	$0.117-j0.098$	$9.660-j25.618$
5	$-0.082 + j69.980$	$-4.751-j5.948$	$0.126-j0.101$	$7.015-j19.525$
6	$1.710 + j64.116$	$-4.614-j5.646$	$0.133-j0.103$	$5.152-j15.331$
7	$3.065 + j59.339$	$-4.496-j5.361$	$0.139-j0.105$	$3.816-j12.323$

灵敏度的实部和虚部分别表示了主导极点实部和虚部的变化。当灵敏度的实部为正时，主导极点向复平面右半平面移动。当灵敏度虚部为正时表示主导极点在复平面向上运动。由于列车数量 n 为系统中的变量，为保证灵敏度分析的准确性，表 5-2 分别分析了 n 为 1~7 时主导极点对各参数变化的相对灵敏度。可以看出 L 的变化对于系统主导极点的影响最大。随着接入车辆数的不断上升，影响逐渐减小，但是并不改变方向。由灵敏度分析可知，增大 C_d 或降低 R_L 和 L，有助于增强系统的稳定性。

5.2　SISO 轻阻尼系统 H_∞回路成型的权函数迭代设计

车-网系统的阻尼会随着接入车辆数的增加不断降低,多车接入的车-网系统为一典型的轻阻尼系统。间隙度量是分析系统不确定性的有力工具,可用于量化不同类型参数摄动所造成的系统不确定性范围的变化。其中,ν-间隙度量继承了传统间隙度量的特性的同时,具有频域特性清晰、保守性低、计算简单等优势,得到了十分广泛的应用。然而,当将ν-间隙度量(取值范围为 $0\sim1$)用于轻阻尼系统的计算时,所得到的计算结果往往非常大,接近 1。因而使得轻阻尼系统的鲁棒稳定性分析及鲁棒控制器的设计十分困难。

5.2.1　ν-间隙度量简介

系统参数发生参数摄动时,不同参数对模型在闭环下的影响是不同的。间隙度量可以用来描述两个稳定或不稳定系统在闭环下的距离。间隙度量本质上是一个角度计算,最早用于计算希尔伯特(Hilbert)空间下两个闭子空间的距离。

以一个简单的二维的欧几里得(Euclidean)空间($\mathcal{E}_1 \times \mathcal{E}_2$)为例进行说明,如图 5-25 所示[10]。其中,K_1 和 K_2 表示两个算子由 $\mathcal{E}_1$ 映射到 $\mathcal{E}_2$ 的图(graph);α 表示 K_1 和 K_2 间的角度;$\sin(\alpha)$可以视为 K_1 到 K_2 的有向间隙(directed gap)。

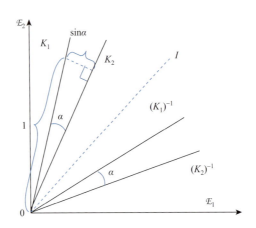

图 5-25　二维 Euclidean 空间下间隙度量示意图

P_1 与 P_2 间的间隙度量值 $\delta_g(P_1,P_2)$的定义如下所示[9]:

$$\delta_g(P_1,P_2) = \max\left\{\vec{\delta}(P_1,P_2),\vec{\delta}(P_2,P_1)\right\} \tag{5-55}$$

式中,$\vec{\delta}(P_1,P_2)$ 为 P_1 到 P_2 的有向间隙。P_1 到 P_2 的有向间隙($H_2 \times H_2$ 空间下)计算可转化为标准的 2 块 H_∞优化问题。

$$\vec{\delta}(P_1,P_2) = \inf_{Q \in H_\infty}\|G_1 - G_2 Q\|_\infty = \inf_{Q \in H_\infty}\left\|\begin{matrix} G_2^* G_1 - Q \\ \tilde{G}_2 G_1 \end{matrix}\right\|_\infty \tag{5-56}$$

其中

$$G_i \triangleq \begin{bmatrix} N_i \\ M_i \end{bmatrix}, \quad \tilde{G}_i \triangleq \begin{bmatrix} -\tilde{M}_i & \tilde{N}_i \end{bmatrix} \quad (i = 1, 2)$$

式中，G^* 为 G 的复共轭转置运算；$\{N_i, M_i\}$ 和 $\{\tilde{N}_i, \tilde{M}_i\}$ 为 P_i $(i = 1, 2)$的标准右和左互质分解因子；Q 为 H_∞ 空间中的任意投影[9]。

然而由式（5-56）可知，间隙度量的求解，需要解一个 H_∞ 优化问题，这往往是非常困难的，同时其解与系统本身的关联并不明确。在式（5-56）的基础上，取其下界则可得 v-间隙度量的表达式，如下所示[9]：

$$\delta_v(P_1, P_2) \triangleq \begin{cases} \left\| \tilde{G}_2 G_1 \right\|_\infty, & \text{当 } \det(G_2^* G_1)(j\omega) \neq 0 \forall \omega \text{ 且 wno } \det(G_2^* G_1)=0 \\ 1, & \text{否则} \end{cases} \quad (5\text{-}57)$$

式中，wno(g) 为传递函数 $g(s)$ 的 Nyquist 曲线绕坐标轴原点的圈数[9]；$\det(\cdot)$ 为行列式运算。将鲁棒稳定性条件转化为其成立条件。v-间隙度量在继承了间隙度量性质的同时具有清晰的频域特性，更低的保守性，计算简单等特点。

鲁棒稳定判据可以利用 v-间隙度量的频域特性，通过逐频判别的方式进一步降低其保守性，如下所示[11]：

$$\delta_v(P_1, P_2)(\omega) < b(P_1, C)(\omega), \quad \forall \omega \quad (5\text{-}58)$$

式中，$\delta_v(P_1, P_2)(\omega)$ 为逐频计算 P_1 与 P_2 间的 v-间隙度量值。

对于 SISO 系统，P_1 与 P_2 间的 v-间隙度量也可以简化为如下形式[9]：

$$\delta_v(P_1, P_2) = \sup_\omega \frac{\left| P_2(j\omega) - P_1(j\omega) \right|}{\sqrt{1 + \left| P_1(j\omega) \right|^2} \sqrt{1 + \left| P_2(j\omega) \right|^2}} \quad (5\text{-}59)$$

该式表达得更加清晰，与传递函数本身联系更加紧密，可以看成 $P_1(j\omega)$ 与 $P_2(j\omega)$ 的 Nyquist 曲线，在黎曼球（即将复平面投影到单位球上）上投影的弦距的最大值，如图 5-26 所示[9]。

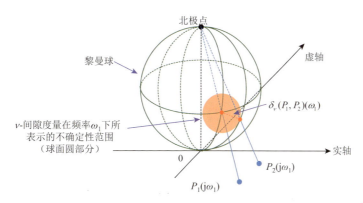

图 5-26　v-间隙度量所表示的不确定性范围示意图

5.2.2　SISO 轻阻尼系统的鲁棒稳定性

利用 v-间隙度量的频域特性分析可知，轻阻尼系统间的 v-间隙度量值 $\delta_v(P_0, P_\Delta)(\omega)$

在振荡频率附近存在突增的尖峰[12]。本小节中，通过与 H_∞ 回路成型设计方法相结合，调节权函数 W，保证系统加权下的鲁棒稳定性，从而保证原系统的鲁棒稳定性，如下所示：

$$\delta_\nu(WP_0, WP_{\Delta i})(\omega) < b(WP_0, C_\infty)(\omega), \quad \forall \omega \tag{5-60}$$

式中，$P_{\Delta i}(i = 1, 2, \cdots, n)$ 为标称系统 P_0 可能存在的不同摄动。该式相当于在鲁棒稳定性判据中，引入了一个额外可调节的参数 W。

在传统的 H_∞ 回路成型方法中，权函数 W 的设计仅考虑其对频域特性的重塑及鲁棒稳定裕度 $b(WP_0, C_\infty)$ 的影响。然而对于轻阻尼系统仅考虑获取足够大的鲁棒稳定裕度 $b(WP_0, C_\infty)$ 并无法量化说明其对可能出现的参数摄动是鲁棒稳定的[13]。式（5-60）中 $\delta_\nu(WP_0, WP_{\Delta i})(\omega)$ 可能仍然非常大。多篇文献利用经验通过反复试错的方式来设计权函数 W，然而这种方法不但设计困难，还会影响加权系统的频域特性（例如对带宽的影响）。因此，有必要针对权函数 W 对 $\delta_\nu(WP_0, WP_{\Delta i})(\omega)$ 在振荡频带 ω_{RF} 内的影响做量化的分析。预先将振荡频带内过大的 ν-间隙度量值通过加权的方式降低下来，而后利用 H_∞ 回路成型方法设计相应的控制器，获取足够大的 $b(WP_0, C_\infty)$ 以保证轻阻尼系统的鲁棒稳定性和足够大的带宽。

5.2.3　加权 ν-间隙度量分析

SISO 系统的逐频加权 ν-间隙度量 $\delta_\nu(WP_0, WP_{\Delta i})(\omega)$ 的表达式如下所示[9]：

$$\delta_\nu(WP_0, WP_{\Delta i})(\omega) = \frac{\left|P_0(j\omega) - P_{\Delta i}(j\omega)\right|}{\sqrt{\left|W(j\omega)\right|^{-1} + \left|W(j\omega)\right|\left|P_0(j\omega)\right|^2}\sqrt{\left|W(j\omega)\right|^{-1} + \left|W(j\omega)\right|\left|P_{\Delta i}(j\omega)\right|^2}} \tag{5-61}$$

首先分析 W 对 $\delta_\nu(WP_0, WP_{\Delta i})(\omega)$ 的影响。将式（5-61）对 $|W(j\omega)|$ 求导，$\delta_\nu(WP_0, WP_{\Delta i})(\omega)$ 随 $|W(j\omega)|$ 变化的单调性如图 5-27 所示。

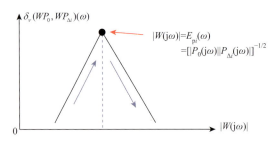

图 5-27　$\delta_\nu(WP_0, WP_{\Delta i})(\omega)$ 随 $|W(j\omega)|$ 变化的单调性分析

可知当 $|W(j\omega)| = E_{pi}(\omega)$ 时，$\delta_\nu(WP_0, WP_{\Delta i})(\omega)$ 可取到极大值，$E_{pi}(\omega)$ 的表达式如下所示：

$$E_{pi}(\omega) = \sqrt{\left|P_0(j\omega)\right|\left|P_{\Delta i}(j\omega)\right|} \tag{5-62}$$

当 $|W(j\omega)| < E_{pi}(\omega)$ 时，$\delta_\nu(WP_0, WP_{\Delta i})(\omega)$ 随 $|W(j\omega)|$ 的增大单调递增，当 $|W(j\omega)| > E_{pi}(\omega)$ 时，$\delta_\nu(WP_0, WP_{\Delta i})(\omega)$ 随 $|W(j\omega)|$ 的增大单调递减。当 $|W(j\omega)| = 1$ 时，表示未加权的间隙度量值 $\delta_\nu(P_0, P_{\Delta i})(\omega)$。$|W(j\omega)| = 1$ 可在如图 5-27 所示的任意单调区间内。因此，较之未加

权的间隙度量值 $\delta_v(P_0, P_{\Delta i})(\omega)$，增大或减小 $|W(j\omega)|$ 都能够降低 $\delta_v(WP_0, WP_{\Delta i})(\omega)$ 的值。

　　该描述同样可以从 v-间隙度量的几何描述的角度来说明，如图 5-28 所示。以两个任意系统 P_1 和 P_2 在频率 ω_1 中的变化为例，可以看出增大或减小权函数 W，实际是将 v-间隙度量表示的弦距向黎曼球的北极点和南极点推移。

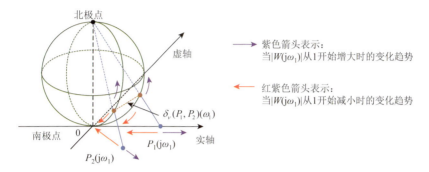

图 5-28　加权逐频 v-间隙度量随 W 变化在黎曼球上的变化趋势

　　由图 5-27 中单调性分析知，当 $|W(j\omega)| = 1$ 或 $|W(j\omega)| = D_{pi}$（其中 $D_{pi} = [|P_0(j\omega)||P_{\Delta i}(j\omega)|]^{-1}$）时，$\delta_v(WP_0, WP_{\Delta i})(\omega) = \delta_v(P_0, P_{\Delta i})(\omega)$。则可知 $\delta_v(WP_0, WP_{\Delta i})(\omega) < \delta_v(P_0, P_{\Delta i})(\omega)$ 的条件如下所示：

$$\begin{cases} E_{pi}(\omega) < 1, & \text{则 } |W(j\omega)| < D_{pi} \text{ 或 } |W(j\omega)| > 1 \\ E_{pi}(\omega) > 1, & \text{则 } |W(j\omega)| > D_{pi} \text{ 或 } |W(j\omega)| < 1 \\ E_{pi}(\omega) = 1, & \text{则 } |W(j\omega)| < 1 \end{cases} \quad （5\text{-}63）$$

　　式（5-63）可作为手动调整参数以降低 $\delta_v(WP_0, WP_{\Delta i})(\omega)$ 的参考。然而，可知 $E_{pi}(\omega)$ 在实际应用中并不固定，当摄动模型 $P_{\Delta i}$ 与角频率 ω 发生变化时，$E_{pi}(\omega)$ 的取值也会随之变化，即单调性会随着摄动模型 $P_{\Delta i}$ 与角频率 ω 的变化而变化。

　　在以往的鲁棒稳定性分析中，仅需考虑最大的 v-间隙度量。然而，对于轻阻尼系统计算时振荡频带内过大的 v-间隙度量需要针对振荡频带进行逐频分析，即采用式（5-60）所示的鲁棒稳定性判据。因而需分析振荡频带内不同频率点标称系统 P_0 与摄动 $P_{\Delta i}$ 间的最大 v-间隙度量。然而，在实际应用中，由于不同摄动模型的振荡频率可能并不相同，即振荡频带内不同频率下的最大 v-间隙度量值往往是由 P_0 与多种摄动 $P_{\Delta i}$ 计算所得。难以用单一特定的摄动模型 P_Δ 来将振荡频带内所有的摄动模型包括在内。换句话说，在不同频率点下，使 $\delta_v(WP_0, WP_{\Delta i})(\omega)$ 最大的 $P_{\Delta i}$ 可能并不相同。因此，在振荡频带 ω_{RF} 内，通过调整权函数 W 使所有摄动 $P_{\Delta i}$ 均满足式（5-60）所示的鲁棒稳定性判据，有必要确定 $P_{\Delta max}$ 满足：

$$\delta_v(WP_0, WP_{\Delta i})(\omega) \leqslant \delta_v(WP_0, WP_{\Delta max})(\omega) < b(WP_0, C_\infty)(\omega) \quad (\forall \omega \in \omega_{RF}) \quad （5\text{-}64）$$

5.2.4　加权下的不确定性界

　　$P_{\Delta max}$ 的确定存在两个困难。一方面，正如上一小节所介绍的那样，$P_{\Delta max}$ 难以用所有

摄动 $P_{\Delta i}$ 中任一摄动模型来表示。另一方面,权函数 W 的加入,可能会改变标称系统 P_0 与不同摄动 $P_{\Delta i}$ 间 ν-间隙度量原本的大小顺序。一个简单的例子如图 5-29 所示。其中蓝线和绿线分别表示了标称系统 P_0 与两个摄动($P_{\Delta 1}$、$P_{\Delta 2}$)的加权 ν-间隙度量值在单一频率点下随 $|W(j\omega_1)|$ 变化的单调性。

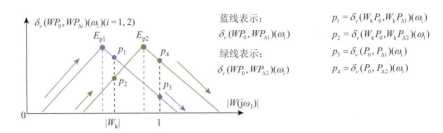

图 5-29　P_0 与 $P_{\Delta 1}$、$P_{\Delta 2}$ 在频率 ω_1 下的加权 ν-间隙度量值随 $|W(j\omega_1)|$ 变化的单调性示意图

可以清楚地看出在 E_{p1} 与 E_{p2} 之间,$\delta_\nu(WP_0,WP_{\Delta 1})(\omega_1)$ 与 $\delta_\nu(WP_0,WP_{\Delta 2})(\omega_1)$ 的单调性是不同的。如果令 $\delta_\nu(P_0,P_{\Delta 1})(\omega_1) < \delta_\nu(P_0,P_{\Delta 2})(\omega_1)$,则加权后(例如加权函数 $|W_k|$)的 ν-间隙度量值 $\delta_\nu(W_kP_0,W_kP_{\Delta 1})(\omega_1)$ 可能比 $\delta_\nu(W_kP_0,W_kP_{\Delta 2})(\omega_1)$ 要大。这使得在引入权函数 W 对不同 $\delta_\nu(WP_0,WP_{\Delta i})(\omega)$ 的作用可能是不同的,从而使得加权后 $\delta_\nu(WP_0,WP_{\Delta i})(\omega)$ 的界限难以确定,从而难以确定出 $P_{\Delta \max}$ 以满足式(5-64)的要求。

而要使权函数的引入并不改变原有标称系统 P_0 与不同摄动 $P_{\Delta i}$ 间 ν-间隙度量的大小顺序,则需要满足如下条件。

定理 5.1:给定 SISO 的标称系统 P_0 与两个任意的 SISO 的摄动 $P_{\Delta 1}$ 和 $P_{\Delta 2}$,以及权函数 W。当

$$\left\{|P_{\Delta 1}(j\omega)| < |P_{\Delta 2}(j\omega)| \text{ 且 } |W(j\omega)| < 1\right\} \text{ 或 } \left\{|P_{\Delta 1}(j\omega)| > |P_{\Delta 2}(j\omega)| \text{ 且 } |W(j\omega)| > 1\right\}$$

（5-65）

成立,则 P_0 与 $P_{\Delta 1}$ 和 $P_{\Delta 2}$ 间的加权 ν-间隙度量满足:

$$\delta_\nu(P_0,P_{\Delta 2})(\omega) > \delta_\nu(P_0,P_{\Delta 1})(\omega) \Rightarrow \delta_\nu(WP_0,WP_{\Delta 2})(\omega) > \delta_\nu(WP_0,WP_{\Delta 1})(\omega) \quad （5\text{-}66）$$

证明:已知

$$\delta_\nu(P_0,P_{\Delta 2})(\omega) > \delta_\nu(P_0,P_{\Delta 1})(\omega) \quad （5\text{-}67）$$

要证

$$\delta_\nu(WP_0,WP_{\Delta 2})(\omega) > \delta_\nu(WP_0,WP_{\Delta 1})(\omega) \quad （5\text{-}68）$$

则可将之等效为

$$\delta_\nu^2(WP_0,WP_{\Delta 2})(\omega) - \delta_\nu^2(WP_0,WP_{\Delta 1})(\omega) > 0 \quad （5\text{-}69）$$

根据加权 ν-间隙度量表达式,将(5-69)展开可得

$$\frac{1}{\left(|W|^{-1} + |W||P_0|^2\right)}\left[\frac{|P_0 - P_{\Delta 2}|^2}{\left(|W|^{-1} + |W||P_{\Delta 2}|^2\right)} - \frac{|P_0 - P_{\Delta 1}|^2}{\left(|W|^{-1} + |W||P_{\Delta 1}|^2\right)}\right](\omega) > 0 \quad （5\text{-}70）$$

进一步简化,式(5-70)可等效为

$$\frac{\left(\left|W\right|^{-1}+\left|W\right|\left|P_{\Delta1}\right|^{2}\right)}{\left(\left|W\right|^{-1}+\left|W\right|\left|P_{\Delta2}\right|^{2}\right)}(\omega)-\frac{\left|P_{0}-P_{\Delta1}\right|^{2}}{\left|P_{0}-P_{\Delta2}\right|^{2}}(\omega)>0 \tag{5-71}$$

对不等式（5-67）的两侧平方，并展开化简，可知：

$$\frac{\left|P_{0}-P_{\Delta2}\right|^{2}}{\left(1+\left|P_{0}\right|^{2}\right)\left(1+\left|P_{\Delta2}\right|^{2}\right)}(\omega)>\frac{\left|P_{0}-P_{\Delta1}\right|^{2}}{\left(1+\left|P_{0}\right|^{2}\right)\left(1+\left|P_{\Delta1}\right|^{2}\right)}(\omega)\Rightarrow\frac{1+\left|P_{\Delta1}\right|^{2}}{1+\left|P_{\Delta2}\right|^{2}}(\omega)>\frac{\left|P_{0}-P_{\Delta1}\right|^{2}}{\left|P_{0}-P_{\Delta2}\right|^{2}}(\omega)$$

$$\tag{5-72}$$

将式（5-72）代入式（5-71）可得

$$\frac{\left(\left|W\right|^{-1}+\left|W\right|\left|P_{\Delta1}\right|^{2}\right)}{\left(\left|W\right|^{-1}+\left|W\right|\left|P_{\Delta2}\right|^{2}\right)}(\omega)-\frac{1+\left|P_{\Delta1}\right|^{2}}{1+\left|P_{\Delta2}\right|^{2}}(\omega)>0\Rightarrow\left(\left|P_{\Delta1}\right|^{2}-\left|P_{\Delta2}\right|^{2}\right)\left(\left|W\right|-\frac{1}{\left|W\right|}\right)(\omega)>0$$

$$\tag{5-73}$$

最终，若使式（5-73）成立，则 $P_{\Delta1}$，$P_{\Delta2}$ 及 W 满足

$$\left\{\left|P_{\Delta1}(\mathrm{j}\omega)\right|<\left|P_{\Delta2}(\mathrm{j}\omega)\right|\text{ 且 }\left|W(\mathrm{j}\omega)\right|<1\right\}\text{ 或 }\left\{\left|P_{\Delta1}(\mathrm{j}\omega)\right|>\left|P_{\Delta2}(\mathrm{j}\omega)\right|\text{ 且 }\left|W(\mathrm{j}\omega)\right|>1\right\}$$

由式（5-63）可知，当 $|W(\mathrm{j}\omega)|<1$ 时，可以通过权函数实现 $\delta_{\nu}(WP_{0},WP_{\Delta i})(\omega)$ 的降低。因此，当 $\delta_{\nu}(P_{0},P_{\Delta1})(\omega)<\delta_{\nu}(P_{0},P_{\Delta2})(\omega)$ 时，仅需要保证 $|P_{\Delta1}(\mathrm{j}\omega)|<|P_{\Delta2}(\mathrm{j}\omega)|$，即可保证权函数的加入不改变 ν-间隙度量的大小顺序，即 $\delta_{\nu}(WP_{0},WP_{\Delta1})(\omega)<\delta_{\nu}(WP_{0},WP_{\Delta2})(\omega)$。

因此，$P_{\Delta\max}$ 在振荡频带 ω_{RF} 内需要满足

$$\left|P_{\Delta\max}\right|(\omega)\geqslant\left|P_{\Delta i}\right|(\omega)\text{ 且 }\delta_{\nu}(P_{0},P_{\Delta\max})(\omega)\geqslant\delta_{\nu}(P_{0},P_{\Delta i})(\omega)\quad(\forall\omega\in\omega_{\mathrm{RF}}) \tag{5-74}$$

对于轻阻尼系统，难以找到单一确定的摄动来满足上述要求。因此，通过构造一个 $P_{\Delta\max}$ 来满足式（5-74）所示要求，令其在振荡频带内，与 P_0 间具有最大的 ν-间隙度量 $\delta_{\nu\max}$ 及最大的增益 $K_{\max}$。其中，$\delta_{\nu\max}$ 和 $K_{\max}$ 的表达式如下所示：

$$\delta_{\nu\max}=\sup_{\omega\in\omega_{\mathrm{RF}}}\sup_{P_{\Delta i}}\delta_{\nu}(P_{0},P_{\Delta i})(\omega) \tag{5-75}$$

$$K_{\max}=\sup_{\omega\in\omega_{\mathrm{RF}}}\sup_{P_{\Delta i}}\left|P_{\Delta i}\right|(\omega) \tag{5-76}$$

通过构造，可以得到振荡频带内 $\delta_{\nu}(WP_{0},WP_{\Delta\max})(\omega)$ 的表达式如下所示：

$$\delta_{\nu}(WP_{0},WP_{\Delta\max})(\omega)=\frac{K_{\delta}(\omega)\left|P_{0}(\mathrm{j}\omega)-K_{g}(\omega)P_{\Delta i}(\mathrm{j}\omega)\right|}{\sqrt{\left|W(\mathrm{j}\omega)\right|^{-1}+\left|W(\mathrm{j}\omega)\right|\left|P_{0}(\mathrm{j}\omega)\right|^{2}}\sqrt{\left|W(\mathrm{j}\omega)\right|^{-1}+\left|W(\mathrm{j}\omega)\right|K_{\max}^{2}}}$$

$$\tag{5-77}$$

其中

$$K_{g}(\omega)=K_{\max}\left|P_{\Delta i}(\mathrm{j}\omega)\right|^{-1}$$

$$K_{\delta}(\omega)=\delta_{\nu\max}\sqrt{\left(1+\left|P_{0}(\mathrm{j}\omega)\right|^{2}\right)\left(1+K_{\max}^{2}\right)}\left|P_{0}(\mathrm{j}\omega)-K_{g}(\omega)P_{\Delta i}(\mathrm{j}\omega)\right|^{-1}$$

其中，利用 K_{g} 和 K_{δ} 将任意 $P_{\Delta i}$ 补偿为 $P_{\Delta\max}$，使其在振荡频带内具有最大的 ν-间隙度量和最大增益。对式（5-77）所定义的 $\delta_{\nu}(WP_{0},WP_{\Delta\max})(\omega)$，通过与式（5-67）~式（5-73）类似的证明过程可知，定理 5.1 对其同样适用。因而，当 $|W(\mathrm{j}\omega)|<1$ 时，$\delta_{\nu}(WP_{0},WP_{\Delta\max})(\omega)$ 可定义为标称系统与所有摄动间加权 ν-间隙度量的界，如下所示：

$$\delta_{\nu}(WP_{0},WP_{\Delta i})(\omega)\leqslant\delta_{\nu}(WP_{0},WP_{\Delta\max})(\omega)\quad(\forall\omega\in\omega_{\mathrm{RF}}) \tag{5-78}$$

对式（5-77）做进一步的简化，如下所示：

$$\delta_v^2(WP_0, WP_{\Delta\max})(\omega) = \frac{\delta_{v\max}^2\left(1+\left|P_0(\mathrm{j}\omega)\right|^2\right)\left(1+K_{\max}^2\right)}{\left(\left|W(\mathrm{j}\omega)\right|^{-1}+\left|W(\mathrm{j}\omega)\right|\left|P_0(\mathrm{j}\omega)\right|^2\right)\left(\left|W(\mathrm{j}\omega)\right|^{-1}+\left|W(\mathrm{j}\omega)\right|K_{\max}^2\right)} \quad （5\text{-}79）$$

基于此，通过分析权函数 W 对 $\delta_v(WP_0, WP_{\Delta\max})(\omega)$ 的影响，即可利用权函数 W 对振荡频带内所有轻阻尼摄动导致的过大 v-间隙度量值做量化的抑制。

5.2.5　振荡频带内权函数的界

定理 5.2：令式（5-79）所定义的 $\delta_v^2(WP_0, WP_{\Delta\max})(\omega)$ 在振荡频带内的值等于 β（其中 β 应小于 $\delta_{v\max}^2$）。当 $|W(\mathrm{j}\omega)| < |W_\mathrm{b}(\mathrm{j}\omega)|$ 时，下式成立：

$$\delta_v(WP_0, WP_{\Delta i})(\omega) \leqslant \delta_v(W_\mathrm{b}P_0, W_\mathrm{b}P_{\Delta\max})(\omega) = \beta^{1/2} \quad (\forall \omega \in \omega_\mathrm{RF}) \quad （5\text{-}80）$$

其中

$$\left|W_\mathrm{b}(\mathrm{j}\omega)\right| = \sqrt{\frac{D_1 - \sqrt{D_1^2 - 4\beta^2\left|P_0(\mathrm{j}\omega)\right|^2 K_{\max}^2}}{2\beta\left|P_0(\mathrm{j}\omega)\right|^2 K_{\max}^2}} \quad (\forall \omega \in \omega_\mathrm{RF})$$

其中

$$D_1 = \delta_{v\max}^2\left(1+\left|P_0(\mathrm{j}\omega)\right|^2 K_{\max}^2\right) + \left(\delta_{v\max}^2 - \beta\right)\left(\left|P_0(\mathrm{j}\omega)\right|^2 + K_{\max}^2\right)$$

证明：令 $\delta_v^2(WP_0, WP_{\Delta\max})(\omega) = \beta$，可知：

$$\frac{\delta_{v\max}^2\left(1+\left|P_0(\mathrm{j}\omega)\right|^2\right)\left(1+K_{\max}^2\right)}{\left(\left|W(\mathrm{j}\omega)\right|^{-1}+\left|W(\mathrm{j}\omega)\right|\left|P_0(\mathrm{j}\omega)\right|^2\right)\left(\left|W(\mathrm{j}\omega)\right|^{-1}+\left|W(\mathrm{j}\omega)\right|K_{\max}^2\right)} = \beta \quad (\forall \omega \in \omega_\mathrm{RF}) \quad （5\text{-}81）$$

由此可求解得到对应的权函数（两个解）。根据式（5-63）可知，令处于单调递增区间上的权函数值（即值较小的解）为 $|W_\mathrm{b}(\mathrm{j}\omega)|$，则其表达式如下所示：

$$\left|W_\mathrm{b}(\mathrm{j}\omega)\right| = \sqrt{\frac{D_1 - \sqrt{D_1^2 - 4\beta^2\left|P_0(\mathrm{j}\omega)\right|^2 K_{\max}^2}}{2\beta\left|P_0(\mathrm{j}\omega)\right|^2 K_{\max}^2}} \quad (\forall \omega \in \omega_\mathrm{RF}) \quad （5\text{-}82）$$

其中

$$D_1 = \delta_{v\max}^2\left(1+\left|P_0(\mathrm{j}\omega)\right|^2 K_{\max}^2\right) + \left(\delta_{v\max}^2 - \beta\right)\left(\left|P_0(\mathrm{j}\omega)\right|^2 + K_{\max}^2\right)$$

根据单调性分析可知，$|W_\mathrm{b}(\mathrm{j}\omega)|$ 处于单调递增区间。由于 $\delta_v^2(P_0, P_{\Delta\max})(\omega)$ 在振荡频带内等于 $\delta_{v\max}^2$。因此只需保证 $\beta < \delta_{v\max}^2$ 即可保证 $|W_\mathrm{b}(\mathrm{j}\omega)| < 1$。因此，根据定理 5.1 可知，当 $|W(\mathrm{j}\omega)| < |W_\mathrm{b}(\mathrm{j}\omega)|$ 时，下式成立：

$$\delta_v(WP_0, WP_{\Delta i})(\omega) \leqslant \delta_v(W_\mathrm{b}P_0, W_\mathrm{b}P_{\Delta\max})(\omega) = \beta^{1/2} \quad (\forall \omega \in \omega_\mathrm{RF})$$

通过设定合适的 β，求解振荡频带内相应的权函数界 $|W_\mathrm{b}(\mathrm{j}\omega)|$，则可通过权函数 W 的设计，即 $|W(\mathrm{j}\omega)| < |W_\mathrm{b}(\mathrm{j}\omega)|$，使具有多种摄动的轻阻尼系统在振荡频带内满足鲁棒稳定性判据的要求。

5.2.6　H_∞ 回路成型权函数的优化

权函数的选择在 H_∞ 回路成型方法中具有多种作用,需要利用其对标称系统 P_0 的频域特性进行重塑;需要保证足够大的鲁棒稳定裕度;以及如 5.2.2 小节所分析的,需要降低振荡频带内标称系统与摄动间的加权 ν-间隙度量值。本小节将 5.2.2 小节分析的结论,与 H_∞ 回路成型权函数优化算法相结合[14],对优化上界做限制,从而使得 H_∞ 回路成型优化算法能够更好地适用于轻阻尼系统。

在传统 H_∞ 回路成型方法中,权函数 W 的选择与 H_∞ 控制器设计中的最大鲁棒稳定裕度 $b_{opt}(WP_0)$ 间并没有量化的关系,因而在传统方法中往往需要对权函数进行反复调整,以获取足够大的鲁棒稳定裕度。H_∞ 回路成型权函数优化算法通过划定期望的幅频响应区域,反复迭代计算,可自动地获取到能使 $b(WP_0, C_\infty)$ 足够大的权函数 W,从而简化了传统方法中权函数的选择的问题[14]。

利用上界 $S_U(s)$ 和下界 $S_L(s)$,为加权重塑的标称系统 WP_0 预先规划出期望的幅频响应区间,如图 5-30 所示。利用 LMI 在期望区域内逐频计算能使 $b(WP_0, C_\infty)$ 最大的权函数 $|W(j\omega)|$。通过反复迭代求解 W 与响应的 C_∞,则可获得足够大的 $b(WP_0, C_\infty)$。

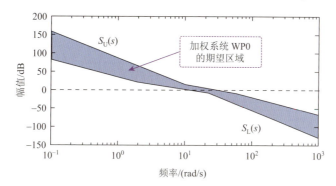

图 5-30　通过上界和下界描述加权系统的期望幅频响应区域

由图 5-30 可知,加权系统 WP_0 的限定条件如下所示:

$$\left|S_L(j\omega)\right|^2\left|W(j\omega)\right|^{-2}<\left|P_0(j\omega)\right|^2<\left|S_U(j\omega)\right|^2\left|W(j\omega)\right|^{-2} \tag{5-83}$$

在传统方法中,上下界的选取仅需要考虑系统所期望的幅频响应特性。然而正如 3.2.1 小节所提到的,即使通过优化算法获得了最大的 $b(WP_0, C_\infty)$,也可能难以量化地保证振荡频带内系统的鲁棒稳定性。因此,根据定理 5.2,可在振荡频带内对 $S_U(s)$ 的选择做限制,将轻阻尼系统间过大的 ν-间隙度量值通过权函数的选择降下来,如下所示:

$$\left|S_U(j\omega)\right|^2\leqslant\left|W_b(j\omega)\right|^2\left|P_0(j\omega)\right|^2\quad(\forall\omega\in\omega_{RF}) \tag{5-84}$$

由此可将振荡频带内 $\delta_\nu(WP_0, WP_{\Delta i})(\omega)$ 限制在给定参数 $\beta^{1/2}$ 以内。最终,通过保证 $\beta^{1/2}<b(WP_0, C_\infty)$ 以量化保证振荡频带内所有摄动系统的鲁棒稳定性。

根据鲁棒稳定裕度表达式,随权函数 W 的变化,求解相应的 H_∞ 控制器 C_∞ 使系统稳定,则 $b^{-1}(WP_0, C_\infty)$ 的表达式可转化为不等式形式,如下所示:

$$\left\| \begin{bmatrix} WP_0 \\ 1 \end{bmatrix} (1 + C_\infty WP_0)^{-1} [-C_\infty \quad -1] \right\|_\infty < \gamma_{opt} \qquad (5\text{-}85)$$

则进一步可将不等式（5-85）改写为

$$\left\| \begin{bmatrix} 1 & 0 \\ 0 & W^{-1}(s) \end{bmatrix} \begin{bmatrix} 0 & -P_0(s) \\ 0 & -1 \end{bmatrix} \begin{bmatrix} 1 & P_0(s) \\ -C(s) & 1 \end{bmatrix}^{-1} \begin{bmatrix} 1 & 0 \\ 0 & W(s) \end{bmatrix} \right\|_\infty < \gamma_{opt} \qquad (5\text{-}86)$$

式中，$C(s) = WC_\infty$，为最终求解到的 H_∞ 回路成型控制器。

将不等式两侧平方，整理可得

$$\begin{bmatrix} 0 & P_0(j\omega) \\ 0 & 1 \end{bmatrix}^* \begin{bmatrix} 1 & 0 \\ 0 & |W(j\omega)|^{-2} \end{bmatrix} \begin{bmatrix} 0 & P_0(j\omega) \\ 0 & 1 \end{bmatrix}$$
$$< \gamma_{opt}^2 \begin{bmatrix} 1 & P_0(j\omega) \\ -C(j\omega) & 1 \end{bmatrix}^* \begin{bmatrix} 1 & 0 \\ 0 & |W(j\omega)|^{-2} \end{bmatrix} \begin{bmatrix} 1 & P_0(j\omega) \\ -C(j\omega) & 1 \end{bmatrix} \qquad (5\text{-}87)$$

则由式（5-81）可知，令 $\beta = \delta_{v\max}^2$ 可得

$$\frac{\left(1 + |P_0(j\omega)|^2\right)\left(1 + K_{\max}^2\right)}{\left(|W_b(j\omega)|^{-1} + |W_b(j\omega)||P_0(j\omega)|^2\right)\left(|W_b(j\omega)|^{-1} + |W_b(j\omega)|K_{\max}^2\right)} = 1 \quad (\forall \omega \in \omega_{RF}) \qquad (5\text{-}88)$$

可解出此时 $|W_b(j\omega)|$ 等于 1 或 $(|P_0(j\omega)|K_{\max})^{-1}$。由于振荡频率点 $|P_0(j\omega)|$ 和 $K_{\max}$ 均大于 1。则由单调性分析可知 $(|P_0(j\omega)|K_{\max})^{-1} < 1$，在单调递增区间内。可知，在振荡频带内，$|W_b(j\omega)||P_0(j\omega)| < 1$ 及 $|W_b(j\omega)||P_{\Delta i}(j\omega)| < 1$ 成立。由此结合定理 5.2 可知，当满足式（5-84）所示限定，则不存在轻阻尼零极点对消的问题。

由此，权函数 LMI 求解问题可总结如下：

$$\min_{|W(j\omega)|^{-2}} \gamma_{opt}^2$$

$$\text{s.t. } |S_L(j\omega)|^2 |W(j\omega)|^{-2} < |P(j\omega)|^2$$

$$|P(j\omega)|^2 < |S_U(j\omega)|^2 |W(j\omega)|^{-2}$$

$$\left(|S_U(j\omega)|^2 \leq |W_b(j\omega)|^2 |P(j\omega)|^2 \text{ 当 } \omega \in \omega_{RF}\right)$$

$$\begin{bmatrix} 0 & P(j\omega) \\ 0 & 1 \end{bmatrix}^* \begin{bmatrix} 1 & 0 \\ 0 & |W(j\omega)|^{-2} \end{bmatrix} \begin{bmatrix} 0 & P(j\omega) \\ 0 & 1 \end{bmatrix} < \gamma_{opt}^2 \begin{bmatrix} 1 & P(j\omega) \\ -C(j\omega) & 1 \end{bmatrix}^* \begin{bmatrix} 1 & 0 \\ 0 & |W(j\omega)|^{-2} \end{bmatrix} \begin{bmatrix} 1 & P(j\omega) \\ -C(j\omega) & 1 \end{bmatrix}$$

可知 LMI 求解为标准的广义特征值问题（generalized eigenvalue problem），需要注意的是，式（5-87）为复 LMI，若使用 Matlab LMI Toolbox 对上述问题进行计算时，因其仅能处理实 LMI。因此需要先将式（5-87）转化为实 LMI 后进行计算[15]。

系统权函数的迭代选择过程总结如下。

第 1 步：通过分析系统摄动确定振荡频带 ω_{RF}，式（5-75）和式（5-76）所示的 $\delta_{v\max}$ 和 $K_{\max}$，以及合适的 β 值。根据定理 5.2 确定振荡频带内权函数的界 $|W_b(j\omega)|$。

第 2 步：根据期望的系统开环幅频特性范围，即式（5-84）所示限制，选择合适的优化上界和下界(S_U 和 S_L)。

第 3 步：设定初始权函数 W_0（例如 $W_0 = 1$）及精度系数 E_r。令 $j = 1$ 表示迭代次数。计

算初始 H_∞ 回路成型控制器 C_0（其中 $C_0 = W_0 C_{\infty,0}$）及相对应的鲁棒稳定裕度 $b(W_{j-1}P_0, C_{\infty,j-1})$。

第 4 步：利用已知 C_{j-1} 通过求解上述广义特征值问题则可获得每一频率点下的最小的 γ_{opt} 及相对应的 $|W_j(\mathrm{j}\omega_i)|$。通过对其幅频数据进行拟合可获得 W_j。

第 5 步：计算的 H_∞ 控制器 $C_{\infty,j}$ 及其对应的鲁棒稳定裕度 $b(W_jP_0, C_{\infty,j})$。由此可得 H_∞ 回路成型控制器 C_j（其中 $C_j = W_jC_{\infty,j}$）。

第 6 步：如果 $|b(W_jP_0, C_{\infty,j}) - b(W_{j-1}P_0, C_{\infty,j-1})| > E_r$，则令 $j = j + 1$ 同时返回第 4 步。

第 7 步：如果在振荡频带内 $b(W_jP_0, C_{\infty,j})(\omega) > \beta^{1/2}$，则停止迭代，否则返回第 1 步重新选择合适的 β 值。

在传统 H_∞ 回路成型方法中，先确定权函数 W，后求解对应的 H_∞ 控制器 C_∞，最终得到 H_∞ 回路成型控制器 C。而在迭代优化求解的方法中，权函数 W 的计算如上述迭代步骤所示，利用已知的 C 确定次优的 W，又通过 W 确定 C，从而反复迭代。系统的鲁棒稳定裕度随迭代过程逐步收敛，如下所示：

$$\cdots \leqslant b\left(W_{j-1}P_0, W_{j-1}^{-1}C_{j-1}\right) \leqslant \sup_W b\left(WP_0, W^{-1}C_{j-1}\right) = b\left(W_jP_0, W_{j-1}^{-1}C_{j-1}\right)$$
$$\leqslant b\left(W_jP_0, W_j^{-1}C_j\right) \leqslant \sup_W b\left(WP_0, W^{-1}C_j\right) = b\left(W_{j+1}P_0, W_{j+1}^{-1}C_j\right) \leqslant \cdots \tag{5-89}$$

在传统 H_∞ 回路成型方法中权函数 W 的选择与 H_∞ 控制器求解中获得的最大鲁棒稳定裕度 $b(WP_0, C_\infty)$ 并无对应数学关系，由此需要反复地调整权函数 W。而利用这种迭代的思想，可以确定低频段与高频段内权函数 W 对鲁棒稳定裕度 $b(WP_0, C_\infty)$ 的影响。

定理 5.3：低频段内，鲁棒稳定裕度 $b(WP_0, C_\infty)$ 会随着 $|W(\mathrm{j}\omega)|$ 的增大而减小；高频段内，鲁棒稳定裕度 $b(WP_0, C_\infty)$ 会随着 $|W(\mathrm{j}\omega)|$ 的增大而增大。

证明：鲁棒稳定裕度 $b(P_0, C)$ 的表达式，可以写为 ν -间隙度量的形式，如下所示[9]：

$$b(P_0, C) = \left\| \begin{bmatrix} P_0 \\ 1 \end{bmatrix} (1 + CP_0)^{-1} [-C \quad -1] \right\|_\infty^{-1} = \inf_\omega \frac{|P_0(\mathrm{j}\omega) - [-1/C(\mathrm{j}\omega)]|}{\sqrt{1 + |P_0(\mathrm{j}\omega)|^2}\sqrt{1 + |1/C(\mathrm{j}\omega)|^2}} \tag{5-90}$$

由此可得 $b(WP_0, C_\infty)(\omega)$ 的表达式，而 $b(WP_0, C_\infty)(\omega) = b(WP_0, W^{-1}C)(\omega)$，如下所示：

$$b(WP_0, C_\infty)(\omega) = \frac{|P_0(\mathrm{j}\omega) - [-1/C(\mathrm{j}\omega)]|}{\sqrt{|W(\mathrm{j}\omega)|^{-1} + |W(\mathrm{j}\omega)||P_0(\mathrm{j}\omega)|^2}\sqrt{|W(\mathrm{j}\omega)|^{-1} + |W(\mathrm{j}\omega)||1/C(\mathrm{j}\omega)|^2}} \tag{5-91}$$

可见其结构与式（5-61）所示的加权逐频 ν -间隙度量相同；同时，由于 C 在每次迭代中都是确定的，其亦符合图 5-27 所示的单调性。由此可以直接计算得到每一次迭代中，使 $b(WP_0, C_\infty)(\omega)$ 最大的 $|W(\mathrm{j}\omega)|$，如下所示：

$$\left.|W_j|\right|_{\max}(\omega) = \sqrt{|C_{j-1}||P_0|^{-1}}(\omega) = \sqrt{|W_{j-1}||C_{\infty,j-1}||P_0|^{-1}}(\omega)$$
$$\Rightarrow \left.|W_j|\right|_{\max}|P_0|(\omega) = \sqrt{|W_{j-1}||P_0||C_{\infty,j-1}|}(\omega) \tag{5-92}$$

式中，j 为迭代次数。由此可知，每次迭代中，$b(WP_0, C_\infty)(\omega)$ 最大的 $|W(\mathrm{j}\omega)|$ 是可以直接计算出来的。在低频段和高频段 $|C_\infty|$ 对开环系统的影响可以忽略，因此，当权函数的选择满足回路成型的要求时，下式成立：

$$\begin{cases} \text{低频段:} \left. |W_j| \right|_{\max} |P_0|(\omega) < |W_{j-1}| \|P_0\|(\omega) \\ \text{高频段:} \left. |W_j| \right|_{\max} |P_0|(\omega) > |W_{j-1}| \|P_0\|(\omega) \end{cases} \tag{5-93}$$

可知，低频段内，鲁棒稳定裕度 $b(WP_0, C_\infty)$ 会随着 $|W(j\omega)|$ 的增大而减小（即远离 $|W_j|_{\max}|P_0|$）；高频段内，鲁棒稳定裕度 $b(WP_0, C_\infty)$ 会随着 $|W(j\omega)|$ 的增大而增大（即靠近 $|W_j|_{\max}|P_0|$）。

由定理 5.3 可知，加权系统 WP_0 的迭代优化结果在低频段最终会趋于 S_L，在高频段会趋于 S_U。根据定理 5.3，在 H_∞ 回路成型方法中，可以有依据地调节 W 来获取更大的 $b(WP_0, C_\infty)$。同样的，结合定理 5.2，可以计算获得每一次迭代中 W 与 $b(WP_0, C_\infty)$ 的量化关系。

此外需要指出的是，在迭代优化的过程中，W 需要通过拟合得到。而拟合误差常常会影响优化的结果，因而需仔细选择拟合的阶数及采样点。可通过手动调节与优化相结合的方式解决此问题。根据定理 5.3，在优化界 S_L 的选择上，可适当降低其低频增益，以获得更大的鲁棒稳定裕度优化结果。而后对优化得到的权函数 W_{opt} 叠加额外环节的方式调整低频增益，以实现在鲁棒稳定裕度与低频增益间的折衷，以及降低拟合复杂度。一个简单的例子如下所示：

$$W = \left(\frac{s + K_a}{s} \right) W_{\mathrm{opt}} \tag{5-94}$$

根据定理 5.3，在权函数优化的基础上，通过调整 K_a 即可实现 $b(WP_0, C_\infty)$ 大小与低频开环增益 $|WP_0|(\omega)$ 间的折衷，即 K_a 越大低频段 $|WP_0|(\omega)$ 越大 $b(WP_0, C_\infty)$ 越小。

5.3　基于 H_∞ 回路成型的车-网系统低频振荡抑制

针对车-网耦合系统低频振荡问题，结合 5.1 节所建立的车-网系统模型与 5.2 节所提出的 H_∞ 回路成型控制器权函数迭代设计算法，给出更为一般的解析抑制方案。由于低频振荡常发生在特殊工况下（即多车同时接入牵引供电系统且处于整备状态）。本章在四象限变流器原本控制结构的基础上，利用 H_∞ 回路成型方法重新设计电压控制器以实现低频振荡的抑制。

5.3.1　电压控制器的解析设计思路

电压控制器直接影响四象限变流器直流侧电压的稳定性，对车-网系统的稳定性影响显著。因此重新设计或调整电压控制器是一种十分经济且实用的方式来抑制低频振荡。而传统的 MIMO 阻抗建模中由于控制器耦合在阻抗模型当中，使得无法利用其解析的设计控制器（即需要反复地调整与分析）。通过将电压控制器从车-网系统中独立出来，使得车-网系统的稳定性判别能够与控制器的设计联系起来，即可针对受控对象解析的设计控制器来抑制低频振荡的产生。

根据已有的实验及分析可知，车-网系统低频振荡常发生在多辆列车同时升弓整备这一特殊工况。而四象限变流器控制器参数的设计常常需要考虑列车正常运行时的工况。因而，基于电压控制器与受控对象的鲁棒稳定性的角度分析，低频振荡的产生主要是由于电压控制器在受控对象发生变化时（列车接入数量变化及等效负载变化），无法保证其鲁棒稳定性。而鲁棒控制常用来研究在受控对象发生变化时的控制性能及稳定性问题，是解决这一问题的有力工具。

现有抑制方法中，基于控制器 PI 参数调节，其调节范围往往十分受限，且会影响其本身的控制性能[8]。此外，基于阻尼补偿的角度难以解析的分析控制器的控制性能，基于采用高级控制算法的角度难以从机理上说明低频振荡的抑制，控制器的设计往往需要依赖设计经验反复调整。本节基于电压环模型，利用 H_∞ 回路成型方法重新设计电压控制器，将多车接入及负载变化等视为受控对象的一种摄动。并利用 ν-间隙度量将不同摄动对系统不确定性范围的影响量化出来。通过获取足够大的鲁棒稳定裕度，使得闭环系统在多种工况下保持鲁棒稳定，同时通过权函数的选择实现控制性能与低频振荡抑制的折衷。基于此方法，可使能够解析的设计控制器在低频振荡抑制的基础上具有良好的控制性能。基于电压控制器设计的车-网系统低频振荡抑制原理图如图 5-31 所示。

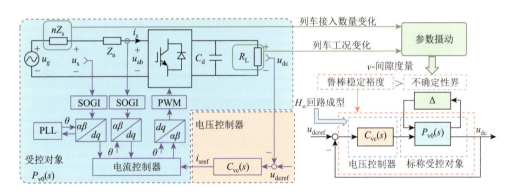

图 5-31　基于电压控制器设计的车-网系统低频振荡抑制原理图

5.3.2　多工况下车-网系统稳定性分析

在过去的研究中，多车常常被视为在同一位置进行分析的，如图 5-32(a)所示，其中 Z_{gt} 表示牵引变压器及外部电网的等效阻抗，Z_l 表示牵引供电线路单位距离阻抗，详细的计算方法见 5.1.1 小节。此外 Y_t 为牵引传动系统的等效输入导纳。然而这与实际往往是不符的，对于列车这一移动负荷难以应用，同时计算复杂[8]。本小节基于阻抗稳定性判据，分析车-网系统在列车处于不同位置、不同工况场景下的稳定性问题。对多种场景下车-网系统的稳定性进行分析。

实际情况下，多辆列车可能位于牵引供电系统的不同位置，同时可能处于不同工况，如图 5-32(b)所示。图中，Y_{t1}，Y_{t2} 及 Y_{tn} 分别表示可能处于不同工况的列车的等效输入导纳；l_1、l_2 及 L 表示不同的线路长度，其中 $l = l_1 + l_2 + \cdots + L$；$I_1$、$I_2$ 等分别表示流过各辆列车的电流；I_n 表示流过最后一辆车和线路 LZ_n 的电流。

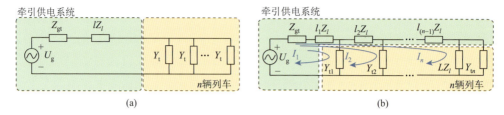

图 5-32　车-网系统的等效电路

根据图 5-32 可知 $I_1, \cdots, I_n$ 与 U_g 的关系如下所示：

$$(Z_s + Y^{-1})[I_1 \quad I_2 \quad \cdots \quad I_n]^{\mathrm{T}} = [U_g \quad U_g \quad \cdots \quad U_g]^{\mathrm{T}} \tag{5-95}$$

其中

$$Z_s = \begin{bmatrix} Z_{gt} + l_1 Z_l & Z_{gt} + l_1 Z_l & \cdots & Z_{gt} + l_1 Z_l \\ Z_{gt} + l_1 Z_l & Z_{gt} + (l_1 + l_2)Z_l & \cdots & Z_{gt} + (l_1 + l_2)Z_l \\ \vdots & \vdots & & \vdots \\ Z_{gt} + l_1 Z_l & Z_{gt} + (l_1 + l_2)Z_l & \cdots & Z_{gt} + (l_1 + l_2 + \cdots + l_{(n-1)})Z_l \end{bmatrix}$$

$$Y = \begin{bmatrix} Y_{t1} & 0 & \cdots & 0 \\ 0 & Y_{t2} & \cdots & 0 \\ \vdots & \vdots & & \vdots \\ 0 & 0 & \cdots & Y_{tn} \end{bmatrix} + \frac{1}{l_n Z_l} \begin{bmatrix} 0 & 0 & \cdots & 0 \\ 0 & 0 & \cdots & 0 \\ \vdots & \vdots & & \vdots \\ 0 & 0 & \cdots & 1 \end{bmatrix} \triangleq Y_t + \frac{1}{l_n Z_l} E_1 \triangleq Y_t + Y_n$$

则可将式（5-95）转化为如下形式：

$$[I_1 \quad I_2 \quad \cdots \quad I_n]^{\mathrm{T}} = (Z_s Y + I)^{-1} Y [U_g \quad U_g \quad \cdots \quad U_g]^{\mathrm{T}}$$

$$\Rightarrow [I_1 \quad I_2 \quad \cdots \quad I_n]^{\mathrm{T}} = [Z_s Y(l_n Z_l I) + l_n Z_l I]^{-1} (l_n Z_l I) Y [U_g \quad U_g \quad \cdots \quad U_g]^{\mathrm{T}}$$

$$\tag{5-96}$$

式中，I 为单位矩阵。易知 $LZ_l I Y$ 稳定（即表示单辆车接入阻抗为 LZ_l 的牵引供电系统的稳定性），则车-网系统的稳定性取决于闭环系统 $[Z_s Y(LZ_l I) + LZ_l I]^{-1}$。因此对此闭环系统进行简化可知：

$$\begin{aligned} & [Z_s Y(l_n Z_l I) + l_n Z_l I]^{-1} \\ =\ & [Z_s Y l_n Z_l + Z_s E_1 + l_n Z_l I]^{-1} \\ =\ & [Z_s Y_t l_n Z_l (Z_s E_1 + l_n Z_l I)^{-1} + I]^{-1} (Z_s E_1 + l_n Z_l I) \\ \triangleq\ & (Z_s Y_{tn} Y_{nl} + I)^{-1} (Z_s E_1 + l_n Z_l I) \end{aligned} \tag{5-97}$$

式中，$Y_{tn} = Y_t L Z_l$，$Y_{nl} = (Z_s E_1 + L Z_l I)^{-1}$。由上式易知（$Z_s E_1 + L Z_l I$）稳定，则车-网系统的稳定性取决于闭环系统 $(Z_s Y_{tn} Y_{nl} + I)^{-1}$。也即，由广义 Nyquist 判据可知，当系统稳定时，$Z_s(s) Y_{tn}(s) Y_{nl}(s)$ 的广义 Nyquist 曲线不绕过复平面的（-1，j0）点。则车-网系统的稳定性分析取决于 $Z_s Y_{tn} Y_{nl}$ 的特征值。则通过分析特征值可以确定车-网系统的稳定性。

5.3.3　受控对象降阶

由于电压控制器是针对正常运行工况设计的，因而考虑正常运行工况下的等效负载值 R_{Lo}。根据式（5-48）所示表达式建立标称系统 $P_{v0}(s)$。车-网系统的多种工况（如列车接入数量 n 的变化，等效负载 R_L 的变化等）可以视为受控对象不同的参数摄动。

由利用解 Riccati 方程的方式获得的 H_∞ 控制器其阶数与受控对象相同。而 $P_{v0}(s)$ 的建模如图 5-13 所示，由于需要考虑车、网及部分控制回路，其模型相对复杂，阶数较高（18 阶）。而高阶的受控对象十分不利于分析及控制器的设计。

本小节采用平衡截断的降阶方法对标称模型 $P_{v0}(s)$ 进行降阶，即将系统 $P_{v0}(s)$ 转化为平衡实现［即能控性格拉姆（Gramian）矩阵与能观测性 Gramian 矩阵相等且对角］。则系统平衡实现的汉克尔（Hankel）奇异值如图 5-33 所示。

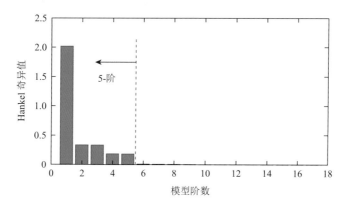

图 5-33　标称系统的 Hankel 奇异值

Hankel 奇异值的大小可以表示其对系统影响的程度。可通过忽略远远小于其余值的 Hankel 奇异值，从而实现模型的降阶（在 Matlab 软件中可通过命令"modred"实现）。通过分析图 5-33 所示系统的 Hankel 奇异值可知系统可以降为 5 阶，降解后的标称系统记为 $P_{v0d}(s)$。传统方法中，通过忽略的 Hankel 奇异值的大小来量化模型降阶的精度损失，如下所示（以 P_{v0d} 为 5 阶为例）：

$$\left\| P_{v0}(s) - P_{v0d}(s) \right\|_\infty \leqslant 2(\sigma_6 + \sigma_7 + \cdots + \sigma_{18}) \tag{5-98}$$

式中，$\sigma_6 \sim \sigma_{18}$ 为图 5-33 中对应阶数的 Hankel 奇异值。可采用 ν-间隙度量来量化降阶误差，同时也可作为模型降阶时阶数选择的参考指标，如表 5-3 所示。

表 5-3　不同阶数的降阶系统与原系统间的 ν-间隙度量值

P_{v0d} 的阶数	2	3	4	5	6
$\delta_\nu(P_{v0}, P_{v0d})$	0.454	0.349	0.349	0.016	0.009

由此可知，当选择 5 阶系统 $P_{v0d}(s)$ 表示原 18 阶系统 $P_{v0}(s)$ 时，其造成的模型不确定性可以忽略。降阶系统 $P_{v0d}(s)$ 的表达式如下所示：

$$P_{v0d}(s) = \frac{-8.025(s-907.7)(s+149.9)(s^2+58.01s+47290)}{(s+9.272)(s^2+48.96s+13330)(s^2+43.53s+103400)} \tag{5-99}$$

5.3.4 受控对象频域响应及不确定性分析

如图 5-31 所示，车-网系统的多种工况（如列车接入数量变化，等效负载变化等）可以视为受控对象的不同参数摄动。用 $P_{v\Delta n}(s)(n=1, 2, \cdots, 7)$ 来表示，n 辆处于整备工况的列车接入牵引供电系统时的受控对象。回路成型的设计首先需要分析受控对象和摄动的幅频响应。标称系统 $P_{v0d}(s)$ 和摄动 $P_{v\Delta n}(s)$ 的开环幅频响应如图 5-34 所示。

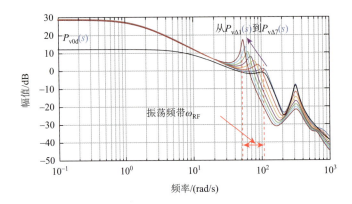

图 5-34　标称系统与摄动的开环幅频响应

沿紫色箭头方向为从 $P_{v\Delta 1}(s)$ 至 $P_{v\Delta 7}(s)$，黑色的线表示标称系统 $P_{v0d}(s)$ 的幅频响应。可以看出受控对象为轻阻尼系统，其振荡频率随着列车接入数量 n 的增加不断向低频移动。

此外，可以利用逐频 v-间隙度量计算标称系统 $P_{v0d}(s)$ 与不同摄动间在每一频率点下的距离 $\delta_v(P_{v0d}, P_{v\Delta n})(\omega)(n=1, 2, \cdots, 7)$，如图 5-35 所示。

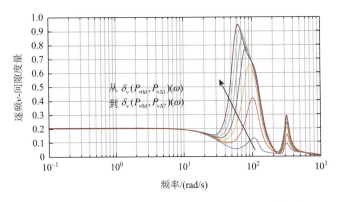

图 5-35　标称系统与不同摄动间的逐频 v-间隙度量

沿着紫色箭头方向分别为从 $\delta_\nu(P_{v0d}, P_{v\Delta 1})(\omega)$ 到 $\delta_\nu(P_{v0d}, P_{v\Delta 7})(\omega)$。可以看出，正如第 3 章所介绍的，对于轻阻尼系统逐频 ν-间隙度量的计算在振荡频率附近会存在突增，计算值非常大（接近 1），例如 $\delta_\nu(P_{v0d}, P_{v\Delta 7})$ 等于 0.94，从而影响系统鲁棒稳定的判别（鲁棒稳定裕度在 1 以内）。求解 H_∞ 控制器 C_∞，以获取对于标称系统 P_{v0d} 最大的鲁棒稳定裕度 $b(P_{v0d}, C_\infty)$，如图 5-36 所示。

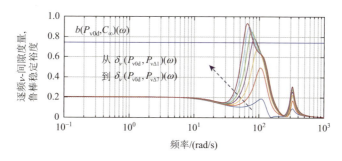

图 5-36　基于 H_∞ 控制器系统参数摄动下的鲁棒稳定性分析

可见，通过求解 H_∞ 控制器 C_∞ 可以获取到足够大的鲁棒稳定裕度 $b(P_{v0d}, C_\infty)$。然而，根据鲁棒稳定性判据可知其并无法保证受控对象在参数摄动时的鲁棒稳定性。因此，在针对轻阻尼系统的鲁棒控制器设计中，仅考虑获取足够大的鲁棒稳定裕度是远远不够的。可对振荡频带内过大的逐频 ν-间隙度量量化地降低，后判别式（5-60）所示的加权下的鲁棒稳定性，即可在量化地保证系统鲁棒稳定性的同时获取足够大的带宽。

5.3.5　基于 H_∞ 回路成型的电压控制器设计

1. 电压控制器优化上下界的选择

首先需要确定如图 5-30 中期望幅频响应区域上界 $S_U(s)$ 与下界 $S_L(s)$ 的传递函数。优化上下界的选择首先要考虑回路成型方法对期望幅频特性的要求。其次对于 S_U 的选择需要额外考虑式（5-84）所示限制。最后，为避免耦合作用，电压控制器作为外环控制器，其带宽要远远低于内环电流控制器带宽。而电流控制器的带宽最好小于 0.2 倍的开关频率（开关作为执行器其可调节的频率范围受自身开关频率限制）。CRH5 型车开关频率为 250Hz，由此可知电压控制器的带宽可选择在 1～5Hz（令电压控制器的带宽小于 1/10 电流控制器带宽）。由以上选取原则可知，上界 $S_U(s)$ 与下界 $S_L(s)$ 的传递函数如下所示：

$$S_U(s) = \left(1 + \frac{5}{s}\right)^2 \left(\frac{10}{1+0.32s}\right)^4 \qquad (5\text{-}100)$$

$$S_L(s) = \left(\frac{10}{1+1.584s}\right)\left(\frac{1}{1+0.05s}\right)^7 \qquad (5\text{-}101)$$

区别于手动设计权函数，优化上下界的选择十分简单，上下界并不参与到最终的控制器中,所以可以不必考虑其阶数的影响(甚至可以不必为特定的传递函数),设计相对自由。由定理 5.3 可知在低频段的 S_L 和高频段的 S_U 对加权系统的影响显著。在中频段则需保证幅频响应不下降得过快以及确定合适的带宽范围。此外,这里将 S_L 的低频段幅值设计得相对较小且平缓,以保证最终优化结果能够获得足够大的鲁棒稳定裕度,从而减小权函数拟合误差所带来的影响。

2. 权函数的迭代设计算法的案例说明

通过针对受控对象 P_{v0d} 进行分析,对 5.2 节中所提算法及相关问题给出对应的案例说明。轻阻尼系统多摄动的振荡频带及对应的 ν-间隙度量计算结果接近 1 等问题,可见图 5-34~图 5-36。

图 5-37 给出权函数的引入,可能会改变 ν-间隙度量原有的大小顺序。在 ω_1 下,$\delta_\nu(P_{v0d}, P_{v\Delta7})(\omega_1) > \delta_\nu(P_{v0d}, P_{v\Delta6})(\omega_1)$,而 $\delta_\nu(0.1P_{v0d}, 0.1P_{v\Delta7})(\omega_1) < \delta_\nu(0.1P_{v0d}, 0.1P_{v\Delta6})(\omega_1)$。则可知,当 $|W| = 0.1$ 时,对于摄动 $P_{v\Delta6}$ 和 $P_{v\Delta7}$ 虽然均通过加权降低了其逐频 ν-间隙度量值,然而权函数的引入改变了原有大小的顺序,从而不利于确定加权后 ν-间隙度量的界,也就难以量化地保证加权系统的鲁棒稳定性。

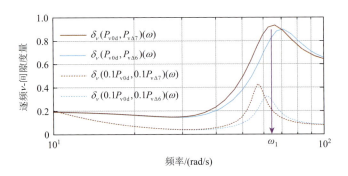

图 5-37　逐频 ν-间隙度量加权前后的比较(其中 $|W| = 0.1$)

通过 5.2.6 小节中计算步骤,结合式(5-100)和式(5-101)所示上下界,通过迭代可得到次优的权函数 $W_{opt}(s)$,如下所示:

$$W_{opt}(s) = \frac{5.6 \times 10^{-4}(s + 0.329)(s + 2.639)(s^2 + 0.49s + 0.28)(s^2 + 291.7s + 3.174 \times 10^5)}{(s^2 + 0.275s + 0.065)(s^2 + 0.515s + 0.536)(s^2 + 11.41s + 810.5)}$$

(5-102)

系统振荡频带根据图 5-34 分析,同时适当放宽频带设定,为 57~112rad/s。此处设定 $\beta^{1/2} = 0.75$,利用式(5-82)计算得振荡频带内对应的 $|W_b(j\omega)|$,同时易知 S_U 的选择满足式(5-84)所示的振荡频带内的幅频响应限制。需要指出的是,$\beta^{1/2}$ 可稍微选择得大一些,以降低控制器设计中的保守性,同时也能获得更大的带宽。则优化结果如图 5-38所示。

可见,低频段与高频段最终的优化结果会靠近优化下界与上界,这与 5.2.6 小节推导的定理 5.3 中的结论相同。在此基础上,可分析加权系统的鲁棒稳定性如图 5-39 所示。

紫色箭头所指表示多摄动与标称模型在加权下的逐频 ν-间隙度量，对比图 5-35 可以看出振荡频带内过大的 ν-间隙度量值，利用权函数的选择很好地实现了抑制。同时通过优化算法得到系统的鲁棒稳定裕度 $b(W_{opt}P_{v0d}, C_{\infty 1})$，其中 $b(W_{opt}P_{v0d}, C_{\infty 1}) = 0.76$，$C_{\infty 1}$ 表示对应于 $W_{opt}P_{v0d}$ 的 H_∞ 控制器。根据式（5-60）所示判据，可以保证轻阻尼系统在多种摄动下的鲁棒稳定性。表 5-4 给出系统的鲁棒稳定裕度，随着迭代次数而不断增大。

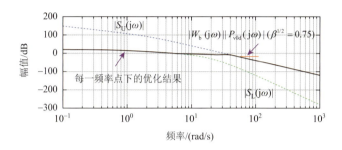

图 5-38　加权系统、优化上下界及上界限制示意图

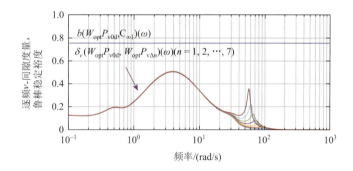

图 5-39　加权系统 $W_{opt}P_{v0d}$ 的鲁棒稳定性分析（加限制）

表 5-4　鲁棒稳定裕度随迭代次数变化

迭代次数	1	2	3	4	5	6
鲁棒稳定裕度	0.51	0.69	0.71	0.70	0.73	0.76

当不对 S_U 在振荡频带内做式（5-84）所示限制时，即不考虑振荡频带内对于加权逐频 ν-间隙度量的量化降低，可选取 $10S_U$ 作为优化上界，即系统可拥有更大的带宽选择范围。通过优化算法迭代得到相应的权函数 W_{optu} 及对应于 $W_{optu}P_{v0d}$ 的 H_∞ 控制器 $C_{\infty 2}$。则加权系统的鲁棒稳定性分析如图 5-40 所示。

可见，虽然利用优化算法同样获得了足够大的鲁棒稳定裕度 $b(W_{optu}P_{v0d}, C_{\infty 2})$ 值，但是并不能保证轻阻尼系统在发生参数摄动时的稳定性。综上可知，通过振荡频带内对优化上界加入量化的限制，可以使 H_∞ 回路成型迭代设计方法更好地应用于轻阻尼系统，同时获得更大的带宽选取范围。

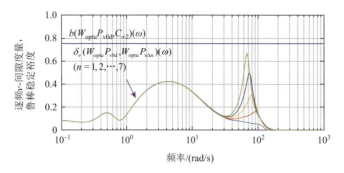

图 5-40　加权系统 $W_{\text{optu}}P_{\text{v0d}}$ 的鲁棒稳定性分析（不加限制）

5.3.6　系统鲁棒稳定性分析与控制器降阶

为避免权函数的拟合误差，可采用式（5-94）所示方式，在优化所得权函数 W_{opt} 的基础上量化的调整加权系统的开环幅频响应，如下所示：

$$W(s) = \left(\frac{s + K_{\text{a}}}{s}\right)W_{\text{opt}}(s) \quad (K_{\text{a}} = 1) \tag{5-103}$$

增大 K_{a} 可增大加权系统的低频段的幅频响应，同时会牺牲一部分的鲁棒稳定裕度。对于加权系统 WP_{v0d} 可计算得到响应的 H_{∞} 控制器 C_{∞}，如下所示：

$$C_{\infty}(s) = \frac{25654(s+9.044)(s+0.393)(s^2+0.659s+0.542)(s^2+9.27s+714.7)}{(s+24340)(s+4.18)(s+0.553)(s^2+0.802s+0.545)(s^2+35.76s+1235)}$$

$$\tag{5-104}$$

式中，C_{∞} 的实际阶数与 WP_{v0d} 相同，阶数较高，此处为其降阶后的表达式。则可求得电压控制器 C_{vc}，其中 $C_{\text{vc}} = WC_{\infty}$。

系统的开环幅频响应如图 5-41 所示。其中红线表示加权系统 $C_{\text{vc}}P_{\text{v0d}}$ 的开环幅频特性曲线。其低频段往往容易出现拟合误差且影响系统的控制性能，因而可通过调整 K_{a} 来定性地调整低频段的频域特性和鲁棒稳定裕度。

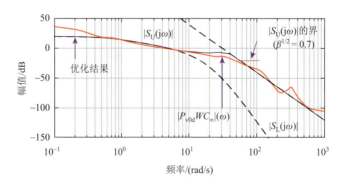

图 5-41　系统 $P_{\text{v0d}}WC_{\infty}$ 的开环幅频响应

图 5-42 给出系统的鲁棒稳定性分析。紫色箭头表示系统多辆车接入时所对应的加权逐频 ν-间隙度量值。可以看出，电压控制器 WC_{∞} 很好地保证了系统 $P_{\text{v0d}}(s)$ 在多参数摄动

下的鲁棒稳定性，即可以量化地保证车-网系统在 1～7 辆车接入及负载变化时的稳定性，即避免了低频振荡现象的产生。与此同时，对比图 5-39 也可以看出，增大 K_a 在增大低频段幅频响应的同时会牺牲一部分鲁棒稳定裕度，此时 $b(WP_{v0d}, C_\infty) = 0.68$（与 $\beta^{1/2}$ 的比较可见图 5-43）。同时根据定理 5.3 可以有目的地调整单一参数 K_a 在迭代优化后进一步实现鲁棒稳定裕度与控制性能间的折衷是十分容易的。

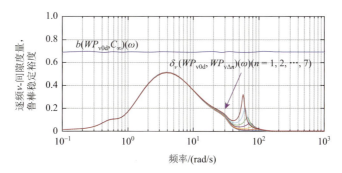

图 5-42　电压控制器 WC_∞ 作用下车-网系统的鲁棒稳定性分析

为了所设计的电压控制器更容易实现，可进一步利用平衡截断方法对电压控制器中优化所得权函数 W_{opt} 进行降阶，同时求解得到对应的 H_∞ 控制器 C_∞，并同样进行降阶。降阶后，权函数 W_{red} 和 H_∞ 控制器 $C_{\infty, red}$ 的表达式如下所示：

$$W_{red}(s) = \left(\frac{s + K_a}{s}\right)\frac{5.6 \times 10^{-4}(s + 0.325)(s + 6181)}{(s + 0.114)(s + 4.244)} \quad (K_a = 1) \qquad (5\text{-}105)$$

$$C_{\infty, red}(s) = \frac{37890(s + 15.6)}{(s + 31030)(s + 29.8)} \qquad (5\text{-}106)$$

需要指出，针对权函数 W 的降阶，这里仅针对 W_{opt} 做降阶，保留可调参数 K_a 以保证控制器能够更加灵活地调整。针对权函数 W 降阶后，其对控制性能的影响可通过分析开环系统的幅频响应变化得出，如图 5-43 所示。

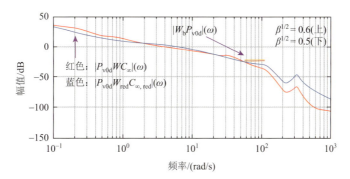

图 5-43　控制器降阶对加权系统的影响

由图可知，$|WP_{v0d}|$ 与 $|W_{red}P_{v0d}|$ 在振荡频带内均小于 $|W_bP_{v0d}|$（其中 $\beta^{1/2}$ 可取 0.5），通过计算可知闭环系统鲁棒稳定裕度 $b(WP_{v0d}, C_\infty) = 0.68$ 与 $b(W_{red}P_{v0d}, C_{\infty, red}) = 0.52$，根据定

理 5.2 可知，系统在振荡频带内是鲁棒稳定的。降阶电压控制器 $W_{red}C_{\infty,\,red}$ 作用下车-网系统的鲁棒稳定性分析如图 5-44 所示。

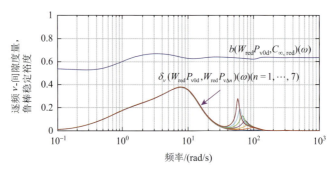

图 5-44　降阶电压控制器 $W_{red}C_{\infty,\,red}$ 作用下车-网系统的鲁棒稳定性分析

可知，降阶控制器在车-网系统出现多种摄动时能够很好地保证系统的鲁棒稳定性。此外，增大或减小 $C_{\infty,\,red}$ 的阶数可进一步增大或降低系统的鲁棒稳定裕度，例如当 $C_{\infty,\,red}$ 为三阶时，对应的 $b(W_{red}P_{v0d},\,C_{\infty,\,red})$ 等于 0.62。同时，当降低 K_a 时（根据定理 5.3 知，其会增大对应的鲁棒稳定裕度值同时降低控制性能），$C_{\infty,\,red}$ 的阶数在保证系统鲁棒稳定的基础上仍可进一步降低。

5.3.7　实验验证

本小节通过仿真与半实物平台进行实验验证，即通过搭建车-网系统 Matlab/Sinmulink 仿真平台，将多辆列车同时接于牵引供电系统末端进行验证。基于传统 PI 控制的电压控制器作用下，当 7 辆车接入时，车-网系统出现明显的低频振荡现象，如图 5-45 所示。

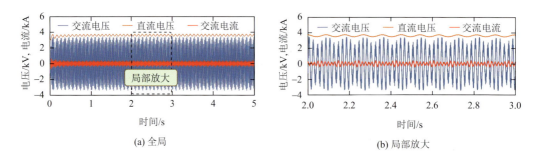

(a) 全局　　　　　　　　　　　　　　　　(b) 局部放大

图 5-45　基于 PI 控制的电压控制器作用下车-网系统电压电流波形（7 辆车接入）

当采用基于 H_∞ 回路成型控制设计的电压控制器替换传统的 PI 控制器时，即采用式（5-105）和式（5-106）所示降阶控制器，系统低频振荡消失，如图 5-46 所示。

对于电压控制器的控制性能的分析可通过瞬间改变负载电阻（从 23.6Ω 到 18.88Ω）的方式来验证，如图 5-47 所示。其中图 5-47（a）表示 PI 控制下的电压、电流波形变化，图 5-47（b）为基于 H_∞ 回路成型控制的电压、电流波形变化。

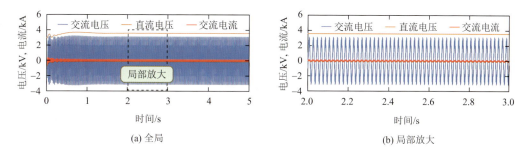

图 5-46　基于 H_∞ 回路成型控制的电压控制器作用下车-网系统电压电流波形（7 辆车接入）

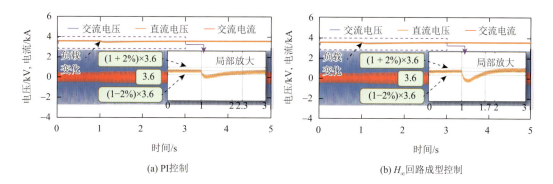

图 5-47　负载突变下车-网系统的电压电流波形（1 辆车接入）

　　可以看出基于 H_∞ 回路成型控制的电压控制器，相较于传统的 PI 控制器能够在更短时间内达到稳态。而对 PI 控制而言，根据 PI 控制的原理可知，进一步增大 K_{pv} 可以在图 5-47(a) 的基础上减少调节时间，以实现更快的响应。然而如图 5-22 中的分析所示，K_{pv} 为影响车-网系统低频振荡的主要因素，增大 K_{pv} 将会进一步恶化车-网系统的稳定性。综上所述，基于 H_∞ 回路成型控制的设计方法要显著优于传统的 PI 控制。

　　此外，车-网系统的半实物实验结果，如图 5-48 所示。由波形可以看出，基于 H_∞ 回路成型控制的电压控制器可以很好地实现低频振荡的抑制。

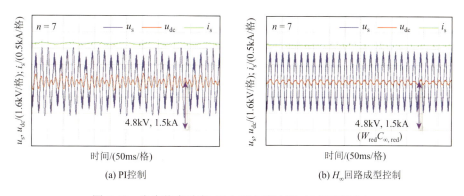

图 5-48　半实物实验车-网电压电流波形（7 辆车接入）

参 考 文 献

[1] 吴命利. 牵引供电系统电气参数与数学模型研究[D]. 北京：北京交通大学. 2006.

[2] Dommel H W. EMTP Theory Book[M]. 2nd ed . Canada：MicroTran Power System Analysis Corporation，1992.

[3] Lee H M，Lee C M，Jang G，et al. Harmonic analysis of the Korean high-speed railway using the eight-port representation model[J]. IEEE Transactions on Power Delivery，2006，21（2）：979-986.

[4] Bowman W I，McNamee J M. Development of equivalent pi and T matrix circuits for long untransposed transmission lines[J]. IEEE Transactions on Power Apparatus and Systems，1964，83（6）：625-632.

[5] Liao Y C，Liu Z G，Zhang H，et al. Low-frequency stability analysis of single-phase system with dq-frame impedance approach：Part I：Impedance modeling and verification[J]. IEEE Transactions on Industry Applications，2018，54（5）：4999-5011.

[6] Wen B，Boroyevich D，Burgos R，et al. Analysis of D-Q small-signal impedance of grid-tied inverters[J]. IEEE Transactions on Power Electronics，2016，31（1）：675-687.

[7] Liao Y，Liu Z，Zhang H，et al. Low-frequency stability analysis of single-phase system with dq-frame impedance approach–part II: stability and frequency analysis [J]. IEEE Transactions on Industry Applications，2018，54（5）：5012-5024.

[8] Hu H T，Zhou Y，Li X，et al. Low-frequency oscillation in electric railway depot: A comprehensive review[J]. IEEE Transactions on Power Electronics，2021，36（1）：295-314.

[9] Vinnicombe G. Uncertainty and Feedback：H_∞ Loop-Shaping and the v-Gap Metric[M]. London：Imperial College Press，2000.

[10] El-Sakkary A. The Gap Metric for Unstable System [D].Montrea：McGill University，1981.

[11] Zhou K，Doyle J C. Essentials of Robust Control [M]. New York：Prentice Hall，1999.

[12] Vinnicombe G. The robustness of feedback systems with bounded complexity controllers[J]. IEEE Transactions on Automatic Control，1996，41（6）：795-803.

[13] 何朕，孟范伟，刘伟，等. H_∞回路成形设计的鲁棒性[J]. 自动化学报，2010，36（6）：890-893.

[14] Lanzon A. Weight optimisation in H_∞ loop-shaping[J]. Automatica，2005，41（7）：1201-1208.

[15] 俞立. 鲁棒控制：线性矩阵不等式处理方法[M]. 北京：清华大学出版社，2002.

第 6 章　级联 H 桥整流器直流侧电容电压平衡控制

近年来，因电力电子开关器件耐压能力的限制，多电平变流器拓扑结构及相关控制理论在高压大功率电能变换及传输领域得到了大量的研究与应用。在结构各异的多电平拓扑中，级联 H 桥变流器由于具备结构模块化，易于拓展、维护，以及可靠性高等优点，在车载电力电子变压器的场合中得到了广泛的研究与应用。本章以单相级联 H 桥整流器为研究对象，为了提升系统内环以及电压平衡系统动态性能，针对其双闭环控制以及直流侧电压平衡控制问题，分别提出了三种控制策略，并通过半实物实验以及小功率样机实验平台，验证了本节方法的可行性与有效性。

6.1　级联 H 桥整流器工作原理及数学模型

图 6-1 给出了 N 个 H 桥模块的级联 H 桥整流器拓扑结构。图中，u_s 和 i_s 分别表示网侧输入电压和网侧电流；u_{ab} 表示级联 H 桥网侧输入电压，L 和 R 分别表示网侧等效电感和电阻；u_{dck} 表示第 k 个 H 桥模块直流侧电容电压；i_{dck}、i_{Lk}、i_{ck} 分别表示第 k 个 H 桥模块的负载电流、直流侧电流以及电容电流；C_{dk} 为第 k 个 H 桥模块直流侧支撑电容；R_{dk} 为第 k 个 H 桥模块直流侧等效负载电阻；T_{k1}、T_{k2}、T_{k3}、$T_{k4}(k = 1, 2, \cdots, N)$ 表示 $4N$ 个带续流二极管 D_{k1}、D_{k2}、D_{k3}、$D_{k4}(k = 1, 2, \cdots, N)$ 的功率开关管。

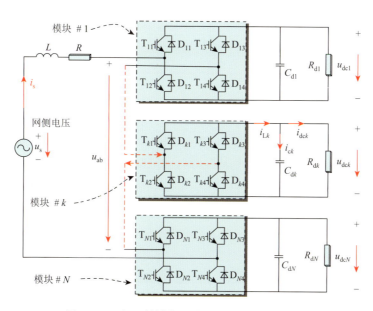

图 6-1　N 个 H 桥模块级联 H 桥整流器拓扑结构

对于级联系统中任一单个 H 桥模块，其工作原理与 2.1.1 小节所述单相 PWM 整流器工作原理一致，此处不再赘述。第 k 个 H 桥模块交流侧调制电压存在 $u_{\mathrm{dc}k}$、0、$-u_{\mathrm{dc}k}$、三种电平状态，可统一表示为

$$u_{\mathrm{ab}k} = (T_{ka} - T_{kb})u_{\mathrm{dc}k} \tag{6-1}$$

此外，忽略各模块电路损耗，则前后传递的瞬时功率相等，即

$$u_{\mathrm{ab}k}i_{\mathrm{s}} = u_{\mathrm{dc}k}i_{\mathrm{dc}k} \tag{6-2}$$

由单相 PWM 整流器可知，每个 H 桥模块有 2^2 种开关组合，则 N 模块级联整流器理想开关函数组合共有 4^N 种逻辑状态，其交流侧总调制电压，如式（6-3）所示[1]：

$$u_{\mathrm{ab}} = \sum_{k=1}^{N} u_{\mathrm{ab}k} = \sum_{k=1}^{N}(T_{ka} - T_{kb})u_{\mathrm{dc}k} \tag{6-3}$$

由式（6-3）可知，N 模块总调制电压 u_{ab} 共有 $2N+1$ 种电平模式。以两模块为例，若各整流桥模块能准确跟踪直流侧电压参考值，交流侧总调制电压有 5 种电平状态，即 $2u_{\mathrm{dc}}$、u_{dc}、0、$-u_{\mathrm{dc}}$、$-2u_{\mathrm{dc}}$，且存在 16 种开关状态。当网侧电流大于 0 时，两模块级联整流器工作模式，如表 6-1 所示。表中续流状态表示电容与交流侧电源无能量交换，仅向直流侧负载提供电流。将表 6-1 中充放电状态互换，则可以得出网侧电流小于 0 时两模块级联整流器工作模式。

表 6-1　两模块级联 H 桥整流器工作状态（$i_{\mathrm{s}} > 0$）

模式	T_{1a}	T_{1b}	T_{2a}	T_{2b}	u_{ab1} 值	u_{ab2} 值	u_{ab} 值	C_{d1}	C_{d2}
1	0	1	0	1	$-u_{\mathrm{dc}}$	$-u_{\mathrm{dc}}$	$-2u_{\mathrm{dc}}$	放电	放电
2	0	1	0	0	$-u_{\mathrm{dc}}$	0	$-u_{\mathrm{dc}}$	放电	续流
3	0	0	0	1	0	$-u_{\mathrm{dc}}$	$-u_{\mathrm{dc}}$	续流	放电
4	0	1	1	1	$-u_{\mathrm{dc}}$	0	$-u_{\mathrm{dc}}$	放电	续流
5	1	1	0	1	0	$-u_{\mathrm{dc}}$	$-u_{\mathrm{dc}}$	续流	放电
6	0	0	0	0	0	0	0	续流	续流
7	1	1	0	0	0	0	0	续流	续流
8	0	0	1	1	0	0	0	续流	续流
9	1	1	1	1	0	0	0	续流	续流
10	1	0	0	1	u_{dc}	$-u_{\mathrm{dc}}$	0	充电	放电
11	0	1	1	0	$-u_{\mathrm{dc}}$	u_{dc}	0	放电	充电
12	1	0	0	0	u_{dc}	0	u_{dc}	充电	续流
13	0	0	1	0	0	u_{dc}	u_{dc}	续流	充电
14	1	0	1	1	u_{dc}	0	u_{dc}	充电	续流
15	1	1	1	0	0	u_{dc}	u_{dc}	续流	充电
16	1	0	1	0	u_{dc}	u_{dc}	$2u_{\mathrm{dc}}$	充电	充电

根据基尔霍夫定律，可得级联 H 桥主电路数学模型，如式（6-4）所示：

$$\begin{cases} L\dfrac{\mathrm{d}i_\mathrm{s}}{\mathrm{d}t} + Ri_\mathrm{s} = u_\mathrm{s} - \sum_{k=1}^{N} u_{\mathrm{ab}k} = u_\mathrm{s} - \sum_{k=1}^{N}(T_{ka} - T_{kb})u_{\mathrm{dc}k} \\ C_{\mathrm{d}k}\dfrac{\mathrm{d}u_{\mathrm{dc}k}}{\mathrm{d}t} = i_{\mathrm{dc}k} - i_{\mathrm{L}k} = (T_{ka} - T_{kb})i_\mathrm{s} - i_{\mathrm{L}k} \end{cases} \tag{6-4}$$

6.2　基于 PI 的改进型电压平衡控制 + 内模功率控制策略

根据第 3 章实验结果可知，改进型 H_∞ 控制策略能够提升内环动态性能，并增强整流器系统鲁棒性。然而，其实现过程不够简便。为了更容易在实际工程环境中得到应用，以级联 H 桥为控制对象，在改进的功率控制结构的基础上，采用内模控制（internal model control，IMC）策略设计功率控制器。

IMC 算法产生的背景主要分为两点：一是为了对模型控制算法与动态矩阵控制进行系统分析，二是作为史密斯（Smith）预估器的一种扩展。20 世纪 50 年代，许多学者已经尝试采用类似 IMC 概念来设计控制器。经过长期发展，Garcia 于 1982 年提出了IMC 方法[2]。IMC 是一种基于过程数学模型进行控制器设计的方法，IMC 因具有设计原理简单、参数整定直观明了、鲁棒性易调整、实用性强等特点，在控制界引起了广泛关注，并成为工业工程控制领域中重要的鲁棒控制方法之一。然而，IMC 方法在电力机车前级网侧整流器的内环控制策略中，还鲜有提及。本章将在改进型功率控制结构的基础上，利用内模控制方法设计功率控制器，以期为实际应用提供一种简便有效的设计方案。

6.2.1　改进型内模直接功率控制

由于有功、无功控制器的设计过程一致，为便于描述，下面仅对有功控制器设计进行分析。内模直接功率控制结构框图，如图 6-2 所示。图中，$G_\mathrm{P}(s)$ 表示功率环实际模型，$C_\mathrm{P}(s)$ 表示内模控制器，$d_\mathrm{P}(s)$ 表示外界干扰信号，$G_{\mathrm{NP}}(s)$ 为功率环标称模型。

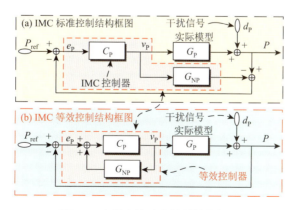

图 6-2　内模直接功率控制结构框图

根据图 6-2，可以得出如下等式：

$$\begin{cases} v_\mathrm{P}(s) = \dfrac{(P_\mathrm{ref}(s) - d_\mathrm{P}(s))C_\mathrm{P}(s)}{1 + C_\mathrm{P}(s)(G_\mathrm{P}(s) - G_\mathrm{NP}(s))} \\ P(s) = G_\mathrm{P}(s)v_\mathrm{P} + d_\mathrm{P}(s) \end{cases} \tag{6-5}$$

式（6-5）可以进一步整理为

$$P(s) = \frac{C_\mathrm{P}(s)G_\mathrm{P}(s)P_\mathrm{ref}(s) + (1 - C_\mathrm{P}(s)G_\mathrm{P}(s))d_\mathrm{P}(s)}{1 + C_\mathrm{P}(s)(G_\mathrm{P}(s) - G_\mathrm{NP}(s))} \tag{6-6}$$

假设标称模型的数学表达式等于实际模型，则有

$$G_\mathrm{P}(s) = G_\mathrm{NP}(s) \tag{6-7}$$

内模控制器通常利用 G_NP 的逆来实现[2]，即 $C_\mathrm{P}(s) = G_\mathrm{NP}(s)^{-1}$。将式（6-7）代入式（6-6），可得

$$P(s) = P_\mathrm{ref}(s) \tag{6-8}$$

由式（6-8）可知，该控制方法可实现较好的跟踪性能以及抗干扰性能。然而，这一结论在 G_NP 的逆不能物理实现的情况下无法保证。对此，在内模控制器中引入一低通滤波器[3]。由于功率环输入信号为有功功率给定值、无功功率给定值，两者属于直流信号，引入低通滤波器对控制系统相位的延迟影响可忽略。根据功率环状态空间表达式，可得

$$C_\mathrm{P}(s) = G_\mathrm{NP}(s)^{-1} \frac{1}{(\lambda s + 1)^n} = \frac{sL + R}{L(\lambda s + 1)^n} \tag{6-9}$$

式中，λ 与 n 分别为滤波参数与滤波阶次。

滤波阶次 n 越小，设计所得内模控制器阶次越低，也更易于实现。当 $n = 1$ 时，式（6-9）中控制器可以被物理实现。因此取 $n = 1$ 来简化控制器实现过程。

将图 6-2(a)中标准控制结构转化为图 6-2(b)中等效控制结构，则等效控制器 $K_\mathrm{P}(s)$ 可表示为

$$K_\mathrm{P}(s) = \frac{C_\mathrm{P}(s)}{1 - C_\mathrm{P}(s)G_\mathrm{NP}(s)} \tag{6-10}$$

当标称模型数学表达式不等于实际模型时，参数摄动可以利用乘性不确定表示。系统鲁棒稳定的充要条件，如式（6-11）所示[4]：

$$W_\mathrm{PV}(s) < |\lambda s + 1| \tag{6-11}$$

式中，$W_\mathrm{PV}(s)$ 为功率环乘性不确定加权函数。

由式（6-11）可知，功率闭环系统鲁棒性与滤波参数 λ 呈正相关。

结合式（6-7）与式（6-10），可得功率环开环传递函数表达式 $G_\mathrm{OP}(s)$，如式（6-12）所示：

$$G_\mathrm{OP}(s) = G_\mathrm{NP}(s)K_\mathrm{P}(s) = \frac{C_\mathrm{P}(s)G_\mathrm{NP}(s)}{1 - C_\mathrm{P}(s)G_\mathrm{NP}(s)} \tag{6-12}$$

随即可求得功率环闭环传递函数表达式 $G_\mathrm{CP}(s)$，该传递函数也称为补灵敏度函数 $T_\mathrm{V}(s)$。

$$G_\mathrm{CP}(s) = \frac{G_\mathrm{OP}(s)}{1 + G_\mathrm{OP}(s)} = \frac{G_\mathrm{NP}(s)K_\mathrm{P}(s)}{1 + G_\mathrm{NP}(s)K_\mathrm{P}(s)} \tag{6-13}$$

联立式（6-7）与式（6-10），可得

$$G_{CP}(s) = T_V(s) = \frac{1}{\lambda s + 1} \tag{6-14}$$

令 $S_V(s)$ 表示电压平衡系统灵敏度函数。根据 $S_V(s) + T_V(s) = 1$，可得

$$S_V(s) = 1 - \frac{1}{\lambda s + 1} = \frac{\lambda s}{\lambda s + 1} \tag{6-15}$$

根据式（6-14）和式（6-15）可知，功率环系统跟踪性能与抗干扰性能也与滤波参数 λ 相关：λ 越大，系统跟踪性越好；λ 越小，对应抗干扰性能越强。因此，本小节内模功率控制方法在实际电力机车运行环境中调试较为方便。滤波参数的选取依据将在后文给出。

6.2.2　基于 PI 的改进型电压平衡控制

为提升电容电压平衡动态性能，本小节从功率守恒的角度，提出一种改进的电压平衡控制方法。

根据单相系统功率理论，在 $\alpha\beta$ 轴坐标下单个 H 桥模块存在如下等式[5]：

$$\begin{cases} P_{ack} = \frac{1}{2}(d_{\alpha k}i_{s\alpha} + d_{\beta k}i_{s\beta})u_{dck} \\ Q_{ack} = \frac{1}{2}(d_{\beta k}i_{s\alpha} - d_{\alpha k}i_{s\beta})u_{dck} \\ P_{av} = \frac{1}{2}(d_{\alpha}i_{s\alpha} + d_{\beta}i_{s\beta})u_{dav} \\ Q_{av} = \frac{1}{2}(d_{\beta}i_{s\alpha} - d_{\alpha}i_{s\beta})u_{dav} \end{cases} \tag{6-16}$$

式中，P_{ack}、Q_{ack} 分别为第 k 个 H 桥模块输入侧的瞬时有功功率、瞬时无功功率；P_{av}、Q_{av} 分别为第 k 个 H 桥模块的平均有功功率、平均无功功率；$d_{\alpha k}$、$d_{\beta k}$ 分别为 α 轴、β 轴的总占空比；d_{α}、d_{β} 分别为 α 轴、β 轴的基本占空比；u_{dav} 为级联 H 桥直流侧平均电压。

式（6-16）中变量存在如下关系：

$$\begin{cases} d_{\alpha k} = d_{\alpha} + \Delta_{\alpha k} = \frac{u_{ab\alpha}}{Nu_{dav}} + \Delta_{\alpha k} \\ d_{\beta k} = d_{\beta} + \Delta_{\beta k} = \frac{u_{ab\beta}}{Nu_{dav}} + \Delta_{\beta k} \\ u_{dav} = \frac{1}{N}\sum_{k=1}^{N}u_{dck} \end{cases} \tag{6-17}$$

式中，$\Delta_{\alpha k}$、$\Delta_{\beta k}$ 分别为 α 轴、β 轴的补偿占空比。

假设本节方法可实现理想的电压平衡控制效果，即 $u_{dck} = u_{dav}$。由式（6-16）可得

$$P_{\Delta k} = P_{ack} - P_{av} = \frac{1}{2}(\Delta_{\alpha k}i_{s\alpha} + \Delta_{\beta k}i_{s\beta})u_{dck} \tag{6-18}$$

式中，$P_{\Delta k}$ 为 P_{ack} 与 P_{av} 的差。

同理，$Q_{\mathrm{ac}k}$ 与 Q_{av} 的差为 $Q_{\Delta k}$，可表示为

$$Q_{\Delta k} = Q_{\mathrm{ac}k} - Q_{\mathrm{av}} = \frac{1}{2}(d_{\beta k}i_{s\alpha} - d_{\alpha k}i_{s\beta})(u_{\mathrm{dc}k} - u_{\mathrm{dav}}) + \frac{1}{2}(\Delta_{\beta k}i_{s\alpha} - \Delta_{\alpha k}i_{s\beta})u_{\mathrm{dc}k} \qquad (6\text{-}19)$$

在理想电压平衡控制效果实现的前提下，式（6-19）可重新整理为

$$Q_{\Delta k} = Q_{\mathrm{ac}k} - Q_{\mathrm{av}} = \frac{1}{2}(\Delta_{\beta k}i_{s\alpha} - \Delta_{\alpha k}i_{s\beta})u_{\mathrm{dc}k} \qquad (6\text{-}20)$$

由式（6-20）可知，电压平衡控制系统在保证电压平衡的前提下，还需要满足 $Q_{\Delta k}=0$ 的要求，如式（6-21）所示。否则，会导致无功功率分配不均，从而影响各模块电容电压纹波的大小[5]。

$$\Delta_{\beta k}i_{s\alpha} - \Delta_{\alpha k}i_{s\beta} = 0, \quad (k = 1, 2, \cdots, N) \qquad (6\text{-}21)$$

联立式（6-18）以及式（6-21），可得补偿占空比表达式为

$$\Delta_{\alpha k} = \frac{2i_{s\alpha}}{i_{s\alpha}^2 + i_{s\beta}^2}\frac{P_{\Delta k}}{u_{\mathrm{dc}k}}, \quad (k = 1, 2, \cdots, N) \qquad (6\text{-}22)$$

级联系统中第 k 个 H 桥模块，如图 6-3 所示。图中，$i_{\mathrm{dc}k}$、$i_{\mathrm{L}k}$、$i_{\mathrm{c}k}$ 分别表示第 k 个 H 桥模块的负载电流、直流侧电流、电容电流。

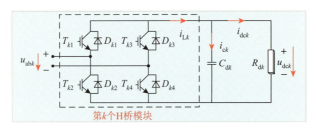

图 6-3　级联系统中第 k 个 H 桥模块等效结构图

忽略开关器件损耗，由能量守恒定律可得第 k 个 H 桥模块动态方程，如式（6-23）所示[6]。

$$\frac{1}{2}C_{\mathrm{d}k}\frac{\mathrm{d}u_{\mathrm{dc}k}^2}{\mathrm{d}t} = P_{\mathrm{ac}k} - u_{\mathrm{dc}k}i_{\mathrm{dc}k} = P_{\mathrm{ac}k} - \frac{u_{\mathrm{dc}k}^2}{R_{\mathrm{d}k}} \qquad (6\text{-}23)$$

定义 $e_{\mathrm{dc}k} = u_{\mathrm{dc}k}^2 - u_{\mathrm{dav}}^2$。由式（6-18）与式（6-23）可得

$$\frac{\mathrm{d}e_{\mathrm{dc}k}}{\mathrm{d}t} = 2\left[\frac{(P_{\mathrm{ac}k} - P_{\mathrm{av}})}{C_{\mathrm{d}k}} - \frac{e_{\mathrm{dc}k}}{R_{\mathrm{d}k}C_{\mathrm{d}k}}\right] = 2\left(\frac{P_{\Delta k}}{C_{\mathrm{d}k}} - \frac{e_{\mathrm{dc}k}}{R_{\mathrm{d}k}C_{\mathrm{d}k}}\right) \qquad (6\text{-}24)$$

将式（6-24）重新整理，可得其拉普拉斯域表达式，如式（6-25）所示：

$$G_{\mathrm{V}}(s) = \frac{e_{\mathrm{dc}k}(s)}{P_{\Delta k}(s)} = \frac{R_{\mathrm{d}k}}{1 + 0.5R_{\mathrm{d}k}C_{\mathrm{d}k}s} \qquad (6\text{-}25)$$

式中，$G_{\mathrm{V}}(s)$ 为本节电压平衡控制系统的传递函数。

根据式（6-25）可知，u_{dav}^2 与 $u_{\mathrm{dc}k}^2$ 之差 $e_{\mathrm{dc}k}$ 与 $P_{\Delta k}$ 的关系可由一个一阶传递函数表示。可采用 PI 控制方法来跟踪系统参考输入信号[7]，且控制器的输入和输出分别为 $e_{\mathrm{dc}k}$ 和 $P_{\Delta k}$。实际上，在推导电压平衡系统数学模型的过程中，式（6-24）采用了近似的处理方式，即

$R_{dk} = R_{av}$，其中，R_{av} 为直流侧的虚拟平均电阻值。虽然这两者之间的差异在负载不平衡的情况下实际存在，但是这一差异对控制系统造成的影响可以被看作是在控制输出上叠加的外部干扰信号，并且这一干扰可以被控制系统抑制掉。

在本小节电压平衡算法中，总的占空比分量由补偿占空比以及基本占空比分量组成。然而，将以上推导所得补偿占空比分量直接叠加，会导致双闭环系统与电压平衡系统之间存在耦合效应[5]。根据 dq 坐标下的耦合系数表达式，同理可得 $\alpha\beta$ 坐标系下的耦合系数 J_α，如式（6-26）所示[8]：

$$J_\alpha = \left(\sum_{k=1}^{N} \Delta_{\alpha k} u_{dck} \right)^2 \tag{6-26}$$

为了消除该耦合效应，J_α 应取其最小值，即 $J_\alpha = 0$，则式（6-22）中补偿占空比分量可进一步整理，如式（6-27）所示：

$$\begin{cases} \Delta_{\alpha k} = \dfrac{2 i_{s\alpha}}{i_{s\alpha}^2 + i_{s\beta}^2} \dfrac{P_{\Delta k}}{u_{dck}}, & (k = 1, 2, \cdots, N-1) \\ \Delta_{\alpha N} = -\dfrac{1}{u_{dcN}} \left(\sum_{k=1}^{N-1} \Delta_{\alpha k} u_{dck} \right) \end{cases} \tag{6-27}$$

由式（6-21）可知，求取 α 轴补偿占空比分量需要借助 β 轴占空比分量，但式（6-27）中不含有 β 轴占空比分量。这是因为在本小节功率控制结构框架下，无须坐标变换，输入 PWM 模块的调制信号直接由 α 轴补偿占空比分量 $\Delta_{\alpha k}$ 与基本占空比分量 d_α 组成。

为了确保各个 H 桥模块不出现过调制，总的占空比分量需要满足条件，如式（6-28）所示[8]：

$$d_{\alpha k} = d_\alpha + \Delta_{\alpha k} < 1, \quad (k = 1, 2, \cdots, N) \tag{6-28}$$

图 6-4 给出了本节级联 H 桥整体控制系统原理框图。图中，$d_{\alpha k}$ 为载波移相 PWM 模块的输入信号。为实现网侧单位功率因数，Q_{ref} 设定为 0。

与传统的电压平衡控制方法不同，本节方法将误差信号 e_{dck} 作为 PI 控制器的输入信号，而不是直流侧电压与直流侧平均电压之间的误差。此外，补偿占空比分量由式（6-27）生成。本节电压平衡方法揭示了 e_{dck} 与 $P_{\Delta k}$ 之间的一阶传递函数关系，因此可以得出一个电压平衡反馈控制系统来跟踪输入参考信号。

6.2.3　稳定性分析

若级联 H 桥整体控制方法能消除双闭环系统与电压平衡控制系统之间的耦合效应，则两子系统的稳定性可进行独立分析[8, 9]。

根据式（6-14）可知，功率闭环系统的特征方程式，如式（6-29）所示：

$$\lambda s + 1 = 0 \tag{6-29}$$

则由劳斯（Routh）判据可得，功率环稳定的条件为 $\lambda > 0$。

由图 6-3 可得

$$\frac{u_{dck}}{i_{Lk}} = \frac{R_{dk}}{s C_{dk} R_{dk} + 1} \tag{6-30}$$

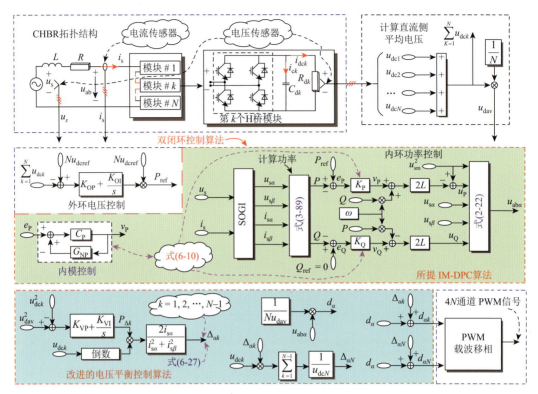

图 6-4　本节级联 H 桥整体控制系统原理框图

根据图 6-3 拓扑关系可知：

$$u_{\mathrm{dc}k} = \frac{P_{\mathrm{ac}k}}{u_{\mathrm{dc}k}} \frac{R_{\mathrm{d}k}}{sC_{\mathrm{d}k}R_{\mathrm{d}k}+1} \tag{6-31}$$

同理，可得

$$\sum_{k=1}^{N} u_{\mathrm{dc}k} = \frac{P}{\displaystyle\sum_{k=1}^{N} u_{\mathrm{dc}k}} \frac{R_{\mathrm{d}k}}{sC_{\mathrm{d}k}R_{\mathrm{d}k}+1} \tag{6-32}$$

由于系统控制周期远小于网压基波周期，因此在分析系统稳定性的过程中忽略采样延时。根据图 6-3 以及式(6-32)，可得双闭环控制系统的开环传递函数 $G_{\mathrm{OD}}(s)$，如式(6-33)所示：

$$G_{\mathrm{OD}}(s) = K_{\mathrm{OV}}(s) N u_{\mathrm{dref}} \frac{G_{\mathrm{CP}}(s)}{\displaystyle\sum_{k=1}^{N} u_{\mathrm{dc}k}} \frac{R_{\mathrm{d}k}}{sC_{\mathrm{d}k}R_{\mathrm{d}k}+1} \tag{6-33}$$

式中，$K_{\mathrm{OV}}(s)$ 为外环 PI 控制器。

进而，双闭环系统的闭环传递函数 $G_{\mathrm{CD}}(s)$，如式(6-34)所示：

$$G_{\mathrm{CD}}(s) = \frac{K_{\mathrm{OV}}(s) N u_{\mathrm{dref}} G_{\mathrm{CP}}(s) R_{\mathrm{d}k}}{\displaystyle\sum_{k=1}^{N} u_{\mathrm{dc}k}(sC_{\mathrm{d}k}R_{\mathrm{d}k}+1) + K_{\mathrm{OV}}(s) N u_{\mathrm{dref}} G_{\mathrm{CP}}(s) R_{\mathrm{d}k}} \tag{6-34}$$

根据式(6-34)，可知双闭环系统特征方程，如式(6-35)所示：

$$\sum_{k=1}^{N} u_{\mathrm{dc}k}\lambda C_{\mathrm{d}k}R_{\mathrm{d}k}s^3 + \sum_{k=1}^{N} u_{\mathrm{dc}k}(\lambda+C_{\mathrm{d}k}R_{\mathrm{d}k})s^2 + \left(\sum_{k=1}^{N} u_{\mathrm{dc}k}+K_{\mathrm{OP}}R_{\mathrm{d}k}Nu_{\mathrm{dref}}\right)s + K_{\mathrm{OI}}R_{\mathrm{d}k}Nu_{\mathrm{dref}}=0$$

$$(6\text{-}35)$$

式中，K_{OP} 与 K_{OI} 分别为 $K_{\mathrm{OV}}(s)$ 的比例系数与积分系数。

由于 PI 控制器的参数为正，且 $\lambda>0$、$C_{\mathrm{d}k}>0$、$R_{\mathrm{d}k}>0$。因此，由 Routh 判据可知，双闭环系统可保持稳定。

电压平衡控制系统闭环传递函数 $G_{\mathrm{CV}}(s)$，如式（6-36）所示：

$$G_{\mathrm{CV}}(s) = \frac{G_{\mathrm{V}}(s)K_{\mathrm{V}}(s)}{1+G_{\mathrm{V}}(s)K_{\mathrm{V}}(s)} \qquad (6\text{-}36)$$

式中，$K_{\mathrm{V}}(s)$ 为电压平衡控制器，其比例系数、积分系数分别由 K_{VP}、K_{VI} 表示。

将式（6-25）代入式（6-36），可得

$$\begin{aligned}
G_{\mathrm{CV}}(s) &= \frac{\dfrac{R_{\mathrm{d}k}}{1+0.5R_{\mathrm{d}k}C_{\mathrm{d}k}s}\left(K_{\mathrm{VP}}+\dfrac{K_{\mathrm{VI}}}{s}\right)}{1+\dfrac{R_{\mathrm{d}k}}{1+0.5R_{\mathrm{d}k}C_{\mathrm{d}k}s}\left(K_{\mathrm{VP}}+\dfrac{K_{\mathrm{VI}}}{s}\right)} \\
&= \frac{R_{\mathrm{d}k}K_{\mathrm{VP}}s + R_{\mathrm{d}k}K_{\mathrm{VI}}}{0.5R_{\mathrm{d}k}C_{\mathrm{d}k}s^2 + (R_{\mathrm{d}k}K_{\mathrm{VP}}+1)s + R_{\mathrm{d}k}K_{\mathrm{VI}}}
\end{aligned} \qquad (6\text{-}37)$$

因此，电压平衡系统特征方程，如式（6-38）所示：

$$0.5R_{\mathrm{d}k}C_{\mathrm{d}k}s^2 + (R_{\mathrm{d}k}K_{\mathrm{VP}}+1)s + R_{\mathrm{d}k}K_{\mathrm{VI}} = 0 \qquad (6\text{-}38)$$

根据 Routh 判据可得，电压平衡系统稳定。

6.2.4　实验验证

采用三模块级联 H 桥整流器的实物实验平台，验证所提算法的正确性与有效性。H 桥模块由三个级联的 FF200R12KT4 功率模块构成，实验平台如图 6-5 所示。

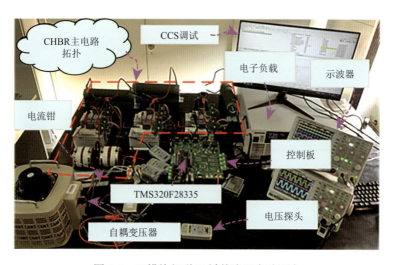

图 6-5　三模块级联 H 桥整流器实验平台

控制系统带宽越高，对应的动态性能越好，但带宽增加会造成阶跃响应超调加剧。此外，级联 H 桥整流器的等效开关频率为 Nf_{pwm}，其网侧电流高次谐波分布在 $2Nf_{pwm}$ 附近。瞬时功率含有网侧电流分量，带宽增加会导致对网侧电流谐波分量抑制能力下降。因此，考虑系统超调以及对网侧电流高次谐波的抑制能力，系统带宽确定为小于 $2Nf_{pwm}$。根据表 6-1 中参数，图 6-6 给出了相应的闭环带宽与滤波参数之间的关系。当实验系统的开关频率为 1000Hz 时，功率环的闭环系统带宽需小于 6000Hz。因此，如图 6-6 所示，滤波参数的范围为 $\lambda > 2.66 \times 10^{-5}$。经过实验验证，取 $\lambda = 1.55 \times 10^{-4}$。将该参数代入 G_{NP}、式（6-9）、式（6-10）中，即可得出功率控制器。

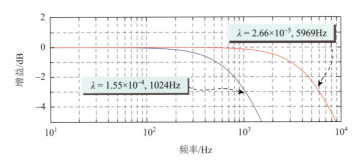

图 6-6　功率闭环系统带宽与滤波参数 λ 之间的关系

对于单相整流器系统，直流侧电压存在 $2f_0$ 的纹波分量。从图 6-4 中可知，电压平衡系统输入含有 u_{dav}^2 分量，因此一个具有 $4f_0$ 的纹波分量会进入电压平衡控制系统。这将导致调制信号的波动增加，进一步恶化网侧电流质量。为了削弱该分量对控制效果的影响，将电压平衡系统的闭环带宽确定为小于 $4f_0$ 处。图 6-7 给出了电压平衡闭环系统幅频特性曲线图，可看出所得带宽满足设定要求。

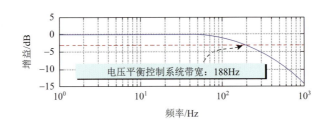

图 6-7　由表 6-1 参数所得电压平衡系统闭环带宽

图 6-8 给出了稳态性能实验结果。由图 6-8 可知，该方法能获得呈 7 电平 u_{ab} 电压，网侧电流波形正弦度较高，且直流侧电压均能正确跟踪参考值。实验结果表明：本小节方法能实现单位功率因数运行。

图 6-9 给出了 dq 电流解耦控制策略与本节方法在给定有功功率 P_{ref} 从 400W 突变到 520W 情况下，给定有功功率 P_{ref}、有功功率 P、整流桥输入电压 u_{ab}、网侧电流 i_s 的实验波形。由图 6-9（a）可知，传统 dq 电流解耦控制策略有功功率调节时间约为 90ms。由

图 6-9（b）可知，本小节方法有功功率调节时间约为 9ms。实验结果表明：相比于传统 dq 电流解耦控制策略的动态性能，本小节控制策略动态性能较优。

为了方便描述，将 TDCC + 电压平衡控制方法 1[10]，dq 电流解耦 + 电压平衡控制方法 2[8]，PR 电流控制 + 电压平衡控制方法 3[11]，PR 电流控制 + 电压平衡控制方法 4[12]分别表述为方法 1、方法 2、方法 3、方法 4。

表 6-2 给出了直流侧负载突变实验结果对比情况。从表 6-2 可以清晰地看出，本小节方法在两种负载突变情况下的动态性能均优于其余 4 种电压平衡控制方法，并且其直流侧电压波动幅度最小。实验结果表明：本小节方法的动态性能相较于其余 4 种电压平衡方法得以提升。

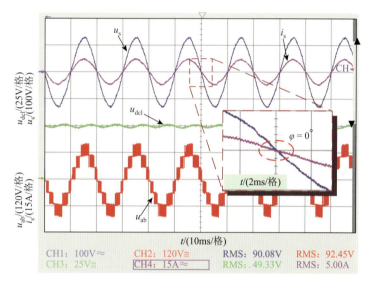

图 6-8　稳态情况下，直流侧电压、网侧电压、整流桥输入电压、网侧电流的实验波形

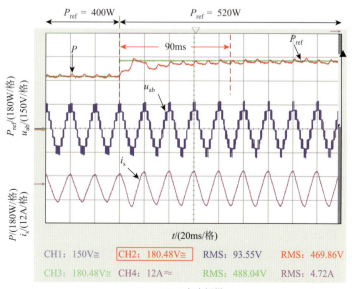

(a) dq 电流解耦

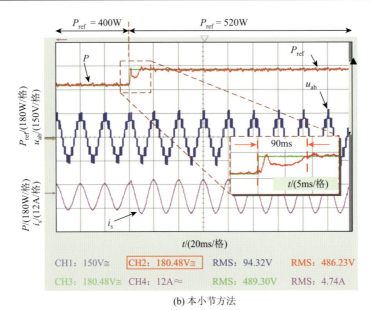

(b) 本小节方法

图 6-9　给定有功功率突变时，给定有功功率、有功功率、整流桥输入电压、网侧电流的实验波形

表 6-2　直流侧负载突变实验结果对比情况

控制性能	方法 1	方法 2	方法 3	方法 4	本节方法
R_{d2} 突变时调节时间/ms	540	590	455	存在稳态误差	71
R_{d2} 突变时电压波动/V	17	20	16	11	6.5
R_{d3} 突变时调节时间/ms	550	700	420	存在稳态误差	64
R_{d2} 突变时电压波动/V	15	20	14	10	7

　　根据上述实验对比，表 6-3 给出了 5 种方法的性能与控制结构对比分析结果。由于 dq 电流解耦 + 电压平衡控制方法 2 需要坐标变化与锁相环，可以看出它的计算时间最长。虽然本小节方法比 TDCC + 电压平衡控制方法 1 计算时间稍长，但是 TDCC 在稳态情况下不能保证单位功率因数。

表 6-3　5 种方法的性能与控制结构对比分析结果

控制性能	方法 1	方法 2	方法 3	方法 4	本小节方法
PLL	需要	需要	需要	需要	不需要
坐标变换	无	有	无	无	无
单位功率因数	否	是	是	是	是
内环动态性能	快	慢	快	快	快
耦合因素	未考虑	解耦	未考虑	未考虑	解耦
电压平衡动态性能	慢	慢	慢	稳态误差	快
计算时间/μs	11.8	21.1	14.04	13.6	12.8

6.3　基于 H_∞ 控制的电压平衡控制

虽然基于 PI 的改进型电压平衡方法可提升负载突变情况下动态性能,但在建立系统数学模型的过程中,对干扰信号未进行具体分析以及设计考虑。这是因为 PI 控制方法难以将多目标控制性能在控制器设计过程中进行体现。对此,本节采用 H_∞ 控制方法,利用加权函数将系统抗干扰性能规划到广义鲁棒控制系统中,使控制设计过程更为合理。

6.3.1　H_∞ 电压平衡问题分析

根据式(6-23),可得

$$\frac{1}{2}C_{\mathrm{d}k}\frac{\mathrm{d}u_{\mathrm{dav}}^2}{\mathrm{d}t}=P_{\mathrm{av}}-\frac{u_{\mathrm{dav}}^2}{R_{\mathrm{av}}} \tag{6-39}$$

式中,R_{av} 为虚拟的直流侧平均电阻。

定义 $e_{\mathrm{d}ck}=u_{\mathrm{d}ck}^2-u_{\mathrm{dav}}^2$。由式(6-23)与式(6-39),可得

$$\frac{\mathrm{d}e_{\mathrm{d}ck}}{\mathrm{d}t}=\frac{2P_{\Delta k}}{C_{\mathrm{d}k}}-\frac{2e_{\mathrm{d}ck}}{R_{\mathrm{d}k}\cdot C_{\mathrm{d}k}}+\frac{R_{\mathrm{av}}-R_{\mathrm{d}k}}{R_{\mathrm{d}k}\cdot R_{\mathrm{av}}}u_{\mathrm{dav}}^2 \tag{6-40}$$

进一步整理式(6-40),可得

$$\begin{cases}\dfrac{\mathrm{d}e_{\mathrm{d}ck}}{\mathrm{d}t}=-\dfrac{2e_{\mathrm{d}ck}}{R_{\mathrm{d}k}C_{\mathrm{d}k}}+P_{\mathrm{OUT}}\\[3mm]P_{\mathrm{OUT}}=\dfrac{2P_{\Delta k}}{C_{\mathrm{d}k}}+\dfrac{R_{\mathrm{av}}-R_{\mathrm{d}k}}{R_{\mathrm{d}k}R_{\mathrm{av}}}u_{\mathrm{dav}}^2=\dfrac{2P_{\Delta k}}{C_{\mathrm{d}k}}+d_{\mathrm{c}}\end{cases} \tag{6-41}$$

式中,P_{OUT} 为本小节控制系统 $G_{\mathrm{V}}(s)$ 的控制输出。

根据式(6-41),可将电压平衡系统利用传递函数形式表示,如式(6-42)所示:

$$G_{\mathrm{V}}(s)=\frac{R_{\mathrm{d}k}C_{\mathrm{d}k}}{R_{\mathrm{d}k}C_{\mathrm{d}k}\cdot s+2} \tag{6-42}$$

可以建立一个反馈闭环系统来跟踪系统的参考输入信号。该闭环反馈系统,如图 6-10 所示[7]。图中,e_{ref} 表示系统参考输入;d_{o} 表示系统输出 $e_{\mathrm{d}ck}$ 处的外部干扰;$K_{\mathrm{V}}(s)$ 为电压平衡控制器;控制器的输入和输出分别为 $e_{\mathrm{d}ck}$ 和 $P_{\Delta k}$。在理想情况下存在 $u_{\mathrm{d}ck}^2=u_{\mathrm{dav}}^2$,即 $e_{\mathrm{d}ck}$ 为 0。因此,取参考信号 e_{ref} 为 0,则控制器输入信号为 $e_{\mathrm{d}}=u_{\mathrm{dav}}^2-u_{\mathrm{d}ck}^2$。

本小节电压平衡控制方法的思路是通过 P_{OUT} 求出 $P_{\Delta k}$。根据式(6-41)可知,P_{OUT} 包含分量 d_{c}。该方法未测量虚拟的平均电阻 R_{av},因此不能直接获取 d_{c}。对此,将 d_{c} 当作叠加在控制输出上的干扰分量,并采用 H_∞ 控制方法进行量化的干扰抑制设计。H_∞ 方法通过加权函数可以将系统的跟踪性能以及抗干扰性能规划到广义鲁棒控制系统,这一优点在传统的 PI 控制方法中难以实现。

电压平衡控制方法的目标是维持直流侧电压平衡,即直流侧电压与参考电压之间的跟踪误差需保持尽可能较小。对此,利用灵敏度加权函数 $W_{ev}(s)$ 来规划这一设计指标。此外,由图 6-10 可知,e_{ref} 到 e_d 的传递函数与 d_o 到 e_{dck} 的传递函数一致,这表明系统抗干扰性能也可以通过加权函数 $W_{ev}(s)$ 体现。其传递函数即为灵敏度函数,如式(6-43)所示:

$$S_V(s) = (I + G_V(s)K_V(s))^{-1} = e_d(e_{ref})^{-1} = e_{dck}(d_o)^{-1} \qquad (6\text{-}43)$$

式(6-42)中,电压平衡数学模型由参数 R_{dk} 与 C_{dk} 决定。参数 C_{dk} 主要影响直流侧输出电压的纹波大小,因此,将其视为常数。虽然参数 R_{dk} 的实际值难以在线测量,它的波动范围可以由乘性不确定性表征,如式(6-44)所示:

$$G_{VP}(s) = G_V(s)[I + W_{VP}(s)\Delta(s)] = \left[\begin{array}{c|c} A_g & B_g \\ \hline C_g & D_g \end{array}\right] \qquad (6\text{-}44)$$

式中,$\|\Delta(s)\|_\infty \leqslant 1$;$W_{VP}(s)$ 为乘性不确定的上界;$G_{VP}(s)$ 为电压平衡系统摄动模型。

重新整理式(6-44),可得

$$\Delta W_{VP}(s) = G_V(s)^{-1}G_{VP}(s) - I \qquad (6\text{-}45)$$

设参数 R_{dk} 的摄动范围为[–50%,+80%],代入表 6-1 中参数,可描绘出电压平衡系统的摄动模型波特图。利用 Matlab 软件中函数"fitmag"拟合出一个具有一阶形式的上界 $W_{VP}(s)$,如式(6-46)所示[13]:

$$W_{VP}(s) = \frac{1.9 \times 10^{-10} s + 24.2}{s + 18.6} \qquad (6\text{-}46)$$

图 6-11 给出了电压平衡系统广义控制结构框图,其中 Z_{eV} 表示跟踪误差的代价函数;$K_V(s)$ 表示待设计 H_∞ 控制器;$P_{GV}(s)$ 表示广义受控对象。

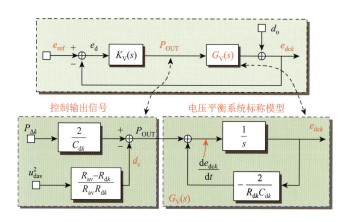

图 6-10　本节控制方法闭环反馈系统

令 e_{ref} 与 d_o 表示广义系统的外部输入信号,Z_{eV} 作为广义系统外部输出信号。由此可将图 6-10 中广义系统转化为标准的鲁棒控制框架,如式(6-47)所示:

$$\begin{cases} \begin{bmatrix} Z_{\mathrm{eV}} \\ e_{\mathrm{d}} \end{bmatrix} = P_{\mathrm{GV}}(s) \begin{bmatrix} e_{\mathrm{ref}} \\ d_{\mathrm{o}} \\ P_{\mathrm{OUT}} \end{bmatrix}, \quad P_{\mathrm{OUT}} = K_{\mathrm{V}}(s) e_{\mathrm{d}} \\ P_{\mathrm{GV}}(s) = \begin{bmatrix} W_{\mathrm{ev}}(s) & -W_{\mathrm{ev}}(s) & -W_{\mathrm{ev}}G_{\mathrm{VP}}(s) \\ I & -I & -G_{\mathrm{VP}}(s) \end{bmatrix} \end{cases} \tag{6-47}$$

　　鲁棒控制器的阶次由含有加权函数的广义系统确定。为降低控制器在 DSP 中的实现复杂度，取加权函数 $W_{\mathrm{ev}}(s)$ 为一阶形式，如式（6-48）所示。

$$W_{\mathrm{ev}}(s) = g\frac{s+a}{s+b} = \left[\begin{array}{c|c} -b & g \\ \hline a-b & g \end{array} \right] = \left[\begin{array}{c|c} A_{\mathrm{e}} & B_{\mathrm{e}} \\ \hline C_{\mathrm{e}} & D_{\mathrm{e}} \end{array} \right] \tag{6-48}$$

式中，a、b、g 为 $W_{\mathrm{ev}}(s)$ 的加权因子。

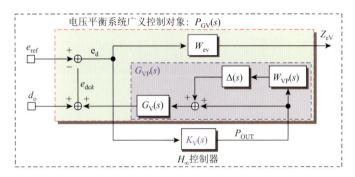

图 6-11　电压平衡系统广义控制结构框图

　　联立式（6-47）与式（6-48），可将 $P_{\mathrm{GV}}(s)$ 表示为

$$P_{\mathrm{GV}} = \left[\begin{array}{ccc|cc|c} A_{\mathrm{g}} & 0 & 0 & 0 & & B_{\mathrm{g}} \\ -B_{\mathrm{e}}C_{\mathrm{g}} & A_{\mathrm{e}} & B_{\mathrm{e}} & -B_{\mathrm{e}} & & -B_{\mathrm{e}}D_{\mathrm{g}} \\ \hline -D_{\mathrm{e}}C_{\mathrm{g}} & C_{\mathrm{e}} & D_{\mathrm{e}} & -D_{\mathrm{e}} & & -D_{\mathrm{e}}D_{\mathrm{g}} \\ \hline -C_{\mathrm{g}} & 0 & I & -I & & -D_{\mathrm{g}} \end{array} \right] \tag{6-49}$$

$$= \left[\begin{array}{c|c|c} A_{\mathrm{l}} & B_{\mathrm{l}} & B_{\mathrm{2}} \\ \hline C_{\mathrm{l}} & D_{11} & D_{12} \\ \hline C_{\mathrm{2}} & D_{21} & D_{22} \end{array} \right] = \left[\begin{array}{c|c} P_{\mathrm{GA}} & P_{\mathrm{GB}} \\ \hline P_{\mathrm{GC}} & P_{\mathrm{GD}} \end{array} \right]$$

　　设控制器 $K_{\mathrm{V}}(s)$ 的状态空间形式如式（6-50）所示：

$$K_{\mathrm{V}}(s) = \left[\begin{array}{c|c} A_{\mathrm{K}} & B_{\mathrm{K}} \\ \hline C_{\mathrm{K}} & D_{\mathrm{K}} \end{array} \right] \tag{6-50}$$

　　由此，可得广义系统 $T_{z\omega}(s)$ 的传递函数形式，如式（6-51）所示：

$$T_{z\omega}(s) = F_{\mathrm{l}}(P_{\mathrm{GV}}(s), K_{\mathrm{V}}(s)) = \begin{bmatrix} A_{\mathrm{T}} & B_{\mathrm{T}} \\ C_{\mathrm{T}} & D_{\mathrm{T}} \end{bmatrix} = P_{\mathrm{GA}} + P_{\mathrm{GB}}K_{\mathrm{V}}(I - P_{\mathrm{GD}}K_{\mathrm{V}})^{-1}P_{\mathrm{GC}} \tag{6-51}$$

式中，$F_{\mathrm{l}}(P_{\mathrm{GV}}(s), K_{\mathrm{V}}(s))$ 为 $P_{\mathrm{GV}}(s)$ 与 $K_{\mathrm{V}}(s)$ 的线性分式变换形式；A_{T}、B_{T}、C_{T}、D_{T} 的含义与式（3-133）一致。

H_∞控制的设计目标为：寻求一个稳定控制器 $K_V(s)$，使得所有整流器电流反馈摄动系统在任意频率内稳定，且满足如式（6-52）所示不等式。

$$\min_{K_V(s)}\left\|T_{z\omega}(s)\right\|_\infty = \min_{K_V(s)}\left\|F_1(P_{GV}(s), K_V(s))\right\|_\infty < \gamma \qquad (6\text{-}52)$$

式中，γ 为一较小的常数。

系统输入为直流信号，且外部干扰通常呈现出低频特性。因此，在较低频段处，$S_V(s)$ 越小，控制系统跟踪性能以及抗干扰性能就越好。$(I + G_V(s)K_V(s))^{-1}$ 表示从 d_o 到 e_{dck} 的传递函数，因此，$G_V(s)(I + G_V(s)K_V(s))^{-1}$ 可以表征控制系统对外部干扰信号 d_c 的抑制能力。直流侧电压含有 2 倍于基波频率的脉动分量，又因电压平衡控制器的输入信号 e_d 含有 u_{dck}^2 项，则 d_c 包含 $4f_0$ 的脉动分量。由表 6-1 中的参数可知，$G_V(s)$ 的幅频特性曲线小于–20dB。因此，设定灵敏度函数 $S_V(s)$ 在 200Hz 以下小于 0dB，从而达到增强抗干扰性能的目的。

根据鲁棒控制加权函数选取规则，$S_V(s)$ 应小于 $W_{ev}(s)$ 的倒数，这一关系可直接通过调整 $W_{ev}(s)$ 来实现。利用 Matlab 软件函数"makeweight"选取具有一阶形式的灵敏度传递函数 $W_{ev}(s)$，如式（6-53）所示：

$$W_{ev}(s) = 0.6\frac{s + 6000}{s + 0.02} \qquad (6\text{-}53)$$

将式（6-44）、式（6-46）、式（6-53）代入式（6-49）中，求得广义控制系统 $P_{GV}(s)$。随即可利用 Matlab 软件函数"hinfsyn"解决式（6-52）中 H_∞ 控制问题，所求控制器如式（6-54）所示：

$$\begin{cases} K_V(s) = \dfrac{5.9\times10^9 s^2 + 2.9\times10^{11}s + 3.3\times10^{12}}{s^3 + 9.9\times10^5 s^2 + 1.9\times10^6 s + 3.7\times10^5} \\[2mm] \left\|T_{z\omega}\right\|_\infty = 0.862 \end{cases} \qquad (6\text{-}54)$$

计算所得 $T_{z\omega}(s)$ 为 0.862，小于 1。根据小增益定理可知，电压平衡系统鲁棒稳定。

图 6-12 给出了传递函数 $S_V(s)$、$G_V(s)$、$W_{ev}(s)^{-1}$ 以及 $G_V(s)(I + G_V(s)K_V(s))^{-1}$ 的幅频特性曲线。由图 6-12 可知，$G_V(s)$ 曲线小于–20dB。当频率小于 200Hz 时，$S_V(s)$ 小于 0dB，这符合前文所述灵敏度函数选取依据。此外，当频率低于 1Hz 时，$S_V(s)$ 小于–60dB，表明控制系统具有对直流输入信号较好的跟踪性能，并且对干扰信号 d_o 能进行较好的抑制。此

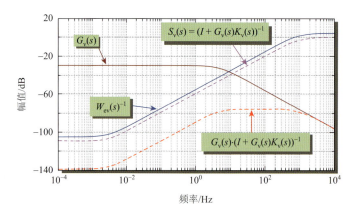

图 6-12　$S_V(s)$、$G_V(s)$、$W_{ev}(s)^{-1}$ 以及 $G_V(s)(I + G_V(s)K_V(s))^{-1}$ 的幅频特性曲线

外，$S_V(s)$ 的频率特性曲线随着频率的降低而减小，表明频率越小，抗干扰能力越强。图中 $S_V(s)$ 的频率特性曲线总是位于 $W_{ev}(s)$ 的倒数之下，满足鲁棒控制灵敏度函数设计规则。

根据图 6-12 中 $G_V(s)(I + G_V(s)K_V(s))^{-1}$ 幅频特性曲线可知，该控制系统对外部干扰信号至少具有 1000 倍（−60dB）的抑制能力。因此，式（6-41）中分量 d_c 可以被忽略，则 $P_{\Delta k}$ 可被表示为

$$P_{\Delta k} = \frac{C_{dk}}{2} P_{OUT} \tag{6-55}$$

图 6-13 所示为级联 H 桥整流器整体控制系统原理框图。图中，u_{dcref} 表示直流侧参考电压；K_{OP} 与 K_{OI} 分别表示外环电压的比例系数和积分系数。

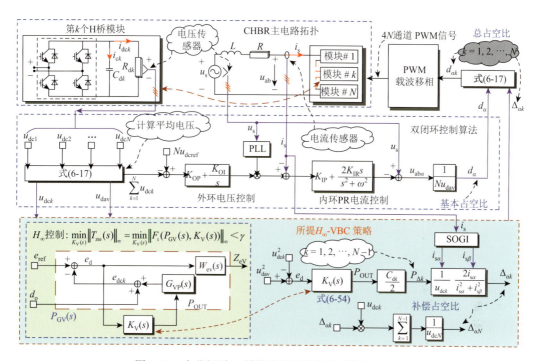

图 6-13　本节级联 H 桥整流器整体控制系统原理框图

从上述分析可知，H_∞ 鲁棒控制器设计原理比 PI 控制器复杂，但鲁棒控制工具箱可以大大降低设计难度。此外，本小节方法仅选取一个加权函数来规划系统跟踪性能与抗干扰性能，相比于传统的 H_∞ 混合灵敏度方法，设计复杂度有所降低。

6.3.2　与现有电压平衡控制方法的对比

本小节通过对比几种较为典型的占空比补偿电压平衡方法，来体现本节方法的不同之处。

1）基于补偿占空比电压平衡控制方法 1

方法 1 如式（6-56）所示[11]：

$$\begin{cases} \Delta_{ak} = \sin(\omega t)\left(K_{VP} + \dfrac{K_{VI}}{s}\right)e_{udc}, \quad (k = 1, 2, \cdots, N) \\ e_{udc} = (u_{dav} - u_{dck}) \end{cases} \qquad (6\text{-}56)$$

式中，K_{VP}、K_{VI} 分别为电压平衡控制器的比例系数、积分系数。

电压平衡方法可确保直流侧电压在负载不平衡情况下的平衡状态，但该方法对于控制原理没有进行详细的推导。对此，可推导了补偿分量 Δ_{ak} 与直流侧电压 u_{dck} 之间的关系[14]，如式（6-57）所示：

$$\Delta_{ak} = \frac{Cf_s}{i_s} \frac{\displaystyle\sum_{m=1}^{N}(u_{dcm} - u_{dck})u_{dcm}}{\displaystyle\sum_{i=1}^{n}u_{dck}} \approx \frac{Cf_s}{Ni_s}\sum_{m=1}^{N}(u_{dcm} - u_{dck}) \qquad (6\text{-}57)$$

由式（6-57）中可以看出：①当直流侧电压之间误差较大；②网侧电流较小时，网侧电流位于补偿分量的分母上。这两种情况出现时，补偿分量较大，会造成总的占空比信号大于 1，违背了调制系数的要求[5, 8]。为避免这一问题，采用在分子上乘以网侧电压的相位信息替代分母上的网侧电流。实际上，这一处理手段在理论上还值得进一步深入研究并改进。

2）基于补偿占空比电压平衡控制方法 2

方法 2 如式（6-58）所示[15]：

$$\begin{cases} \Delta_{ak} = d_a\left(K_{VP} + \dfrac{K_{VI}}{s}\right)e_{udc}, \quad (k = 1, 2, \cdots, N-1) \\ \Delta_{aN} = -\displaystyle\sum_{k=1}^{N-1}\Delta_{ak} \end{cases} \qquad (6\text{-}58)$$

电压平衡控制方法采用基本占空比 d_a，而不是网侧电压作为电压平衡控制器输出的乘积项[11]。这一处理的优点为：可保证系统在空载运行情况下，负载不平衡时，直流侧电压平衡。

3）基于补偿占空比电压平衡控制方法 3

方法 3 如式（6-59）所示[16]：

$$\begin{cases} \Delta_{dk} = \left(K_{VP} + \dfrac{K_{VI}}{s}\right)(u_{dav} - u_{dck}), \quad (k = 1, 2, \cdots, N-1) \\ \Delta_{dN} = -\displaystyle\sum_{k=1}^{N-1}\Delta_{dk} \end{cases} \qquad (6\text{-}59)$$

上述三种控制方法均能实现负载不平衡情况下的直流侧电压平衡。但未考虑双闭环控制系统与电压平衡系统之间的耦合效应。

4）基于补偿占空比电压平衡控制方法 4

方法 4 与方法 3 在 d 轴补偿占空比分量的第 1～(N–1)项相同。但第 N 项占空比补偿分量 Δ_{dN} 有所改进，如式（6-60）所示[8]：

$$\Delta_{dN} = \frac{\displaystyle\sum_{k=1}^{N} d_d \cdot (u_{\text{dav}} - u_{\text{dc}k}) - \left(\displaystyle\sum_{k=1}^{N-1} \Delta_{dk} u_{\text{dc}k}\right)}{u_{\text{dc}N}} \tag{6-60}$$

式中，d_d 为 d 轴的基本占空比。

无论负载平衡与否，该方法均可以消除两个控制系统之间的耦合效应，但其电压平衡控制动态性能较慢。

5）基于补偿占空比电压平衡控制方法 5

方法 5 如式（6-61）所示[12]：

$$\Delta_{\alpha k} = \frac{N C_{\text{dk}} \left(u_{\text{dav}}^2 - u_{\text{dc}k}^2\right)}{T_{\text{u}} \cdot u_{\text{sm}} i_{\text{sm}}} d_{\alpha} \tag{6-61}$$

式中，u_{sm} 与 i_{sm} 分别为网侧电压 u_{s} 与网侧电流 i_{s} 的幅值；T_{u} 为网侧电压的基波周期。

对于一个具有 N 个级联 H 桥模块的整流器系统，该方法的双闭环控制系统属于静态坐标，无须坐标变换。所产生的占空比补偿分量可以直接叠加到静态或动态坐标控制框架下。根据瞬时功率理论，$e_{\text{dc}k}$ 与 P_{OUT} 之间的传递函数关系得以建立。在此基础上，可获得一个电压平衡的反馈闭环控制系统来跟踪 $e_{\text{dc}k}$。考虑控制输出存在外部干扰信号，利用 H_∞ 控制方法来设计电压平衡控制器。采用鲁棒控制方法的优点为：可利用加权函数将抗干扰性能与跟踪性能量化地规划到广义控制系统中。通过对图 6-12 中的幅频特性曲线进行分析可知，干扰分量 d_{c} 可以得到有效的抑制。因此，在构建电压平衡数学模型的过程中，忽略 d_{c}，从而获取 P_{OUT} 与 $P_{\Delta k}$ 之间的传递函数关系是合理的。

6.3.3　实验验证

为验证本小节算法的正确性与有效性，通过三模块级联 H 桥整流器的实物实验平台进行实验验证。图 6-14 给出了本节方法的稳态性能实验结果。由图可知，该方法能获得呈 7 电平的 u_{ab} 电压、网侧电流波形正弦度较高、直流侧电压能准确跟踪参考值 50V、单位功率因数运行状态。实验结果表明：本节方法在稳态情况下能实现单位功率因数运行。

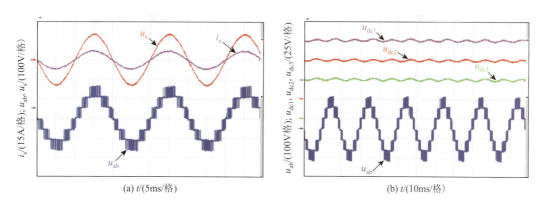

图 6-14　稳态情况下，直流侧电压、网侧电压、整流桥输入电压、网侧电流的实验波形

图 6-15 给出了本节方法在负载突变情况下耦合系数 J_α 的实验波形。从图 6-15 可以看出，本节算法的耦合系数在 R_{d2} 与 R_{d3} 突变时，均保持为 0。实验结果表明：本节方法可以消除双闭环系统与电压平衡控制系统之间的耦合效应。

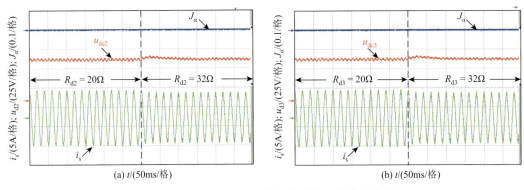

(a) t/(50ms/格)　　　　　　　　　(b) t/(50ms/格)

图 6-15　负载突变情况下的耦合系数 J_α 的实验波形

为了方便描述，将 PR 电流控制 + 电压平衡控制方法 1[11]，PR 电流控制 + 电压平衡控制方法 2[10]，PR 电流控制 + 电压平衡控制方法 3[14]，PR 电流控制 + 电压平衡控制方法 4[15]，dq 电流解耦 + 电压平衡控制方法 5[8]，dq 电流解耦 + 电压平衡控制方法 6[16]，PR 电流控制 + 电压平衡控制方法 7[12] 分别命名为方法 1～方法 7。

图 6-16 给出了直流侧负载突变的实验结果。实验中，直流侧负载 R_{d1} 与 R_{d3} 保持为额定负载，而 R_{d2} 从 20Ω 突变至 32Ω。图 6-17 给出了 R_{d3} 从 20Ω 突变至 32Ω（其余两模块保持为额定阻值）的实验波形。

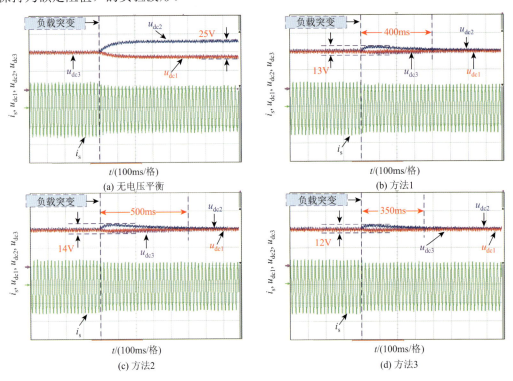

(a) 无电压平衡　　　　　　　　　　(b) 方法1

(c) 方法2　　　　　　　　　　(d) 方法3

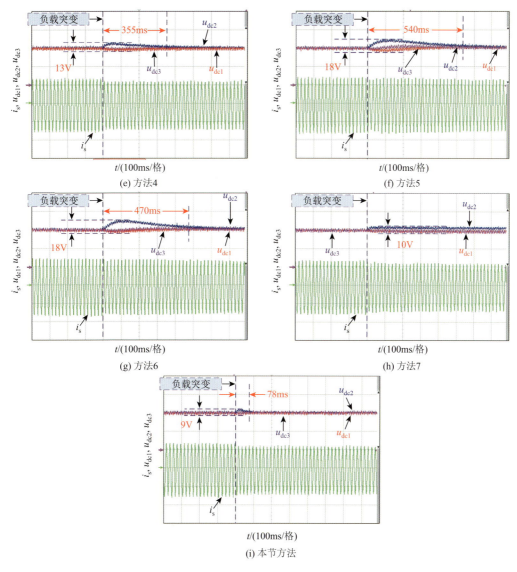

图 6-16 直流侧负载 R_{d2} 从 20Ω 突变至 32Ω 时实验波形

注：$i_s/(5A/格)$，$u_{dc1}/(25V/格)$，$u_{dc2}/(25V/格)$，$u_{dc3}/(25V/格)$

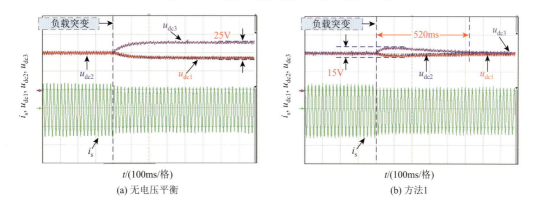

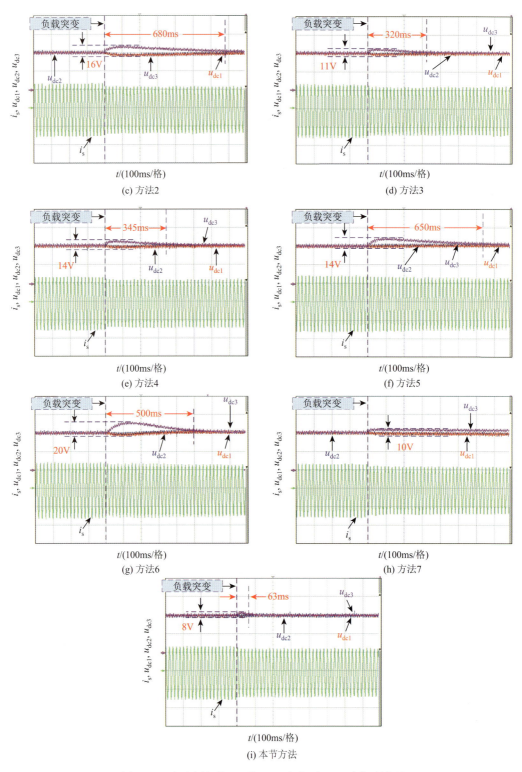

图 6-17　直流侧负载 R_{d3} 从 20Ω 突变至 32Ω 时实验波形

注：i_s/(5A/格)，u_{dc1}/(25V/格)，u_{dc2}/(25V/格)，u_{dc3}/(25V/格)

表 6-4 给出了直流侧负载突变实验结果对比情况。从表 6-4 可以看出，本小节方法在两种负载突变情况下的动态性能均优于其余 7 种方法，并且其直流侧电压波动幅度最小。实验结果表明：本小节方法的动态性能相较于其余四种电压平衡方法得以提升。

表 6-4　8 种方法的性能与控制结构对比分析结果

控制策略	方法 1	方法 2	方法 3	方法 4	方法 5	方法 6	方法 7	本小节方法
R_{d2} 突变时调节时间/ms	458	520	380	355	650	550	存在稳态误差	78
R_{d2} 突变时电压波动/V	13	14	12	13	18	18	10	9
R_{d3} 突变时调节时间/ms	550	725	350	375	700	500	存在稳态误差	63
R_{d2} 突变时电压波动/V	15	16	11	14	14	20	10	8
电压平衡动态性能	慢	慢	慢	慢	慢	慢	存在稳态误差	快
控制机理分析	无	无	有	无	无	无	有	有
耦合效应	未考虑	未考虑	未考虑	未考虑	解耦	未考虑	未考虑	解耦

6.4　考虑网压谐波的改进型控制策略

级联 H 桥整流器文献中，双闭环控制策略较少考虑网侧电压畸变以及电压采样误差存在情况下，对控制系统性能的影响。本节在改进的功率控制框架下，提出了一种改进的二阶广义积分方法构建虚拟信号，以期增强对网压谐波的抑制能力，并提升双闭环系统内环动态性能。为降低电压平衡控制器调试复杂度，再次将内模控制方法应用到本节电压平衡系统中。

6.4.1　单相系统功率计算方法

要实现 PI-MDP 控制方法，就需首先构建出网侧电压 u_s 与网侧电流 i_s 的正交虚拟分量。目前，在单相整流器系统中，SOGI 方法应用最为广泛[17]。在实际情况中，网侧电压的直流偏置以及谐波分量难以避免，这一结果通常由采样误差、电网故障以及大量的电力电子器件投入等原因引起。尽管 SOGI 具备一定的滤波作用，但其 β 轴传递函数无法对直流分量以及低频谐波进行抑制。这一特性可能会导致网压存在谐波情况下，采用 SOGI 算法的控制系统失控。为了解决这一问题，本节采用改进的二阶 SOGI 方法来构建网侧电压 u_s 的虚拟分量，如式（6-62）所示：

$$\begin{cases} D(s) = \dfrac{u_{s\alpha}}{u_s} = \dfrac{K_{\text{SOGI}}^2 \omega^2 s^2}{(s^2 + K_{\text{SOGI}}\omega s + \omega^2)^2} \\[3mm] Q(s) = \dfrac{u_{s\beta}}{u_s} = \dfrac{K_{\text{SOGI}}^2 \omega^3 s}{(s^2 + K_{\text{SOGI}}\omega s + \omega^2)^2} \end{cases} \tag{6-62}$$

式中，$D(s)$ 与 $Q(s)$ 分别为二阶 SOGI 方法的 α 轴与 β 轴传递函数。

图 6-18 给出了所采用的方法的频率特性曲线。为了对比改进 SOGI 的滤波效果，

图 6-18 同时给出了传统的 SOGI 方法等[18-20]虚拟正交信号构建方法的频率特性曲线。为获取较好的动态性能，将阻尼系数 K_{SOGI} 设定为 1.57[18]，且 4 种方法阻尼系数保持一致。

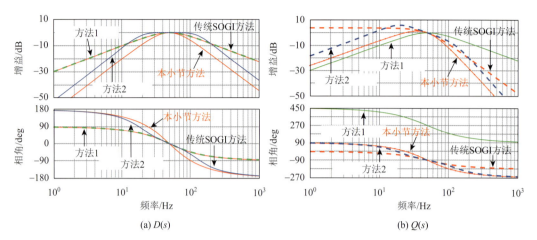

(a) $D(s)$　　　　　　　　　　　　　　　(b) $Q(s)$

图 6-18　本小节采用的二阶 SOGI 方法[18]、传统 SOGI 方法[18]、方法 1[19]、方法 2[20]的波特图

从图 6-18 所示波特图，可得如下结论：

（1）在低于网侧电压基波频率时，本小节方法的 $D(s)$传递函数对低频分量的抑制能力最优。

（2）该方法的 $Q(s)$传递函数可抑制输入信号的低频分量与直流分量。

（3）相较于传统的 SOGI 方法与方法 1[19]，本小节方法的 $Q(s)$传递函数的幅频特性曲线在低频处更低，表明在低于网侧电压基波频率处，具备更好的抗干扰性能。

图 6-18 波特图说明了所采用的二阶 SOGI 的方法可提供较好的谐波抑制作用。然而，当直接应用于网侧电流时，其传递函数滤波特性会影响虚拟分量构建速度，从而降低内环动态响应性能。

本小节所采用的电流虚拟分量方法中，网侧电流的 α 坐标分量 $i_{s\alpha}$ 仍然通过电流传感器获取。假设系统实际的功率信号跟踪效果理想，即存在 $P_{ref} = P$, $Q_{ref} = Q$。由传统功率控制可得

$$i_{s\beta} = \frac{2(P_{ref}u_{s\beta} - Q_{ref}u_{s\alpha})}{u_{s\alpha}^2 + u_{s\beta}^2} = \frac{2(P_{ref}u_{s\beta} - Q_{ref}u_{s\alpha})}{u_{sm}^2} \tag{6-63}$$

在级联 H 桥的双闭环功率控制方法中，为保证系统运行与单位功率因数状态，Q_{ref} 设置为 0。由式（6-63）可知，$i_{s\beta}$ 可以在功率参考信号突变时立即响应。

6.4.2　基于内模控制的电压平衡控制方法

根据式（6-25）可知，电压平衡控制系统的传递函数 $G_V(s)$ 拉普拉斯域表达式，如式（6-64）所示：

$$G_V(s) = \frac{e_{dck}(s)}{P_{\Delta k}(s)} = \frac{R_{dk}}{1 + 0.5R_{dk}C_{dk}s} \tag{6-64}$$

　　在 5.1.2 小节中，采用了 PI 控制方法对电压平衡控制器进行设计。本小节为进一步降低参数调试复杂度，采用内模控制方法设计电压平衡控制器。

　　图 6-19 给出了本小节级联 H 桥整体控制系统结构框图。图中，$C_V(s)$ 表示内模控制器；e_{ref} 表示系统参考输入；$K_V(s)$ 表示电压平衡控制器；e_d 与 $P_{\Delta k}$ 分别作为电压控制器的输入输出变量。在理想状态下，e_{dck} 为 0，即 $u_{dck}^2 = u_{dav}^2$，因此设定 e_{ref} 为 0。

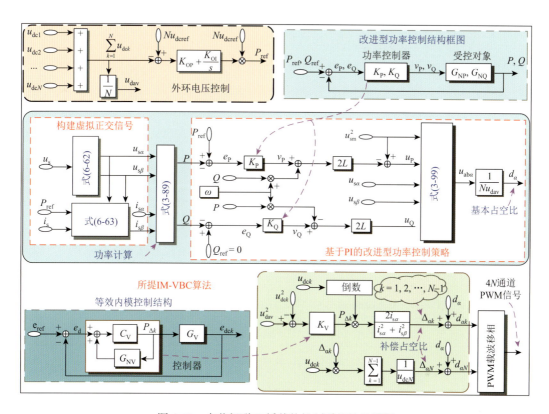

图 6-19　本节级联 H 桥整体控制系统结构框图

　　为避免电压平衡控制系统的逆不能物理实现，在内模控制器中引入一低通滤波器[4]，如式（6-65）所示：

$$C_V(s)=G_{NV}(s)^{-1}\frac{1}{(\lambda s+1)^n}=\frac{1+0.5R_{dk}C_{dk}s}{R_{dk}(\lambda s+1)^n} \tag{6-65}$$

式中，λ 与 n 分别为滤波参数与滤波阶次。

　　滤波阶次 n 越小，设计所得内模控制器阶次越低，也更易实现。式（6-65）中控制器在 n 不小于 1 时，可被物理实现。因此取 $n = 1$ 来简化控制器实现过程。由此，电压平衡控制器如式（6-66）所示：

$$K_V(s)=\frac{C_V(s)}{1-C_V(s)G_{NV}(s)} \tag{6-66}$$

6.4.3　实验验证

为了验证本节算法在网压频率波动情况下的控制性能，本小节基于三模块级联 H 桥整流器的半实物以及实物平台进行了对比实验。

图 6-20 给出了本节方法在网侧电压频率为 49.5Hz 情况下的实验波形。从图 6-20 可以看出，网侧电压与网侧电流同相位，频率波动对控制效果几乎无影响。从数学的角度讲，虽然二阶 SOGI 与 PR 控制器类似，但是由频率波动造成的幅值变化情况在这两者之间不同，二阶 SOGI 由频率改变造成的幅值波动较小。此外，与 dq 解耦电流控制方法一样，控制系统输入信号为直流信号，因此，两 PI 控制器即可实现无跟踪误差效果。实验表明：在频率变化情况下，本小节方法能保持单位功率因数运行。

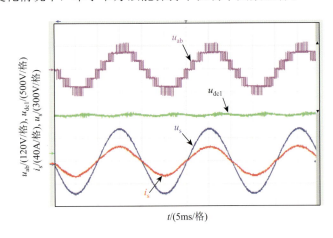

图 6-20　网侧电压频率为 49.5Hz 情况下半实物实验波形

图 6-21 给出了当采样电压注入谐波分量时的半实物实验结果。实验中，谐波分量包括直流分量、5 次谐波、7 次谐波、11 次谐波[20]。上述所有谐波的幅值为额定网侧的 10%。从图 6-21(a)可以看出，采用 PR 控制方法的网侧电流存在明显的畸变，且整流桥输入电压不能维持 7 电平的状态。造成这一现象的原因是谐波分量未经任何滤波，直接进入到控制系统，进一步导致调制电压不规则，引起网侧电流谐波增加。图 6-21(b)中给出了采用 MPC 控制方法的实验波形[21]。从该图可以看出虽然整流桥输入电压处于 7 电平状态，但电流畸变依然存在。这是因为传统的 SOGI 方法，β 轴传递函数不具备对低次谐波以及直流分量的抑制能力。图 6-21(c)中，可以看出网侧电流与整流桥输入电压几乎不受任何影响。实验结果表明：本小节方法在采样电压注入谐波分量时，控制效果优于其余两种控制方法。

图 6-22 给出了当网侧电压注入谐波分量时的实验波形。根据实验现象可知，网侧电压畸变情况下的影响比采样电压注入谐波时大，因此将图 6-21 实验中所有谐波的幅值从额定网侧的 10%降至 4%。从图 6-22(a)和(b)中可以看出，采用 PR 控制方法以及 MPC 算法的整流桥输入电压存在畸变。但图 6-22(c)中，整流桥输入电压几乎不受任何影响。实验结果表明：本小节方法在网侧电压注入谐波分量时，控制效果较优。

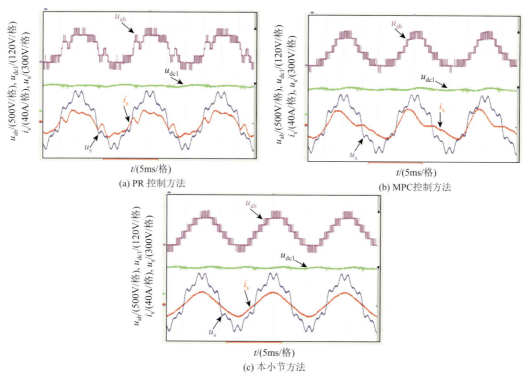

图 6-21　当采样电压注入谐波分量时半实物实验结果

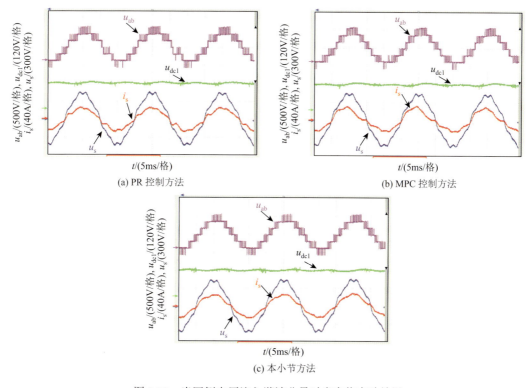

图 6-22　当网侧电压注入谐波分量时半实物实验结果

图 6-23 给出了本小节方法在稳态情况下的实验结果。由图可知，该方法能获得呈 7 电平的 u_{ab} 电压、网侧电流波形正弦度较高、直流电压 u_{dc1} 能准确跟踪直流侧参考电压 50V、单位功率因数运行状态。实验结果表明了本小节方法的有效性。

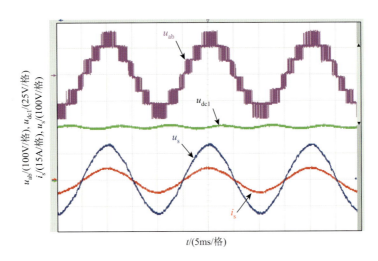

图 6-23　稳态情况下，直流侧电压、网侧电压、整流桥输入电压、网侧电流的实验波形

图 6-24 给出了传统 dq 电流解耦控制策略与本小节方法在给定有功功率 P_{ref} 从 360W 突变到 540W 情况下，给定有功功率 P_{ref}、有功功率 P、整流桥输入电压 u_{ab}、网侧电流 i_s 的实验波形。

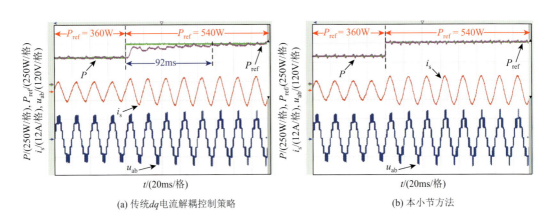

(a) 传统 dq 电流解耦控制策略　　　　　　　　　　　(b) 本小节方法

图 6-24　给定有功突变情况下，给定有功功率、有功功率、整流桥输入电压、网侧电流的实验波形

由图 6-24(a)可知，传统 dq 电流解耦控制策略有功功率调节时间约为 92ms。由图 6-24(b)可知，本小节方法有功功率调节时间约为 0ms。实验结果表明：相比于传统 dq 电流解耦控制策略的动态性能，本节控制策略动态性能较好。

参 考 文 献

[1] 曹梦华. 单相级联 H 桥整流器控制算法研究与实验平台设计[D]. 成都：西南交通大学，2017.

[2] Garcia C E，Morari M. Internal model contro: A unifying review and some new results[J]. Industrial & Engineering Chemistry Process Design and Development，1982，21（2）：308-323.

[3] Zhang R F，Yin Z G，Du N，et al. Robust adaptive current control of a 1.2-MW direct-drive PMSM for traction drives based on internal model control with disturbance observer[J]. IEEE Transactions on Transportation Electrification，2021，7（3）：1466-1481.

[4] Yin Z G，Bai C，Du N，et al. Research on internal model control of induction motors based on luenberger disturbance observer[J]. IEEE Transactions on Power Electronics，2021，36（7）：8155-8170.

[5] 盘宏斌，朱鸿章，肖志勇，等. 级联 H 桥整流器的新型直流电压与无功平衡控制策略[J]. 中国电机工程学报，2017，37（12）：3565-3573.

[6] Zheng Z D，Gao Z G，Gu C Y，et al. Stability and voltage balance control of a modular converter with multiwinding high-frequency transformer[J]. IEEE Transactions on Power Electronics，2014，29（8）：4183-4194.

[7] Bahrani B，Rufer A，Kenzelmann S，et al. Vector control of single-phase voltage-source converters based on fictive-axis emulation[J]. IEEE Transactions on Industry Applications，2011，47（2）：831-840.

[8] She X，Huang A Q，Zhao T F，et al. Coupling effect reduction of a voltage-balancing controller in single-phase cascaded multilevel converters[J]. IEEE Transactions on Power Electronics，2012，27（8）：3530-3543.

[9] Farivar G，Hredzak B，Agelidis V G. Decoupled control system for cascaded H-bridge multilevel converter based STATCOM[J]. IEEE Transactions on Industrial Electronics，2016，63（1）：322-331.

[10] Wang C，Zhuang Y，Jiao J，et al. Topologies and control strategies of cascaded bridgeless multilevel rectifiers[J]. IEEE Journal of Emerging and Selected Topics in Power Electronics，2017，5（1）：432-444.

[11] Su Y L，Ge X L，Xie D，et al. An active disturbance rejection control-based voltage control strategy of single-phase cascaded H-bridge rectifiers[J]. IEEE Transactions on Industry Applications，2020，56（5）：5182-5193.

[12] Blahnik V，Kosan T，Peroutka Z，et al. Control of a single-phase cascaded H-bridge active rectifier under unbalanced load[J]. IEEE Transactions on Power Electronics，2018，33（6）：5519-5527.

[13] Gu D W，Petkov P H，Konstantinov M M. Robust Control Design with MATLAB[M]. Berlin：Springern，2013

[14] 陶兴华，李永东，孙敏. 一种 H 桥级联型 PWM 整流器的直流母线电压平衡控制新方法[J]. 电工技术学报，2011，26（8）：85-90.

[15] 陶兴华，李永东，宋义超，等. H 桥级联型整流器直流电压平衡控制改进算法[J]. 高电压技术，2012，38（2）：505-512.

[16] Zhao T F，Wang G Y，Bhattacharya S，et al. Voltage and power balance control for a cascaded H-bridge converter-based solid-state transformer[J]. IEEE Transactions on Power Electronics，2013，28（4）：1523-1532.

[17] Liu B，Song W S，Li Y W，et al. Performance improvement of DC capacitor voltage balancing control for cascaded H-bridge multilevel converters[J]. IEEE Transactions on Power Electronics，2021，36（3）：3354-3366.

[18] .Kulkarni A，John V. A novel design method for SOGI-PLL for minimum settling time and low unit vector distortion[C]//IECON 2013-39th Annual Conference of the IEEE Industrial Electronics Society. New York：IEEE，2013：274-279.

[19] Liu B，An M J，Wang H，et al. A simple approach to reject DC offset for single-phase synchronous reference frame PLL in grid-tied converters[J]. IEEE Access，2020，8：112297-112308.

[20] Xin Z，Wang X F，Qin Z A，et al. An improved second-order generalized integrator based quadrature signal generator[J]. IEEE Transactions on Power Electronics，2016，31（12）：8068-8073.

[21] Song W S，Deng Z X，Wang S L，et al. A simple model predictive power control strategy for single-phase PWM converters with modulation function optimization[J]. IEEE Transactions on Power Electronics，2016，31（7）：5279-5289.